성장하는 십 대를 지혜롭게 품어주는
엄마의 품격

프롤로그

아이와의 관계가 덜그럭대기 시작하다

"여보, 조금 있으면 책이 나올 것 같아."
"그래? 당신 수고했네."
"그런데…… 애들 얘기도 있지만 당신 이야기도 있어. 흉을 좀 봤는데 괜찮아?"
남편의 표정이 묘해졌다.
'나같이 괜찮은 사람한테 무슨 흉볼 거리가 있다는 거지?' 하는 표정이었다.

두 아이를 키우느라 고생스러웠던 시절, 남편은 내게 이해 불가한 대상이었다.
이해만 안 되는 게 아니라 내 고통과 고민을 전혀 몰라주는
분노의 대상이기도 했다.
부부라면 말하지 않아도 마음을 알아주는 게 기본이거늘,
남편은 내 마음을 알아주기는커녕 부글거리는 속에 기름을 붓곤 했다.

그중에서도 나를 정말 화나게 하는 것은

그런 자신에 대한 통찰이 전혀 없다는 것이었다.

남편은 자신이 정말 '괜찮은 남편'이고 '좋은 아빠'라고 믿었고,

그 믿음에는 조금도 의심이 없었다.

아이들이 스무 살이 되면 이 남자와 그만 살아야지 하면서 해를 넘기다 보니

함께 한 세월이 어느새 20년을 넘어간다.

이제는 남편이 왜 그런 생각을 하는지 조금은 이해가 간다.

항상 내 의사를 존중해주던 친정아버지에 비해

시아버지는 가부장적이고 권위적인 분이셨다.

그 밑에서 자란 남편의 기준은 시아버지였다.

자신이 자랄 때 보았던 아버지 모습에 비해 남편은 분명 다정한 아빠이고,

아내를 존중하는 좋은 남편이었다.

서로 보고 자란 모델이 너무 달라 역할에 대한 평가도 달랐던 것이다.

게다가 당시에는 가까운 사이라면 마음을 알아주는 게 기본인 줄 알았다.

같은 공간에 있으면서도 화성과 금성만큼이나 먼 것이

사람의 마음인 것을 그때는 몰랐다.

"애 키우는 엄마들이 제일 쉽게 공감하는 게 남편 얘기인데,

내가 살짝 당신 흉을 봐줘야 사람들이 좋아해."

남편은 대답이 없었다.

"내가 인세에서 10퍼센트 줄게. 안 돼? 그럼 30퍼센트. 아니 40퍼센트."
순간 남편의 눈썹 끝이 올라갔다. 내가 틀린 것이다.
남편은 돈보다 좋은 남편이라는 말을 듣고 싶은 사람이다.
당신이 도와주지 않으면 책을 쓰기 어렵다고 하니
그제야 자기 이야기를 써도 좋다고 허락했다.

남편과 나는 두 아이를 낳아 키웠다.
임신인 걸 알 때마다 나는 '이런 아이를 주십사.' 기도를 했다.
첫째가 배 속에 있을 때는 '자기주장이 분명'하고
'자기 생각을 잘 표현'하고 '명랑 쾌활'한 아이를 달라고 기도했다.
첫째 딸 희원이는 기도한 그대로의 아이였다.
주장이 어찌나 분명한지 일단 고집을 부리기 시작하면 도저히 꺾을 수가 없었고,
고등학생 때는 선생님이 지각한 벌로 복도에 서서 반성문을 쓰라고 하니
'반성문을 쓰는 건 괜찮은데 수업을 듣는 건 학생의 권리라
막는 건 옳지 않다.'고 할 정도로 분명하게 자기 생각을 표현했다.
게다가 어찌나 명랑 쾌활한지 항상 쿵쿵거리는 발걸음으로
집 안을 돌아다녔다.
기도의 힘이 얼마나 강한지 알게 된 나는 6년 터울로 둘째를 갖게 되자
신중에 신중을 기해 문구를 골랐다.
마흔이 다 된 내 나이를 감안해 '평화롭고 조용한 아이'를 달라고 기도했다.

내가 바란 대로 둘째 아들 희준이는 정말로 조용한 아이였다.
배가 고플 때조차도 밥 달라는 표현이 없었고,
자다가 아프면 우리 부부가 잠든 침대 옆에 조용히 앉아
엄마가 깨기를 기다렸다.
학년 말에 만난 초등학교 1학년 담임선생님은
희준이가 1년 동안 발표를 한 번도 안 했다고 하였다.
사람들이 남자아이 키우기가 더 힘들다고 할 때면 나는 자신 있게
'아이 나름'이라고 말했다.
그러면서 딸 희원이에게는 차분함을,
아들 희준이에게는 활달함을 키워주고자 애썼다.
호르몬의 효과를 알았더라면 그렇게 애쓰지 않았을 텐데…….
커가면서 딸 희원이는 명랑하지만 세심하고 다정한 소녀로 바뀌었고,
아들 희준이는 더욱 놀라운 변신을 보였다.
4학년 때부터 생활통지표에 '학급의 분위기 메이커'라는 표현이 등장했고,
지금은 태권도 2품의 무술인이 되었다.
이런 변화에는 나의 노력보다 호르몬의 효과가 더 컸던 것 같다.
아이를 어떻게 키워야겠다는 부모의 의지에는 한계가 있다는 것을 절감했다.

부모 교육 강의를 할 때 나는 우리 가족의 이야기를 자주 했다.
이해를 돕기 위해서 덧붙인 이야기인데,

사람들은 본론보다 더 재미있어 했고
심지어 그 이야기만 기억하는 사람들도 많았다.
내 경험담이 사실 같지 않다는 말도 많이 들었다.
많은 이들이 아이 키우는 내 방식을 남다르게 느끼는 것 같았다.
그렇지만 살면서 내가 특별한 부모라고 생각한 적은 한 번도 없었다.
화가 나면 아이들에게 고래고래 소리를 지르기도 하고,
아이들에게 중요한 일인데 엄마인 내가 모르고 넘어가는 경우도 많았다.
그러면서도 아이들 일이라면 덜컥 겁부터 났고
오래 고민하고도 어리석은 결정을 하는 평범한 부모였다.

돌이켜보면 가장 힘들었던 시기는
큰 아이가 초등학교에 입학한 이후 몇 년이었던 것 같다.
이제부터는 정신 바짝 치리고 제대로 엄마 노릇을 해야겠다고 생각했지만
현실은 그리 만만치 않았다.
딸 희원이의 명랑 쾌활함은 당시 천방지축 버전이었고,
이 버전의 주 아이템은 필요한 건 두고 오고, 가져가야 할 건 두고 가기였다.
숙제나 준비물을 챙기려 해도 문구점은 너무 일찍 문을 닫거나
출근 시간보다 늦게 문을 열었다.
퇴근 때마다 엘리베이터에서 '오늘은 화내지 말자, 화내지 말자.' 다짐하지만
현관문이 열리고 거실 풍경이 눈에 들어오는 순간,

결심은 무너지고 매일 똑같은 폭풍 잔소리를 했다.
"숙제는? 준비물은? 가정 통신문은 냈어? 일기는?"
엄마 노릇을 제대로 한다면서 어느 순간 나는
아이 대신 아이가 해야 할 일만 보고 있었다.
허덕거리며 행복하지 않은 2~3년의 시간이 지나자
학교생활 뒷바라지에는 어느 정도 익숙해졌다.
그렇지만 대신 다른 엄마 노릇이 압력을 가해오기 시작했다.
'4학년이면 공부를 본격적으로 해야 한다는데…….'
'5학년 수업 내용을 못 따라가면 계속 못 따라간대.'
'중학교 때 성적이 바로 수능 점수로 이어진다며?'
아이가 커갈수록 들려오는 이야기는 흉흉했다.
그리고 그 끝에는 대입이라는 괴물이 입을 벌리고 있었다.

아이가 초등학교 고학년이 되면서 관계가 더욱 덜그럭대자
나는 중요한 결정을 내렸다.
'엄마 노릇 하기'를 과감하게 포기하고, '엄마가 되기'로 한 것이다.
해야 할 역할에 연연하지 않고 아이와의 관계에 집중했다.
아이들의 행동을 모두 받아주고 허용했다는 것이 아니라
아이들과 함께 하는 시간이 점수나 입시 때문에 불행해지지 않도록 했다.
우리의 관계가 점수나 성적이 아닌,

내 불안의 정도에 좌우된다는 것을 알았기 때문이다.
아이가 성장하는 기준을 '성적'에 두지 않고 '독립'하는 정도에 두었다.
그러면서 아이들과의 거리도 조금씩 벌려나갔다.
무엇을 하고 무엇을 하지 않을지를 아이 스스로 결정하게 했고,
아이의 새로운 시도를 격려했다.
내 역할은 관리 감독자에서 지켜보는 사람으로 점차 줄여갔고,
문제가 생겼을 때도 가급적 개입하지 않으면서 아이 스스로 해결책을 찾도록 했다.
가끔은 이런 내가 너무 냉정한가 싶기도 했다.
하지만 잘 자란 아이라면 내 곁에 있으면서 세상에 속해 있는 게 맞다 믿었기에
별 갈등은 없었다.

이제 첫째 딸 희원이는 스무 살이 되었다.
엄마를 좋아하지만 엄마에게 그리 많이 의존하지 않고,
엄마가 힘들어 보일 때는 자기가 도와야 한다고 생각하는 스무 살로 자랐다.
이런 아이를 보며 점수가 아닌, 성장과 성숙을 선택한 그때의 결정에 만족한다.

이 책은 그런 마음으로 아이를 키우면서 겪은 일화들을 기록한 것이다.
누구나 겪는 일이지만 아이의 성장과 좋은 관계,
두 가지 목표를 조화시키려는 나의 고민이 담겨 있다.
또 기왕이면 웃으며 유머로 괴로운 순간을 넘기려는

나의 인생관이 담겨 있기도 하다.

아이를 키우며 천국과 지옥을 오가는 많은 부모들에게

나의 이야기가 조금이나마 힘과 위안을 줄 수 있다면 기쁠 것 같다.

차례

프롤로그
아이와의 관계가 덜그럭대기 시작하다

가족의 가깝고도 먼 거리

우리 집의 이상한 놀이	14
나만의 공간이 필요해	24
마음 읽기는 정말 어려워	33
사건에 숨겨진 진실을 찾아라	45
엄마의 '약점 스위치'	56
'나'는 그게 싫다고!	69
때론 게으른 엄마가 좋다	79

엄마가 주고 싶은 사랑 VS 아이가 원하는 사랑

꽃을 주려고 했는데	90
머리띠 산 거 환불해	103
제주도 가출 사건	114
혼내기와 화내기	126
정이십면체의 사랑	139
나 결혼 못하면 어떡해?	149

아이가 크는 만큼 성장하는 엄마

중2 남자아이들의 우정　　162
두려워해도 괜찮아　　174
다른 애들은 다 있는데　　185
아이의 나이가 두 자릿수가 되면　　194
아이 혼자 세상에 내보내기　　203
시험 점수는 네 거야　　212
대한민국에서 아들 키우기　　226

엄마의 품격 & 아빠의 품격

그래서 여자들이 천당 가는 거야　　238
안개 낀 경춘 국도　　247
남자는 저절로 아빠가 되지 않는다　　256
허락받고 죽을게　　265
탱크와 청소기　　274
'나'이면서 '엄마'로 살아가기　　284

에필로그
아이와 함께 성장하는 행복한 시간

가족의
가깝고도 먼 거리

우리는 가족에게 사랑한다는 말을 잘 하지 않는다.
칭찬에도 인색하고, 장점보다 단점을 꼬집는 데 더 익숙하다.
하지만 누군가 가족을 사랑하느냐고 물으면
서슴없이 그렇다고 대답한다. 등을 마주 댄 두 사람처럼
가족은 가장 가깝지만 지구 한 바퀴의 거리만큼 멀기도 하다.

우리 집의 이상한 놀이

아이가 사춘기가 되면 어느 부모든 아이와 이야기하는 것을 힘들어한다. 부모의 말을 아이가 불만스러운 얼굴로 못 들은 척하는 것은 기본이고, 잔소리가 조금이라도 길어진다 싶으면 문을 닫고 제 방으로 들어가거나 같이 큰소리를 내기 때문이다.

사춘기가 되면 으레 그렇다고 듣기는 하지만 머리로 이해하는 것과 그런 일이 실제로 눈앞에서 벌어지는 건 아주 다른 일이다. 어느 부모든 직접 겪어보기 전에는 아이가 '덤빈다', '대든다'는 걸 단어로만 이해할 뿐, 그 순간 자신의 눈에서 불이 나오고 머리에서 용암이 솟으리라고 예상치 못하는 것이다.

오죽하면 중2가 나라를 지킨다는 말까지 나왔을까. 중2가 무서워 북

한군이 쳐들어오지 못한다니 결국 나라를 지키는 셈이라는 것이다.

그래서 거꾸로 아이가 대들면 나이에 상관없이 '사춘기'라는 말을 붙이기도 한다. "엄마 미워!" 하고 소리치는 다섯 살짜리 사춘기부터 "왜 엄마 마음만 있고 내 마음은 없어?"라고 따지고 드는 초등 1학년 사춘기, 슬금슬금 거짓말을 하며 뺀질거리는 초등 3학년 사춘기…….

그렇지만 진짜 사춘기가 시작되면 '그때는 앙탈에 불과했구나.' 하는 것을 알 수 있다. 아이의 몸집이 커지면 똑같은 말을 해도 엄마가 마음으로 느끼는 위압감이 아주 달라지기 때문이다. 분한 나머지 등짝이라도 한 대 치려고 손을 들었다가 손목을 잡는 아들의 힘이 나와는 비교도 안 되게 세다는 것을 느낄 때는 무섭기조차 하다.

그래서 아이가 사춘기가 되면 부모도 함께 성장해야 한다. 아이가 커나가고 있다는 것을 인정해야 하고, 전과는 다르게 대해야 한다는 것을 받아들여야 한다.

지금 나는 그 '무서운 중2'의 엄마 노릇을 두 번째 하고 있지만 모든 일은 언제나 처음이 제일 어렵다. 안 그래도 고집이 센 딸 희원이는 중학생이 되면서 더욱 자기주장이 강해졌고, 별일 아닌 데도 눈을 부릅뜨고 덤비기 일쑤였다. 잔소리라도 할라치면 빛의 속도로 안색이 변했고, 동공이 확장되면서 숨소리가 거칠어졌다. 거기서 내가 한마디만 더 하면 "알았다고!!" 하면서 쾅 소리가 나게 문을 닫고 들어갔다. 방문이 그렇게 큰 소리를 낼 수 있다는 건 그때 처음 알았다.

초반에는 방으로 쫓아 들어가거나 아이를 다시 불러내 이게 무슨 짓이냐고 야단쳤다. 그러다 보면 어김없이 2차전이 벌어졌다.

"너 지금 엄마가 말하는데 어딜 쳐다보는 거야? 엄마가 말할 땐 엄마를 보라 그랬지!"

(희원, 엄마를 쳐다본다.)

"너, 엄마 쳐다보는 눈빛이 왜 그래? 뭘 잘했다고."

(희원, 굳게 입을 다문다.)

"엄마가 물어보는데 대답 안 할 거야? 지금 반항하는 거야?"

(희원, 급기야 짜증을 내며 뭐라 말한다.)

"그렇게 꼬박꼬박 말대꾸 할래? 엄마가 네 친구야?"

(희원, 기가 막힌다. 무슨 말대답을 했다고.)

이런 일이 반복될수록 희원이와 나 사이는 더욱 삐그덕거렸다. 사소한 일로 부딪치기 시작하면 유치하기 짝이 없는 언쟁만 반복될 뿐 희원이는 한 번도 져주지 않았다. 그러다 보니 같은 상황을 되풀이하는 내가 바보같다는 생각마저 들었다. 결국 이아이 죽을죄를 지은 게 아니라면 어른인 내가 좀 더 참아야 '무서운 중2' 시기를 무탈하게 보낼 수 있다는 결론이 나왔다. 그렇지만 그게 어디 쉬운가? 나도 사람인데…….

그러던 어느 날이었다. 그날도 눈을 부릅뜨고 대드는 딸아이의 행동을 참지 못하고 2차전을 벌인 뒤였다. 후회와 자책감으로 괴로웠고, 마음이 더없이 복잡했다. 이 아이와 나는 어떤 인연이기에 이토록 지글지글 애증을 끓이는가? 내가 엄마가 아니라면, 이 아이가 내 자식이 아니라면 그래도 그랬을까? 생각이 여기에 미치자 문득 오래 전에 봤던 만화의 대사 한마디가 떠올랐다.

'넌 내가 친엄마로 보이니?'

희원이가 어렸을 때 한동안 유행했던 무서운 이야기 시리즈 중 하나였다. 줄거리는 간단하다. 학교에서 돌아온 아이가 "엄마~!" 하고 부르며 집에 들어온다. 부엌에 있는지 엄마는 보이지 않는데 아이는 간식 달라, 텔레비전 보게 해달라며 이것저것 조른다. 그때 발이 없는 엄마가 스르르 나타나 한마디 한다.

"너는 내가 아직도 네 친엄마로 보이니?"

세상에서 제일 가깝고, 친밀하고, 가장 만만한 상대인 엄마가 사실은 귀신이었다는 그 반전이 우스워 딸아이와 함께 깔깔대며 보았던 기억이 있다. 그로부터 몇 년이 흘러 희원이는 사춘기가 됐고, 나는 그 딸과 전쟁을 하는 엄마가 됐다. 그 순간 왜 뜬금없이 그 만화가 생각났을까?

그건 '우리가 모녀지간이 아니었어도 이렇게까지 서로에게 화를 냈을까?'라는 생각이 떠올랐기 때문이다. 아주 가깝고 친밀한 사이라는 심리적 거리가 서로를 지나치게 감정적으로 만들고, 함부로 하게끔 만들고 있다는 자각이 든 것이다. 너무 가깝기 때문에 아이와 내가 하나인 것 같고, 그래서 아이가 내 뜻과 맞지 않는 행동을 할 때 불같이 화가 나고, 어떻게 해서든 그걸 꺾으려 했던 것이다.

사춘기에 접어든 아이에게는 그게 침입이고 무조건적인 통제로 느껴졌을 것이다. 만일 내 딸이 아니라 상담실에 온 아이였다면? 당연히 아이 편을 들면서 엄마로 하여금 아이를 이해하도록 설득했을 것이다.

거리 유지가 중요하다는 생각이 들었다. 나와 아이를 동일시하면 관계가 상하는 것 외에는 아무 것도 얻을 것이 없다는 사실을 때맞춰 깨달았다.

불같이 싸우기도 하지만 어떤 때는 둘도 없는 친구처럼 다정해지기도 하는 게 그 시기 우리의 모습이었다. 둘이 기분 좋게 뒹굴면서 도란도란 대화를 하던 어느 날, 나는 진지하게 이야기를 꺼냈다.

"희원아, 엄마가 그동안 너한테 숨겨왔던 출생의 비밀이 있어."

"뭔데?"

"사실은 너 입양한 아이야."

희원이는 잠깐 내 얼굴을 살피다 금방 콧방귀를 뀌었다.

"그게 무슨 말이야?"

"아빠랑 똑같이 생긴 애를 찾느라고 고생 많이 했어. 그래서 네가 몰랐던 거야."

사실 희원이는 누가 봐도 남편을 닮았다.

"알았어. 그동안 키워줘서 고마워. 근데 다 클 때까지 나 안 버릴 거지?"

희원이도 내 말을 농담으로 받았다.

"당연하지! 그러고 보면 친엄마도 아닌데 너를 진짜 많이 사랑해주고, 많이 참아주고, 참 좋은 엄마지?"

"맞아. 내 친구 엄마는 진짜 친엄마인데도 잘 못해준대."
"넌 참 괜찮은 앤데, 네 친엄마는 너 같은 딸을 잃어버려서 속상하겠다. 혹시 나중에 부자 친엄마가 나타나도 엄마 은혜 잊으면 안 돼!"
"그럼. 내가 친엄마한테 돈 많이 받아서 갖다줄게."
잠깐 주고받은 농담이지만 남의 딸이라고 생각하니 희원이는 꽤 예쁘고 착한 딸이었다. 희원이 역시 나에게 비슷한 감정을 느끼는 것 같았다. 심리적 거리가 유지되어 감정이 배제되면 서로를 얼마나 다르게 볼 수 있는지 알 수 있었다. 그때부터 나는 화가 날 때마다 속으로 이렇게 읊조렸다.
'내 딸이 아니다, 내 딸이 아니다, 부잣집에서 잃어버린 귀한 외동딸이다······. 내 아들이 아니다, 내 아들이 아니다, 어느 나라 왕자님을 잠깐 맡아서 키우는 거다······.'

아들 희준이는 하얀 피부에 이목구비가 또렷해 어렸을 때는 잘 생겼다는 말을 꽤 들었다. 얼굴 면적이 넓은 아빠와 얼굴 크기만 작은 엄마 사이에서 태어난 것 치고는 누구를 닮았을까 싶게 곱상한 얼굴이었다. 게다가 성격이 깔끔하고 조용한 편이라 키우면서 뛰지 말라는 말을 한 적이 없고, 같은 말을 두 번 시키는 일도 별로 없었다.
그런 아이가 초등학교 5학년쯤 되면서 달라지기 시작했다. 제일 먼저 눈에 띈 모습은 개그 프로그램의 대사를 끊임없이 중얼거리는 것이었다. 그냥 읊조리는 정도가 아니라 억양과 몸짓을 그대로 흉내냈고, 심지어 학교에서도 같은 행동을 하는 듯했다. 학예회라고 해서 가보니 당시 인기를 끌던 코미디 프로그램 〈개그 콘서트〉의 '김 여사' 코너를 하는데, 놀랍게도 주인공 김 여사 역할을 맡은 아이가 희준이였다. 저 아이가 정녕 초등학교 2학년때까지 수업 시간에 침묵을 지키던 그 아이가 맞을까 싶었다.

이렇게 시작한 변화는 때와 장소, 대상을 가리지 않는 발차기 연습으로 이어졌다. 샌드백 사달라는 말을 못 들은 척했더니 한동안은 남편 얼굴을 표적 삼아 발차기를 날렸다. 아슬아슬하게 몇 센티미터 앞에서 발을 멈추고는 고난이도의 기술을 성공했다는 듯 의기양양하게 웃곤 했다. 잘 생긴 얼굴에 여드름까지 가득해서 낄낄거리며 웃을 때면 이런 말이 저절로 나왔다.

"너, 희준이 아니지? 우리 아들 어쨌어? 내 아들 언제 데려 올 거야?"

우리는 살아가면서 많은 판타지를 갖는다. '남편 말고 다른 남자와 살았더라면.', '얘보다 더 똑똑한 애가 내 아이였다라면.', '내 부모가 재벌이고 내가 재벌 2세라면…….' 드라마를 보고 소설을 읽는 것은 잠시나마 판타지에 기대어 고통스러운 현실을 잊기 위한 것이다. 그래서 프로이드가 정리한 자아 방어 기제 중에는 판타지가 포함되어 있다.

하지만 현실과 판타지를 구별하지 못하면 심각한 문제가 생긴다. 저 사람과 함께라면 행복할 것 같다는 착각에 아내와 가정을 버리기도 하고, 아이의 본 모습을 무시하고 부모가 원하는 모습을 강요하기도 한다. 그래서 판타지는 판타지임을 알아야 하고, 현실을 침범하지 않는 선에서 충족시켜야 한다.

희원이와 했던 입양 놀이는 '격동의 사춘기에 접어든 저 아이가 내 딸이 아니라면 좀 더 편안하게 대할 수 있을 텐데.'라는 판타지를 유머로 풀어낸 것이었다.

우리 집의 이상한 놀이는 남편과 나 사이에도 있다. 평생을 함께하기로 약속했지만 익숙하면 익숙할수록, 가까우면 가까울수록 환상의 여지는 없어진다. 그럴수록 부부 사이에 가슴 설레게 하는 낭만적 사랑이 아쉬워지기 마련이다. 그래서 나는 남편과의 거리를 벌리는 놀이를 만들었다.

어느 날, 하루 일과를 마치고 잠자리에 들었을 때 나는 남편의 '다른 여자'가 되기로 했다.
"당신, 오늘 집에 꼭 가야 해? 하루만 같이 있어주면 안 돼?"
남편은 많이 놀란 듯했다.
"오늘 못 들어간다고 부인한테 전화해. 안 그럼 내가 다 말해버린다."
드디어 내 장난을 눈치를 챈 남편이 내 말을 받아주었다.
"괜찮아. 하루쯤 안 가도 될 거야. 오늘은 같이 있어줄게."
가끔 모텔 앞을 지나갈 일이 있을 때에도 나는 일부러 3미터쯤 떨어져 걷자고 해서 남편을 당황하게 만들기도 했다.
"불륜 커플처럼 보이면 재미있잖아."

"뭐가 재미있어? 당신이 그러고 싶은 마음이 있는 거 아니야?"

"어차피 당신은 평생 나하고만 살 거고, 나는 당신하고만 살 거잖아. 가끔은 지루할 때도 있고, 지겨울 때도 있을 텐데 잠깐 딴사람이라고 상상해보는 게 그렇게 나빠?"

우리는 그렇게 불륜 커플이 되었고, 숨겨놓은 애인으로 주고받는 대화는 긴 결혼 생활에 깨알 같은 재미가 되었다.

우리는 사람 사이에서 친밀하고 가까운 관계를 지향하면서도 가까울수록 예의를 지키지 않는 이율배반적인 태도를 갖고 있다. 가족도 마찬가지이다. 자식이 가깝다고 느끼는 만큼 자식이 나와 다를 수 있음을 인정하지 않으려 하고, 나만큼 아이를 잘 아는 사람이 없다고 과신한다.

하지만 서로 간의 경계를 인정하지 않는 부모 자식 관계는 갈등을 겪을 수밖에 없다. 아이를 하나의 개체로 인정하지 못하고 내가 결정한 대로 따라야 하는 부속물로 여기기 때문이다. 배가 고플 것 같다는 생각에 아이에게 억지로 밥을 먹이고, 추울 것 같다는 판단에 억지로 옷을 입히려 한다. 위험하다고 생각되면 가지 못하게 하고, 도움이 된다고 생각되면 아이가 싫다는 것도 억지로 시킨다.

아이 스스로 판단하지 못하고, 자신을 보호할 수 없는 나이에는 이런 보살핌이 필요하다. 하지만 스스로 판단할 나이가 되면 부모와의 거리를 점차 넓혀주어야 아이는 성장할 수 있다.

딸과의 입양 놀이, 남편과의 불륜 놀이를 통해 시도했던 가족 간의 적당한 거리 두기는 감정을 조절하는 데 도움을 주고, 잠시나마 이룰 수 없는 판타지를 충족시켜주었을 뿐 아니라 서로를 존중하는 데도 도움이 되었다.

  단, 이 놀이를 할 때 주의할 점! 사춘기가 되기 이전의 아이에게 하면 진짜 입양된 줄 알고 친엄마를 찾아 나설 수 있고, 유머 감각이 부족한 남편이라면 아내의 불륜을 의심해 의처증에 걸릴 수 있다.

나만의 공간이 필요해

몇 년 전, 한 신문의 건강 코너에서 부부가 한 침대에서 잠을 자면 깊은 잠을 자기 어려워 수면 건강에 좋지 않다는 기사를 보았다. 그렇지 않아도 나이가 들수록 밤에 얼마나 잘 자느냐가 다음 날 컨디션에 직결되는 걸 느꼈고, 평소 남편의 코골이와 뒤척거림 때문에 자주 잠이 깨던 터라 나는 신문 기사를 근거로 남편에게 각방을 요구했다.

하지만 남편은 부부가 따로 잔다는 것은 이혼과 다르지 않다고 생각하는 사람이다. 그 덕에 부부 싸움을 하고도 안방에서 한 발자국도 물러나지 않아, 화해가 이루어지지 않으면 내가 거실에 나가야 했다. 남편에게 침대를 따로 쓰자고 설득하는 건 가능성이 없어 보였다. 남편의 견고한 신념을 깨기 위해서는 과학적인 근거 이상이 필요했다.

가만 보니 간혹 귀가가 너무 늦어졌을 때 잠든 나를 깨우지 않으려고 남편이 거실 소파에서 자는 경우가 있었다. 나는 그런 때를 놓치지 않고 감사를 표했다.

"여보~, 덕분에 어제는 정말 잘 잤어. 고마워!"

이런 일이 잦아질수록 남편이 침대를 양보하는 경우가 늘어났다. 내가 피곤해 보이거나 몸살 기운이 있을 때도 남편은 선심 쓰듯이 혼자 편하게 자라며 자리를 비켜주곤 했다. 그럴 때마다 나는 잊지 않고 고마움을 표현했다. 베개를 안고 거실로 나가는 남편의 뒷모습은 얼마나 애정이 넘치고 아름다운가!

가족은 함께 있어서 좋기도 하지만 서로를 위해 적당한 거리를 허락할 때 더 많이 성장하는 것 같다. 부부뿐 아니라 부모 자식 사이에서도 마찬가지다.

"희원아, 일어나! 일곱 시야!!"

"……."

"일곱 시에 깨워달라며! 안 일어나면 네 방에 들어간다!"

"…… 아! 안 돼 ……."

방에 들어간다는 말만 하면 딸아이는 비몽사몽간에도 질겁하는 소리를 냈다. 누군가 자기 방문 손잡이를 잡는 기척이라도 들리면 그야말로 총알같이 일어나 방문을 사수했다. 잠을 깨우는 데는 이만한 게 없을 정도였다. 그러면서 딸 희원이의 방은 가족에게 금지 구역이 되었다.

중학교에서 고등학교로 올라갈 때쯤이었나 보다. 처음에는 옷을 갈아입는 중이라며 문을 잠그기 시작했다. 그렇게 굳게 닫힌 문은 옷을 열두 번 갈아입을 시간이 지나도 열리지 않았다. 이름을 부르며 문을 벌컥 열었다가 핀잔을 들은 적도 한두 번이 아니었다.

결국 희원이는 자기 방에 들어올 때는 항상 노크를 해달라고 강하게 요청했고, 우리 부부는 그럴 나이가 됐다고 생각해 그 요청을 받아들였다. 하지만 그러고도 한참을 노크 없이 벌컥 문을 열고 들어갔다. 몸에 밴 습관이 쉽게 바뀌지 않았기 때문이다.

그런 습관을 바꾸게 된 것은 '벌컥'에 견디다 못한 손잡이가 고장 났을 때였다. 잠긴 문을 힘으로 잡아당기다 보니 손잡이를 고정하는 나사가 떨어져 나갔고, 잠금장치도 작동하지 않았다.

고쳐주는 게 당연했지만 나는 시간을 끌었다. 아이가 크면 자기만의 공간을 갖는 게 당연하다고 생각은 했지만 그건 머리로 내린 결론일 뿐이었다. 솔직한 마음은 가족 누군가가 집 안에서 문을 잠그고 들어가 있는 게 영 마음이 편하지 않았다. 게다가 부모인 우리가 자발적으로 아이의 공간을 존중해주는 것과 아이가 자기 의지로 문을 잠그는 것은 아주 다르게 느껴졌다. 심지어 부모인 우리를 거부한다는 느낌마저 들기도 했다. 그러던 참에 문이 고장 난 것이다.

나는 기회라 생각했다. 문을 고치지 말고 그냥 두자고 희원이를 설득하였다. 대신 나와 남편은 희원이가 원하지 않는 한 절대 방문을 열지 않기로 약속하였고, 이후로 그 약속은 성실하게 지켜졌다.

사춘기가 된 아이가 문을 닫기 시작하면 부모 마음은 불편해진다. 문을 닫고 안에서 뭘 하려고 하나 싶은 걱정은 둘째 치고, 문을 닫는다는 자체가 부모를 멀리하려는 마음 같아 서운한 것이다.

'아이들이 크면 다 그런다더라.' 하는 말을 듣는 것과 실제로 내 집에서 그런 일이 일어나는 것은 아주 다르다. 친구 같은 부모가 되겠다고 다짐했던 부모조차 문을 닫으려는 아이와 문고리를 잡고 싸우게 된다.

나 역시도 문을 닫고 들어가려는 딸아이를 한 번에 받아들이기는 어려웠다. 아무 때나 문을 열지 않겠다고 약속하면서도 손잡이를 고쳐주지 않은 건 그런 이율배반적인 마음 때문이었다.

딸아이 방에 접근하지 않게 되자 우스운 상황이 벌어지기도 했다. 애가 보이지 않아 외출한 줄 알고 전화를 했는데 잠이 덜 깬 모습으로 방에서 나오는가 하면, 방에서 자는 줄 알고 잠자리에 들었는데 그때 현관문을 열고 들어오기도 했다. 내 집 안에 있는 방이 분명한데 거리는 옆집 정도로 느껴졌다.

이렇게 마음의 거리를 허락하자 희원이는 더 이상 손잡이를 고쳐달라고 하지 않았다. 문 안에서 마음껏 자기만의 시간과 공간을 누릴 수 있다는 믿음이 생겼기 때문이다. 내 입장에서는 아이의 공간을 존중하면서도 방문은 잠그지 못하게 하는 민주적이고 권위 있는 엄마의 위치를 지킬 수 있게 된 셈이었다. 아이가 성장하면 점차 분리되어야 한다고 생각은 하고 있었지만 이만큼 어려울 것이라는 예상은 하지 못했다.

배 속에 있는 열 달 동안 아이는 엄마와 완전한 합집합을 이룬다. 태어나 세상 밖으로 나오면서 어쩔 수 없이 교집합이 되지만 아이는 엄마와 합쳐지는 부분을 최대화하려고 애쓴다. 그래서 어린 애를 키우는 엄마는 화장실에서 볼일을 볼 때조차도 문을 닫지 못한다.

아이가 크면서 엄마는 조금씩 아이를 떼어놓는다. 아이를 밀어내는 게 아니라 세상으로 들여보내는 것이다. 함께 잠자리에 들던 아이를 처음으로 제 방에서 혼자 재운 날, 따라오지 말라고 하고 처음으로 혼자 쓰레기를 버리러 나간 날, 아이가 유치원 차를 타고 창문에서 손을 흔들며 첫 등원하던 날……. 이런 순간이 뇌리에서 지워지지 않는 것은 부모와의 거리가 멀어지는 만큼 아이가 성장했기 때문이고, 서운하면서도 가슴 벅찬 순간이기 때문이다.

희원이 다섯 살이었을 때, 당시 초보 엄마였던 나는 고집 센 아이 때문에 하루하루가 수월치 않았다. 그때 연습 삼아 써 본 방법이 '매직 원, 투, 쓰리'였다. '매직 원, 투, 쓰리'는 아이가 떼를 쓰거나 말을 듣지 않을 때 소리 지르거나 혼내는 대신 한동안 엄마와 떨어져 있게 하여 행동을 바로잡는 양육법이다.

"엄마는 분명히 말했어. 엄마가 하나, 둘, 셋! 할 때까지도 계속 울면 너 혼자 방에 들어가 있어야 해! 자, 하나, 둘, 셋!"

이렇게 말한다고 다섯 살짜리 아이가 울음을 그칠 리 있겠는가. 당연히 희원이는 계속 떼를 썼고, 나는 우는 아이를 번쩍 안아 방 안에 데려다 놓았다. 그리고 내 모습이 잘 보이게 문을 열어놓았다.

"여기에서 다 울고 나와. 엄마는 저기에서 기다릴 거야."

앙앙거리는 울음소리가 몇 분 더 이어졌다. 닫힌 방 안에 혼자 두면 무서워할 것 같아 일부러 문을 열어놓았지만, 고집 센 희원이는 문밖으로 나오기는커녕 오히려 엄마의 눈에 띄지 않는 방구석으로 몸을 숨겼다. 제 딴에는 엄마와의 거리를 벌리는 방식으로 분노를 표현하고 자기주장을 한 것이다.

하지만 시간이 지나자 울음소리가 잦아들면서 이동이 시작되었다. 문에서 제일 먼 구석에 있던 희원이가 슬금슬금 벽을 타고 문 쪽으로 오고 있었다. 마음이 가라앉고 기분이 풀리자 엄마 곁에 다가오고 싶었던 것이다. 드디어 문 앞에 도달할 즈음 희원이는 말짱해져 있었다.

"엄마, 나 다 울었어. 눈물 닦아줘."

그때 나는 다섯 살밖에 안 된 아이가 엄마와 분리된 공간에서 스스로 감정을 추스르고 나오는 것을 보고 무척 놀랐다. 내 배 속에서 열 달을 키워 낳은 내 자식이지만, 나와는 분리된 존재라는 사실을 강하게 느낀 것이다.

그 뒤로도 나는 아이가 떼를 쓸 때면 방에 데려다 놓았고, 희원이는 기분이 풀릴 때까지 울다가 나와서 눈물을 닦아달라고 했다. 그러는 동안 울고 떼쓰는 정도가 점차 줄어들었다. 희원이는 그렇게 엄마와 분리된 시간과 공간 속에서 자신의 감정을 스스로 추스르고 진정시키는 능력을 키워나갔으리라.

이처럼 아이는 부모가 허용해주는 거리만큼 성장한다. 부모가 물러나준 그 시간과 공간 속에서 아이는 부쩍 성장한다. 그리고 좀 더 성숙한 모습으로 문을 열고 나온다. 단, 부모가 기다려주었을 때 가능하다.

모든 아이들이 문을 잠그고 들어가는 건 아니다. 아들 희준이 방은 예나 지금이나 항상 열려 있고, 그 누구라도 아무 때나 드나들 수 있다. 잠을 자건 깨어 있건, 게임을 하건 숙제를 하건, 엄마가 바로 옆에 있어도 없는 것처럼 태연하게 하던 일을 계속한다. 스마트폰을 갖고 놀거나 컴퓨터 게임을 할 때는 예의로라도 문을 닫을 만한데, 삶이 어찌나 투명한지 아무것도 숨기거나 꺼리지 않는다. 문 연다는 말만 들어도 비명을 지르는 딸 희원이와는 아주 대조적이다.

그래서 희준이 쪽이 더 나은가 하면 꼭 그렇지는 않다. 희원이는 자신의 공간을 존중받고 싶은 만큼 부모의 공간을 존중한다. 볼일이 있을 때만 안방에 들어오고, 시간이 늦어지면 제 방으로 간다. 반면 희준이는 안방을 제 방처럼 들락거린다. 옷도 갈아입지 않은 채 안방 침대에 벌러덩 눕는가 하면, 졸리면 그대로 자버리기도 한다. 옷도 여기저기, 양말도 이 구석 저 구석에 처박아놓는데 이제는 발이 커져서 제 아빠 양말과 구별도 안 된다. 안방에는 늘 연필과 지우개가 여러 개씩 굴러다니고, 침대 모서리에는 항상 수상한 흔적이 남아 있다. 우리 부부는 그게 아들의 코에서 나온 분비물이라고 확신하지만 현장을 잡기는 쉽지 않다. 주기적으로 물티슈로 제거하는 수밖에.

그렇게 엉망으로 어질러진 방 안을 보면서 가끔은 나도 아이들이 얼른 커서 독립하는 그날을 꿈꾸기도 한다.

방이란 가족 간의 거리와 영역의 상징이다. 아이들이 어릴 때는 각자의 방이 따로 없이 한 방에서 먹고 자고 뒹굴며 지냈지만, 아이들이 크고 나니 나도 나만의 공간이 절실해진다. 그래서 요즘 우리 집에서 '나만의 공간이 필요해!'라고 가장 강력하게 주장하는 사람은 나다.

가족들은 안방이 내 공간이라고 하지만 나는 20년 동안 단 하루도 안방을 내 공간으로 느껴본 적이 없다. 신혼 때는 남편이라는 공동 생활자가 있었고, 엄마가 되고부터는 아이들이 함께 있거나 수시로 드나들었다. 안방은 내 공간이라기보다 가족의 공간에 더 가까웠다.

야행성이라 늦은 시각에 잠자리에 드는 희원이는 지금도 안방에 딸린 욕실에서 밤늦게 샤워를 하고, 드라이기를 왱왱거리며 머리를 말린다. 중학생이 된 희준이도 휴대폰을 충전한다며 수시로 안방을 들락거린다. 그래서 우리 부부는 밤만 되면 두 아이 이름에 '벌컥'을 붙여서 부른다. 언제 벌컥 문을 열고 들어올지 모른다는 뜻이다.

"벌컥 신희준이 다시 올 때가 됐는데."

"벌컥 신희원이 벌써 자겠어?"

가족들이 안방에 들어오지 않는다고 해서 안방이 내 공간이 되는 것도 아니다. 가만히 있으면 들려오는 냉장고 여닫는 소리, 현관문 소리,

쿵쿵거리는 발소리가 모두 나를 부르는 소리인 것만 같다. 벽이 가로막고 있어도 마음이 분리되지 못하니 자유롭지도 않고, 여유롭다는 느낌도 없다.

집 안에 있을 때 나는 자유롭지 못한 공인이다. 시간과 공간을 항상 나눠줘야 하고, 마음대로 아파도 안 되고, 없어져도 안 된다.

그래도 가끔은 자유를 꿈꾼다. 내가 비워준 자리에서 아이들은 성장하고, 조금씩 세상으로 나가게 될 것이라고 믿는다면, 드라마 〈엄마가 뿔났다〉의 주인공처럼 방이 아니라 심지어 나만의 집을 주장할 수 있는 날이 올 수도 있지 않을까?

마음 읽기는 정말 어려워

요즘은 마음 읽기가 대세다. 아이가 무슨 말을 하든 혼내거나 소리치지 말고 들어주라고 한다. 그리고 "그랬구나.", "서운했구나.", "슬펐구나." 같은 말을 하면서 아이의 마음을 알아주라고 한다.

말만 들으면 쉬운 일인 것 같지만 마음 읽기는 결코 쉽지 않다. "힘들었구나.", "싫었구나."라고 말해준다고 해서 무조건 아이 마음이 풀어지고 평화가 오는 것도 아니다. 그렇게 했다간 오히려 아이 마음이 더 상할 수도 있고, 심지어 뭐든 다 해준다는 말로 잘못 알아듣고 말도 안 되는 요구를 해오기도 한다.

어린 시절 딸 희원이는 마음을 읽고 달래줄 틈이 없는 아이였다. "으앙!" 하는 소리가 나서 가보면 상황은 이미 끝나 있었고, 울음이 너무 격해 달래기 어려운 경우가 많았다. 그럴 때마다 나는 벌어진 문제를 수습하느라 정신이 없었고, 그 다음엔 후속 사태가 벌어지지 않도록 단속하는 게 대부분이었다.

당시 희원이는 사촌들과 자주 어울려 놀았다. 울음소리가 들려서 가보면 희원이가 언니에게 장난감을 달라고 막무가내로 고집을 부리거나, 한 살 아래 동생과 장난감을 서로 갖겠다고 싸우는 경우가 많았다.

큰 조카는 원래 양보를 잘 하는 아이였고, 작은 조카는 희원이처럼 고집이 세서 설득이 어려운 아이였다. 적어도 둘 중 하나는 울고 있는 상황이라 우선은 빠른 수습이 중요했다.

"희원아, 이건 언니 장난감이니까 언니가 준다고 해야 네가 갖고 놀 수 있어."

"신희원, 김준현! 둘 다 양보를 안 하면 아무도 못 갖고 놀아!"

이렇게 되면 희원이나 작은 조카가 울음을 터뜨리는 건 기본이었다. 심지어 겁이 많은 큰 조카조차 함께 울음을 터뜨리곤 했다. 이때 아이의 마음을 읽어주기란 정말 불가능했다.

간혹 좋은 마음으로 아이들을 부드럽게 타이른 적도 있었다.

"희원이가 언니 장난감이 갖고 싶었구나! 그런데 이건 언니 것이라서 언니가 줘야 놀 수 있어. 지연아! 희원이한테 잠깐 빌려줄 수 있어?"

"희원이랑 준현이 둘 다 이 장난감을 갖고 싶구나! 하지만 둘이 한꺼번에 갖고 놀 수는 없으니까 우리 같이 순서를 정해볼까?"

이렇게 했을 때 결론은 뻔했다. 마음 약한 큰 조카는 울먹이며 억지로 양보했고, 이후 사흘 정도는 우리 집에 오지 않았다. 희원이와 작은 조카는 그래도 먼저 갖고 놀겠다고 싸우다 다시 울음바다가 되곤 했다.

결국 아이의 마음을 읽어주며 설득해봤자 시간만 끌고, 한 번 울면 될 걸 두 번씩 울게 만들 뿐이었다. 이런 결론을 얻은 나는 상황을 빠르게 판단하고 아이들에게 행동 지침을 결정해주는 쪽으로 마음을 정했다.

그러고 나면 남은 문제는 아이들의 울먹거림이었다. 좌절 끝에 우는 아이들은 달래주는 게 필요해 보였다.

"장난감 못 갖고 놀게 해서 속상했구나."

"훌쩍… 훌쩍… 으앙~ 장난감! 장난감 줘!!"

아이들을 하나씩 달래주자 뜻밖의 상황이 벌어졌다. 어느 정도 마음을 추스르며 울음이 잦아들던 아이가 다시 큰 소리로 울기 시작한 것이다. 속상한 마음을 알아주려던 나의 시도를 아이들은 원하는 것을 주겠다는 메시지로 오해한 것이다.

말이 서툰 아이들은 엄마가 하는 말의 내용보다 비언어적 메시지, 즉 표정과 말투에 훨씬 더 민감하고 빠르게 반응한다. 안 되나 보다 하고 포기하고 있었는데 엄마가 다정한 표정과 친절한 말투로 대해주면, 아이들은 원하는 것을 주겠다는 승인의 메시지로 오해하기 쉽다.

어른도 마찬가지다. 상대의 말을 듣는 동시에 표정과 어투를 살펴 메시지를 파악하며, 이 둘이 서로 일치하지 않으면 혼란스러워한다. 연구에 따르면 소통에서 말이 차지하는 비율은 30퍼센트가 채 되지 않고, 비언어적 메시지가 훨씬 큰 비중을 차지한다고 한다.

따라서 아이의 행동을 통제해야 할 때 마음을 읽어주면 아이는 다시 떼를 쓰거나 고집을 부릴 수 있다. 이를 간파한 나는 일단 행동을 통제하고 아이들의 울음이 그치기를 기다리거나, 다른 놀이로 아이들의 관심을 전환하곤 했다.

마음 읽기가 어떤 결과를 가져 오는지 몰라 몇 년 동안 고생을 한 적도 있다. 희원이가 여섯 살쯤 됐을까. 자유롭게 전화를 걸 줄 아는 나이가 되면서 나는 하루 종일 아이 전화를 받기에 바빴다. 당시에는 지금처럼 교수실이 따로 있지 않았고, 내 사무실에서 환자 보는 일을 함께 했다. 상담 중에 전화가 오면 방해가 되기 때문에 가급적 짧게 통화를 끝내야 했는데, 희원이는 상황을 설명하면 알았다고 하고 금방 또 전화를 하곤 했다. 어린 나이에 엄마 없이 하루를 보내는 게 안쓰러워 좋은 말로 타일렀고, 집에 가면 다시 또 설명하곤 했다. 하지만 이런 행동은 줄어들지 않았다. 심지어 전화하는 횟수가 점점 늘어나 아침저녁을 가리지 않았고, 다른 사람들도 내게 전화가 오면 으레 딸아이라고 알 정도가 되었다.

하루는 이런 고민을 남편에게 털어놓았다.

"여보, 희원이가 너무 전화를 자주 걸어서 힘들어. 그러지 말라고 수없이 얘기했는데 왜 계속 전화를 하지?"

"당신이 받아줘서 그래."

"전화가 오면 받아야지, 그럼 안 받아?"

"그런 말이 아니고 당신이 애 말을 다 들어주고 대답을 해주니까 희원이가 자꾸 전화를 걸고 싶어진다는 거야."

늘 최소한의 대답만 하고 얼른 끊자고 설득해왔다고 생각했기에 나는 그 말을 흘려들었다.

그 후에도 희원이의 전화를 받느라 3~4년을 더 시달리고, 병원에서 부모 교육을 여러 번 반복한 끝에야 나는 그 말의 의미를 알 수 있었다.

미안한 마음에서 나온 다정한 말투, 그게 문제였다! 전화를 걸면 보고 싶은 엄마가 다정한 목소리로 말을 해주니, 그 내용이 무엇이던 간에 희원이는 계속 전화를 하고 싶었던 것이다. 끊자는 말이건, 나중에 엄마가 다시 전화를 하겠다는 말이건, 심지어 계속 이러면 전화를 끊어 버리겠다는 협박마저 다정한 목소리에 실려 오니 아이는 계속 다이얼을 돌려댔던 것이다.

이후 나는 "엄마, 일하는 중이야." 하면 바로 끊는 것으로 희원이와 약속을 정했고, 지금까지도 그 약속은 유효한 상태이다.

이처럼 안 했으면 싶은 행동에 수반되는 아이의 감정은 알아줄수록 그 행동을 더 하게 만드는 원치 않는 결과를 가져온다. 그래서 행동을 통제해야 하는 상황에서 아이의 마음을 알아주는 게 반드시 필요한 일은 아니다. 또 마음을 알아준다 하더라도 충분한 시간이 지난 후에 해야 부작용이 없다.

정확하게 마음을 읽어준다고 아이의 감정을 그 자리에서 바로 짚어내는 것이 오히려 독이 되는 경우도 있다. 아들 희준이가 초등학교 6학년 때의 일이다. 가요를 듣기 시작하더니 희준이는 곧 아이유의 열렬한 팬이 되었다. CD를 사고, 브로마이드를 방에 붙이더니 급기야는 생일 선물로 콘서트에 보내달라고 하였다. 티켓을 사는 것은 온라인으로만 가능했고, 티켓을 판매하는 날짜와 시간은 미리 정해져 있었다.

드디어 티켓 판매가 오픈되는 날, 시간을 놓칠까 봐 부랴부랴 퇴근해서 컴퓨터 앞에 앉았다. 경쟁이 어찌나 치열한지 좋은 자리를 잡는 건 정말 어려웠다. 열심히 마우스를 클릭했지만 공연장 좌석은 순식간에 채워졌고, 마지막엔 맨 앞줄과 뒷줄 그리고 무대가 거의 보이지 않을 것 같은 가장자리의 좌석 두세 개만 남았다. 급한 대로 뒷자리 하나를 간신히 예약했다.

희준이는 말이 없었고, 나는 고개를 돌려 희준이를 보는 게 두려웠다.
"처음부터 앞자리 말고 중간 자리를 잡을 걸 그랬나 봐."
"… (울먹) 우리 집 인터넷이 너무 느려……."
"……."

한참 침묵이 흘렀다. '얼마나 가고 싶었는데 좌석이 이것 밖에 없다니 정말 속상하지.'라고 말하면 아들 눈에서 애써 참고 있던 눈물이 주루룩 흘러내릴 것 같았다. 그리고 6학년이나 된 남자아이라면 우는 모습을 엄마에게 보이고 싶지 않을 것 같았다. 잠시 혼자 둘까 싶은 생각도 들었으나 그것도 아닌 것 같았다.

고민 끝에 결국 상심한 아이 옆에 그냥 있어주기로 했다. 같이 있으면서 함께 견뎌주는 것, 그게 그 상황에서는 가장 최선이었다. 내 직감이 그렇게 알려주었다.

"……그런데 그날 공연장에는 어떻게 가야 해?"

시간이 지나고 마음이 가라앉은 희준이가 먼저 입을 열었다.

"지하철을 타고 가면 되는데 엄마가 데려다 줄 수도 있어. 아니면 다른 공연장에 가는 것도 방법일 수 있는데……."

"그럼 서울에서 콘서트 하고, 그 다음에 수원에서 하는데 차라리 여기에 갈까?"

"그거 좋은 생각이다. 그럼 지금보다 더 좋은 자리를 예약할 수도 있겠네."

"그때는 PC방 가서 예약했으면 좋겠어. 거기가 인터넷이 훨씬 더 빠르거든."

3주 후, 나는 퇴근길에 희준이와 만나 내 생전 처음으로 PC방에 갔다. 그리고 처음보다는 나은 자리로 티켓을 예매할 수 있었다. 콘서트에 다녀온 날, 희준이는 제 키만한 대형 브로마이드를 들고 돌아왔고 그것을 자기 방 벽 한가운데에 붙였다.

사실 마음 읽기는 쉽지 않은 정도가 아니라 꽤나 어려운 일이다. 우선 아이의 마음이 어떨지를 아는 것 자체가 쉽지 않다. 또 알아차렸다 해도 어떻게 표현해야 효과적으로 아이 마음을 읽어줄 수 있을지를 아는 것도 그 못지않게 어렵다.

티켓 예매가 끝난 뒤 내가 아이에게 읽어낸 것은 속상함과 더불어 눈물을 보인 것에 대한 창피함이었다. 어린 아이라면 투정을 부리거나 짜증을 냈을 텐데, 아무 말도 하지 않았다는 건 그런 자기 모습을 보이고 싶지 않을 만큼 컸다는 의미였다.

이런 마음이 느껴져서 나는 말없이 옆에 있어주기만 했고, 상황이 수습된 후에도 그 일에 대해서는 말하지 않았다. 이 상황에서는 그게 최선이었기 때문이다.

가끔 아이 마음을 알아준다며 "너 창피하구나.", "부끄러워서 그래?"라고 말하는 어른들을 본다. 부끄러움이라는 건 무언가 숨기고 싶은 걸 남들에게 들켰을 때의 고통스러운 감정이다. 그래서 부끄러움을 느끼는 사람이 가장 바라는 것은 '남들이 내 모습을 보지 않았으면.', '내 마음이 들키지 않았으면.' 하는 것이다. 따라서 그런 사람에게는 가능하면 모른 척해주는 것이 가장 배려있는 행동이다. 누군가가 빙판길에서 넘어지는 것을 보았을 때, 단추를 제대로 채우지 않은 것을 알아챘을 때 주변 사람들이 고개를 돌려 모르는 척해주는 것은 부끄러움을 느끼는 당사자에 대해 제일 큰 배려가 무엇인지 알기 때문이다.

그런데 유독 아이에 대해서는 이런 배려를 잘 하지 않는다. 마음을 읽어준답시고 "부끄러웠냐?"고 하면서 그 상황을 다시 들먹인다. "너 부끄러웠구나!" 하고 아이의 감정을 단정 짓고, "그게 뭐가 부끄러워?" 하며 사정없이 아이의 감정을 무시한다. 잘못된 마음 읽기다.

심사숙고한다고 해도 마음 읽기는 자주 엇나가고 원치 않는 결과로 이어진다. 딸 희원이가 중학교 2학년 때의 일이다. 새 학년에 어느새 적응하는가 싶더니 희원이는 당시 유행대로 교복 자켓을 몸에 딱 맞게 줄였다. 자기 용돈으로 하면 엄마한테 말하지 않아도 된다고 생각했던 모양이다. 내가 상황을 알아차렸을 때는 이미 자켓 모양이 원래의 형태와는 많이 달라져 있었다.

고친 교복을 입고 학교에 다녀온 희원이를 처음 보았을 때는 나도 모르게 그게 뭐냐고 소리를 지를 뻔했다. 몸에 꼭 맞다 못해 가로 방향으로 주름이 질 만큼 옷이 팽팽했던 것이다. 밖으로 터져 나오려는 고함을 목구멍에서 간신히 멈췄지만 어떻게 해야 할지 얼른 마음이 정해지지 않았다. 화를 낸다고 옷 모양이 원래대로 돌아오는 것도 아니고, 그래봐야 사춘기 아이와 괜한 분란만 만들 것 같았다. 그렇다고 모른 척 지나가자니 그 또한 개운치 않았다. 허락도 받지 않고 마음대로 교복을 고쳤는데 아무 말도 하지 않으면, 희원이는 앞으로 내가 하지 말라고 한 다른 것도 이런 식으로 마음대로 할 것 같았다.

꼭 짚고 넘어가긴 해야겠는데 어떤 말을 해야 할지 몰라 한참을 고르고 고른 끝에 한마디 던졌다.

"희원아, 옷이 작아서 숨쉬기 힘들지 않니?"

내 딴에는 서로 기분 상하지 않고 조용히 경고한다고 한 말이었다.

'딸아, 몰래 교복 줄인 거 다 알지만 엄마는 그걸 언급하지 않을 만큼 너그럽단다. 심지어 이런 상황에서도 엄마는 너의 불편함을 걱정하는 하늘 같은 마음을 가졌다는 걸 알겠지? 이 정도면 앞으로 네가 어떻게 행동해야 하는지는 말 안 해도 알아야지~.'

엄마의 사려 깊은 말을 들은 희원이는 뜻밖에 눈물을 흘리며 울기 시작했다. 너무 감동한 걸까? 그게 아니었다.

"엄마는 내가 뚱뚱하다고 놀리는 거잖아."

차라리 화를 내고 야단치는 게 나을 뻔했다. 쿨한 척하다가 아이의 약점을 갖고 비아냥거리는 엄마가 된 것이다. 억울했지만 엎질러진 물이었다. 결국 내가 미안하다고 사과하고, 절대 그런 뜻이 아니었다고 싹싹 빌었지만 예민한 시기였던 희원이는 쉽게 마음을 풀지 않았다.

이 일로 단단히 혼이 나고, 나름대로는 조심한다고 하지만 그래도 가끔씩은 '삑사리'가 난다. 대부분 마음 속에 갖고 있는 감정이나 의도를 숨기고 다르게 말할 때 이런 일이 일어난다. 화가 나는 걸 참으려 하거나, 공부 좀 하라고 닦달하고 싶은 걸 다르게 표현할 때 아이는 귀신같이 엄마의 속내를 읽어낸다. 아무리 숨기려 해도 미세한 눈길과 묘한 어양에서 말하는 사람의 감정은 드러나기 마련인 것이다.

소통의 핵심은 진솔한 감정이다. 그래서 마음 읽기는 전적으로 솔직해야 효과가 있다.

감정의 색깔을 맞추는 것만으로는 마음 읽기가 완벽하지 못하다. 감정의 강도를 맞추지 못하면 '웬 오버?' 하는 반응이 돌아온다. 이건 남편이 단골이다. 기말고사를 앞두고 근심에 쌓여있는 아이를 격려한다고 하는 말이 도리어 아이의 비위를 건드리기 일쑤다.

"공부는 평소에 해두는 거야. 시험 전날은 일찍 자는 게 좋아."

"너 원래 국어는 잘하잖아. 걱정 안 해도 되지?"

기껏 격려와 칭찬이라고 한 말이 아이들 기분을 상하게 해서 결국 제 방에 들어가게 만든다. 좋은 아빠 노릇을 하려고 했던 남편은 그런 아이들이 섭섭하다. 시험 때는 침묵이 최고라는 걸 몰라서 생긴 일이다.

마음 읽기가 가장 심각한 부작용을 일으킬 때는 내가 다른 사람의 마음을 잘 안다고 자만하는 순간이다. 특히 부모는 내가 낳은 자식이기 때문에 내가 더 잘 안다고 속단하기 쉽다. 그렇지만 조금만 생각해보면 그건 아이의 감정이 아니라 부모의 감정인 경우가 대부분이다. 그걸 구별하지 못하니까 이런 말들을 하는 것이다.

"감기 들어서 그렇게 고생했으면서 또 놀고 싶어?"

"숙제를 안 해 가서 벌을 섰으면 '다시는 그러지 말아야지.' 이런 마음이 안 들어?"

"넌 친구보다 시험을 못 봤는데 속상하지도 않아?"

시험 점수가 좋지 않을 때 대부분의 아이는 엄마만큼 속상해 하지 않는다. 그보다는 부모에게 혼나는 게 훨씬 마음 상하는 일이다. 하지만 점수를 그렇게 받고도 남의 일인 양 태연한 아이를 보면 부모는 속이 타다 못해 화가 난다. 도대체 자기 점수인데 저 아이는 왜 저렇게 태연할까. 엄마의 마음과 아이의 마음이 다를 수 있다는 걸 인정하지 못하는 것이다. 그러니 아이의 마음이 보이지 않을 수밖에.

아이 마음 읽기란 아이가 느끼는 감정을 정확하게 알아차리고 인정해주는 것이다. 내 속이 타들어 가도 아이 마음은 그렇지 않을 수 있다는 것을 아는 것, 즉 내 감정과 아이 감정을 섞지 않는 것이다.

사건에 숨겨진 진실을 찾아라

아이가 유치원이나 학교에 가게 되면 부모는 아이가 집에 와서 하는 말에 민감해진다.

"친구가 안 놀아줘."

"친구가 때렸어."

"나 왕따야."

어쩌다 이런 말이라도 나오면 부모는 가슴이 철렁 내려앉는다.

"누가? 왜? 선생님은 알고 계셔?"

상황을 정확히 알려고 질문을 해보지만 아이가 하는 대답은 '몰라' 혹은 '그냥'이 대부분이라서 들으면 들을수록 사건에 대한 그림이 모호해진다. 그래서 아이의 말은 아이들 입장이 어떤지 이해하고, 논리의 조각도를 들이대야 비로소 상황의 윤곽이 제대로 드러난다. 우리 집 두 아이들도 마찬가지였다.

"엄마! 내 신발이 없어졌어. 또 누나가 신고 갔나 봐. 누나는 자기 건 안 신고 맨날 내 것만……."

하소연을 하는 희준이의 말끝에 울먹거림이 묻어났다. 초등학교 저학년 때 희준이는 누나인 희원이와 종종 신발 때문에 부딪치곤 했다. 나이 차이가 여섯 살이나 되다 보니 함부로 덤빌 수는 없고, 할 수 있는 건 고작 엄마에게 이르는 것뿐이라서 희준이 입장에서는 매일매일이 억울한 일의 연속이었다. 그런 희준이가 안쓰럽기도 하고, 평소 덤벙거리고 내 것 네 것을 가리지 않고 쓰는 희원이의 습관이 못마땅하기도 했던 나는 이런 일이 생기면 희원이를 많이 혼내곤 했다.

그런데 어느 날부터 희원이도 억울하다며 하소연을 하기 시작했다.

"내가 나갈 때 이 신발 신어도 되냐고 물어봤고, 괜찮다 그래서 고맙다고 하고 신고 나간 거야."

"독서실에 하루 종일 앉아 있으면 발이 너무 부어서 운동화를 신는 게 힘들어. 희준이 신발은 볼이 넓어 편해서 빌려 신었던 거야. 그럴 때마다 내가 과자도 주고 초콜릿도 줬는데, 걔는 먹을 건 받아먹으면서 왜 그러는 건데?"

희원이 말을 들어보니 그 입장도 이해가 갔다. 기분파인 희원이는 평소 과자나 먹을 게 생기면 곧잘 동생에게 주곤 했다. 반면 뭐든 아끼고 모아놓는 희준이는 자기 것을 잘 주지 않는 편이었다. 그런 습관은 어렸을 때 훨씬 심해서 우리 부부는 희준이 수중에 들어간 건 돈이건 먹을 것이건 절대 안 나온다는 농담을 하곤 했다. 과자도 훨씬 많이 주고, 빌려달라면 뭐든 너그럽게 빌려주는 희원이 입장에서는 어쩌다 희준이 걸 쓰기만 하면 바로 엄마한테 일러바쳐서 혼이 나는 게 억울했을 것이다.

반복되는 신발 싸움은 결국 희원이에게 같은 신발을 사주는 것으로 마무리했다. 희원이는 동생을 괴롭히고 싶었던 것도 아니고, 남의 물건을 함부로 하려는 것도 아니었다. 그저 발이 아파 힘들다는 것이 이 다툼에서 가장 중요한 핵심이었다.

희준이에게는 누나의 입장을 설명해주면서 엄마가 실수한 것이라고 말하였다. 누나에게 같은 신발을 사줄 거니까 앞으로는 그런 일이 없을 거라고 안심도 시켜주었다. 엄마 잘못이라고 하니 희준이의 화도 누그러들었다.

신발 때문에 벌어진 분쟁을 이렇게 해결할 수 있었던 것은 아이가 말하는 사건에만 주의를 기울이지 않고 그런 일이 일어나게 된 배경에 대해서도 관심을 기울였기에 가능한 일이었다.

아이들의 이야기는 두서없고, 단편적이다. 제 입장만 이야기하기 때문에 아이의 말을 곧이곧대로 믿고 선입견을 갖고 들으면 어떤 상황에서 그런 일이 일어났는지 객관적으로 판단하기가 어렵다. 따라서 사건에 숨겨진 진실을 찾아내야 아이 마음 읽기도 제대로 되고, 문제 해결에도 도움이 되는 정보를 얻을 수 있다.

그마나 집안에서 일어난 일은 가족끼리 일이라 감정이 금방 풀어질 수 있다. 하지만 밖에서 일어나는 일은 상대방의 의도를 정확하게 이해하지 못하면 문제가 커질 수 있다.

희원이가 초등학교 1학년 때의 일이다. 평소 아이 학교생활에 관심이 많은 것으로 알려진 수민이 엄마에게서 전화가 왔다.

"희원이 어머니, 혹시 희원이한테 학교에서 무슨 일이 있었는지 들으셨어요?"

"아니요. 무슨 일인데요?"

"오늘 리코더 수업을 했는데, 선생님이 노래 하나를 가르쳐주고 내일 시험 봐서 하나라도 틀리면 때린다고 했대요. 아직 어린 애들인데 말이 안 되잖아요. 우리가 학교에 가봐야 하지 않을까요?"

수민이 엄마의 흥분된 감정이 수화기를 타고 그대로 전해졌다. 나 역시 걱정이 됐지만 그렇다고 학교에 가야 하나 싶어 애매하게 대답하고 전화를 끊었다. 그리고는 희원이를 불렀다.

"선생님이 내일 리고디 시험에서 하나라도 틀리면 때린다고 하셨어?"

"몰라."

"시험 본다고 했다며."

"연습해오라는 말만 한 거 같은데……."

희원이는 대수롭지 않게 대답했고, 시험에는 관심조차 없어 보였다. 판단이 되지 않아 평소 학교 일을 잘 알고 있는 현서 엄마에게 전화했다. 자초지종을 들은 현서 엄마는 웃으며 어떤 일인지 알려주었다.

"안 그래도 현서가 집에 와서 그러더라고요. 선생님이 리코더를 내일까지 연습해오라고 하시더니 농담으로 '너네 제대로 안 해오면 선생님한테 진짜 혼날 거야.'라고 하셨다네요."

"아~, 상황이 그렇게 된 거군요. 그럼 학교에 갈 필요 없겠네요."

상황을 정리하면 이런 것이다. 선생님이 아이들과 리코더 수업을 하고 나서 집에서 연습을 해오라고 했다. 그런데 열심히 해오라고 강조하다가 마지막에 농담을 한마디 한 것이다. 하지만 그 자리에 있던 세 명의 1학년 아이들은 선생님의 말을 각자 다르게 알아들었다.

희원 리코더 연습을 열심히 해오라는 거구나.
현서 선생님이 농담도 다 하시네. 리코더 연습을 해오면 되겠다.
수민 어떡하지? 내일 시험을 제대로 못 보면 맞겠네.

희원이, 수민이, 현서 모두 학교생활을 무난하게 하는 아이들이다. 다만 나이가 어리기 때문에 다른 사람의 말이나 상황을 정확하게 해석하는 능력이 미숙할 뿐이다. 굳이 평가를 해본다면 현서는 상황의 맥락이나 다른 사람의 감정, 의도를 민감하게 잘 알아차리는 아이이다. 희원이는 메시지에서 느껴지는 감정은 아직 잘 알아차리지 못하고 내용만 파악하는 수준이라고 할 수 있다. 수민이는 다른 사람의 말을 곧이곧대로 받아들이는 편이며, 걱정해야 할 일과 그렇지 않은 일을 아직은 잘 구별하지 못하는 단계라고 할 수 있다.

'누가 때렸어.'라는 말을 들으면 부모의 머릿속엔 다른 아이가 다가와 일방적으로 내 아이를 때리고, 내 아이는 멍하니 있다 맞고는 아무 대항도 못한 채 울음을 터뜨리는 장면이 떠오른다.

그렇지만 대부분의 상황은 이렇지 않다. 여러 아이들이 한 장소에서 저마다 놀고 있는데 누군가가 다가와 내 아이의 장난감을 건드린다. 아이는 누군지 확인도 안 한 채 반사적으로 손을 뻗어 그 아이를 밀쳐버린다. 밀린 아이는 화가 나서 상대를 주먹으로 때리기도 하고, 넘어지지 않으려고 비틀거리다 자기도 모르게 발로 상대를 차기도 한다. 주위에 어른이 있으면 바로 떼어놓겠지만, 그렇지 않고 시간이 지체되면 두 아이는 두서없이 팔을 휘둘러 서로 누가 맞고 때리는지 알 수 없는 상황을 연출한다.

문제는 그 다음이다. 뒤늦게 그 장면을 목격한 어른이 무슨 일이냐고 물었을 때 두 아이는 모두 상대가 때렸다고 말한다. 누가 먼저 때렸냐고 물어도 둘 다 똑같이 상대가 먼저 때렸다고 주장한다. 그리고 자기는 맞기만 했다고 한다.

친구가 안 놀아줬다는 말도 이와 비슷하다. 하루 종일 이 아이, 저 아이와 잘 놀던 아이는 우연히 자기 놀이에 열중하고 있는 한 친구를 발견하고 다가간다. 함께 놀자고 했지만 놀이에 열중한 친구는 대답하지 않는다. 하루 중에 잠깐 있었던 이 작은 사건을 두고 아이는 엄마에게 이렇게 말한다. "친구가 놀아주지 않는다."고.

그렇다고 이 아이가 거짓말을 한 것은 아니다. 아이는 자기 입장에서 말했을 뿐이다. 아직은 타인의 입장과 상황의 의미를 모르기 때문에 아이는 자기 입장에서 보고 느낀 대로 말한 것이다.

마치 어느 부분만 크게 확대된 그림처럼 아이들의 내적 세계는 자신만의 주관에 의해 왜곡되어 있다. 성장할수록 이 그림은 점차 적절한 형태를 갖추게 되고, 마침내 온전한 판단력을 갖게 된다. 이 나이에 이를 때까지 부모는 아이가 말한 내용 뒤에 있는 의미를 이해하기 위해 노력해야 한다. 그래서 아이의 말을 무시해서도 안 되지만 말 그대로를 받아들이는 것도 위험하다.

아이가 성장하고 내적 세계가 복잡해지면 아이가 말하는 사건이 일어나게 된 배경을 파악하는 일은 더욱 어려워진다. 희준이가 초등학교 4학년때 겪었던 일도 그 중 하나였다.

어느 날 희준이가 학교에 다녀와서는 시무룩한 얼굴로 말했다.

"엄마, 애들이 나보고 옷 사 내래."

미술 시간에 먹물이 튀어 근처에 있던 친구들 옷에 묻었는데 그 아이들이 입을 모아 새 옷을 사 내라고 했단다. 친구들이 꽤나 몰아붙였는지 희준이는 시무룩한 기분으로 집에 돌아왔고, 나에게 말할 때도 혼날까 봐 걱정하는 모습이었다.

그런 아이의 모습을 보니 나 역시 마음이 언짢았다. 친구들한테 단체로 비난을 받았다는 것도 그렇고, 아직 어린 아이들인데 친구의 사소한 실수를 갖고 옷을 사 내라고까지 하다니! 너무 영악스러운 건 아닐까 싶은 마음도 들었다.

　일단 실수로 그런 건데 네 잘못은 아니라고 말한 다음 엄마가 알아서 할 테니 걱정 말라고 희준이를 안심시켰다. 하지만 정말 옷을 사줘야 하는 것인지 난감했다. 마침 그때 학교에서 희원이가 돌아왔다. 위로와 지지가 필요했던 나는 고등학생 딸을 붙들고 하소연을 했다. 강한 공감과 지지를 기대했던 나에게 희원이는 뜻밖의 대답을 했다.

　"그 애들이 아끼는 옷일 수도 있잖아. 그럼 속상하지."

　"그래도 옷을 사 내라고 하는 건 너무한 거 아니야?"

　"그건 여러 명이라서 그랬을 거야. 누구 하나가 그렇게 말하니까 다른 애들도 덩달아 그랬을 거 같은데."

　아, 그랬겠구나. 여러 명이 투덜투덜 한마디씩 했을 것이다.

　"야, 이거 어떡해. 엄마한테 혼난단 말이야."

　"네가 책임져. 이거 못 입게 됐잖아. 얼마 전에 산 건데."

　"맞아, 네가 사 내!"

　그러면서 점차 의견이 모아지고, 십난의 힘을 빌려 혼자라면 하기 힘든 말을 했을 것이다. 그때 희원이가 한 번 더 촌철살인의 발언을 했다.

　"분명 그중에 여자애가 있었을 거야."

　그 말까지 보태지자 전등이 켜지듯 환하게 전체 상황이 이해가 갔다. 옷에 관심 많은 4학년 여자아이라면 속상한 마음에 충분히 그렇게 말할 수 있을 것 같았다. 상황을 이해하자 이 문제를 어떻게 해결해야 할지 어느 정도 감이 잡혔다.

나는 희준이에게 옷을 사달라는 아이가 있으면 그 아이 엄마의 휴대폰 번호를 알아오라고 했다. 이건 어른끼리 해결해야 하는 일이니 엄마끼리 연락하겠다고 했다.

입던 옷을 그대로 사준다는 게 쉬운 일은 아니다. 그렇다고 옷값에 해당하는 돈을 주는 것도 적절치 않다. 먹물이 얼마나 튀었는지 알 수 없으나 빨아서 입을 수도 있다. 무엇보다도 옷을 다시 사달라고 할지의 여부를 아이가 결정할 수는 없는 일이었다. 아이들이 옷을 사 내라고 한 건 그냥 옷에 얼룩이 묻어 속상하고 화나는 마음을 표현했을 뿐인 것이다. 아이들은 옷을 새로 사 내라고 하는 게 무슨 의미인지 모르는 게 분명했다.

내 예측대로 이튿날 옷 이야기를 또 하는 아이는 아무도 없었다. 희준이 역시 그런 일이 없었던 것 같은 얼굴로 학교에서 돌아왔다.

아이의 말을 제대로 알아듣는 것은 정말로 쉽지 않다. 게다가 어떤 상황에서 아이가 어떤 생각을 했기에 이렇게 말할까를 제대로 파악하는 건 타고난 감수성을 지녔거나 수없이 훈련을 반복해야만 가능한 일이다. 그러니 우선 감정을 가라앉히고, 누가 옳은가의 판단도 보류하고, 이쪽과 저쪽의 입장이 되어 보아야 한다. 또 그 상황을 아이 마음으로 볼 수 있어야 한다. '초등학생이 벌써 돈을 밝히다니!' 하고 어른 입장에서 볼 게 아니라, '속상한 마음에 사 내라고 했지만 그게 얼마나 복잡하고 애매한 일인지 몰랐겠구나.'라고 이해해야 한다는 것이다.

그게 어렵다면 감정부터 터뜨리지 말고 아이들 말에 귀를 기울여야 한다. 자신이 없으면 신중하기라도 해야 한다는 말이다. 중요한 일이 아니면 아이 마음을 읽어주는 정도로 끝내면 되고, 중요한 문제라고 생각되면 주변 어른들을 통해 사실 여부를 확인해야 한다. 이때는 유치원이나 학교 교사가 객관적인 정보를 줄 수 있는 가장 좋은 대상이다.

내 경우, 사건의 이면에 숨겨진 의미를 찾는 데 시간이 가장 오래 걸린 대상은 남편이었다. 결혼 초부터 느꼈던 건데, 가끔씩 퇴근하고 집에 온 남편의 표정이 아주 심각하고 비장해서 화가 난 것 같이 보일 때가 있었다. 마치 가슴 속에 사표를 품고 다니면서 디데이(D-day)가 오늘이냐 내일이냐를 고민하는 그런 표정이었다. 무슨 일이 있느냐고 물어봐도 별일 없다고만 할 뿐이었고, 그런 날은 괜히 집 안을 왔다 갔다 하면서 냉장고 문을 여닫다가 잠들곤 하였다. 결혼하고 10년도 훨씬 지난 어느 날, 나는 드디어 그 표정의 의미를 알아냈다.

배가 고픈 것이었다. 그런 표정이 저녁을 먹지 않아 배고팠을 때와 연결된다는 걸 너무 늦게 알았다. 사람이 밥을 안 먹었다고 그렇게까지 심각하고 비장한 표정을 지을 수 있다는 걸 상상조차 하지 못했던 것이다. 그러고 보니 남편의 표정과 행동은 배고픈 맹수를 닮아 있었다. 뭔가 중요하고 심각한 결핍! 그것을 해소하려는 움직임!!

결혼하고 20년이 된 최근에는 비밀 하나가 더 풀렸다. 졸린데 잘 수 없는 상황에서도 남편이 비슷한 표정을 짓는다는 것이다. 화가 난 듯한 얼굴로 입을 다물고, 말을 시켜도 대답을 잘 하지 않는다. 마치 깊은 생각에 잠긴 것처럼 말이다. 남편의 표정 뒤에 감춰진 진실을 알아차리기까지 유독 시간이 오래 걸린 데는 이유가 있다. 남편 자신도 몰랐다는 것이다.

엄마의 '약점 스위치'

아이를 키우며 겪는 어려움에는 여러 가지가 있지만 사람에 따라 유난히 힘든 문제가 있을 수 있다. 아이의 안전 문제를 최우선으로 하는 엄마가 있는가 하면, 다른 건 몰라도 공부 못하는 건 도저히 용서가 안 되는 엄마도 있다. 하루 세끼를 꼭 밥으로 먹어야 하는 집이 있는가 하면, 단정치 못한 옷차림은 절대 용납이 안 되는 가정도 있다.

반대로 아이에게 뭔가를 해줘야 한다는 강박을 가진 부모도 있다. 다른 아이는 가지고 있는데 우리 아이만 없으면 왠지 따돌림을 당할 것 같다는 생각에 아이가 원하는 걸 다 사주기도 하고, 아이가 친구를 잘 사귀지 못할까 봐 사는 집을 동네 아이들 놀이터로 개방하기도 한다. 시간이 지나 돌이켜보면 그럴 만한 일이 아니었다 싶지만 당시에는 내 아이가 잘못될지도 모른다는 불안감에 사소한 일도 마치 재앙처럼 느껴지는 것이다.

이렇게 엄마가 아이를 키우며 걱정하고 불안해하는 일들 중에 가장 난감한 상황은 아마도 아이에 대한 좋지 않은 이야기를 남에게서 들었을 때일 것이다. 좋은 일이라도 아이가 남의 입에 오르내리면 엄마는 부담스럽기 마련이다. 그러니 애가 말썽을 부렸다거나 다퉜다는 말을 들으면 엄마는 심장부터 내려앉는다. 형제끼리 싸웠다고 하면 '또 싸웠구나.' 하는 정도로 생각한다. 하지만 똑같은 행동을 밖에서 했다고 하면 아주 다른 마음이 되는 것이다. 싸운 게 아니라 폭력을 휘두른 것 같고, 주의를 주는 정도로 될 일이 아니라, 크게 벌을 줘서 다시는 이런 일이 없도록 해야 할 것 같은 절박한 마음이 든다. 이미 알고 있었던 행동을 다른 장소에서 했을 뿐인데 엄마 마음은 왜 이렇게 다를까?

밖에서 들려오는 이야기는 아이뿐 아니라 나에 대한 평가를 포함하고 있다고 느끼기 때문이다. 또 아이에 대한 지적이 '나에 대한 비난'으로 들리기 때문이다. 이런 마음 때문에 별일 아니라는 걸 알면서도 아이가 남들 입에 오르내리면 엄마 마음은 민감해지고, 사소한 일에도 격한 반응을 보이게 된다.

다행히 희원이는 여자아이라 그런지 다른 사람으로부터 희원이에 대한 말을 듣는 경우가 거의 없었다. 간혹 친구 엄마로부터 전화가 온다 해도 학원을 같이 보내자고 하거나 학부모 모임에 나오라는 정도가 전부였다. 그래서 교사나 다른 아이의 부모로부터 아이에 대한 일로 전화를 받는다는 건 남의 일로만 생각했다. 그렇지만 그건 착각이었다. 희준이가 초등학교 2학년이 되던 해, 그때가 시작이었다.

강의 중에 주머니가 부르르 떨리면서 휴대폰이 진동음을 냈다. 그날따라 그 소리가 왠지 불길하게 들렸다. 마침 학생들이 질문지를 작성하고 있어서 잠깐 발신지 확인은 가능했다.

'031-7……'

앗! '031-7……'이 떴다는 건 우리 동네 어딘가에서 온 전화라는 뜻이었다. 마트나 세탁소에서 뭔가를 찾아가라고 하는 전화일 때도 있었지만 경험으로 봤을 때 아이들과 관련된 전화일 가능성이 컸다. 오후 시간이니 아마 학원에 아직 도착을 안 했다거나, 숙제를 해오지 않았다고 고자질하는 전화일 가능성이 높았다.

내 돈 내고 보내는 학원이면서도 이런 전화가 오면 부모 노릇을 제대로 못 하고 있는 것 같아 영 불편하다. 소비자이지만 마음만은 항상 '을'이 되는 관계인 것이다. 그렇지만 뭐니 뭐니 해도 가장 무서운 건 아이들 학교에서 오는 전화다. 좋은 일이든 좋지 않은 일이든 학교라고 하면 가슴부터 철렁 내려앉는다.

휴대폰 화면에 뜬 '031-7……'은 그날따라 예사롭지 않았다. 그 느낌을 떨치기 어려워 강의실 분위기를 살피며 조용히 전화를 받았다.

"희준이 어머니세요? 저는 담임인데요."

"아! 선생님······."

나는 얼른 칠판 쪽으로 돌아섰다. 얼마나 놀랐는지 수업 중이라는 것도, 학생들이 금방 질문지 작성을 마칠 것이라는 상황도 모두 사라졌다. 휴대폰 저편에서 울려오는 말소리도 꿈인 양 현실감이 들지 않았다.

"어머니, 오늘 희준이가 친구하고 놀다가요······ 원래는 둘이 친한 사이고 잘 노는 사인데요······."

"네. (그래서요? 놀다가 혼났다는 건가요? 아님 사고라도 쳤다는 건가요? 큰 사고인가요?)"

"남자애들이 그렇잖아요. 놀다가 어떻게 싸움이 됐나 봐요."

"아, 네 에······. (싸우다니 서로 치고받고 그런 건가요? 그래서 누가 다치기라도 했나요? 혹시 우리 애가? 얼마나?)"

"두 애 다 코피가 났어요."

"(안도감을 느끼며)아~, 그렇군요. (코피라면 심각한 건 아니네요. 그런데 왜? 이것만 갖고 전화한 건 아니겠죠? 그럼 뭐 다른 일이?)"

"우리 반이 1반인데 5반 복도에서 싸워서 제가 잘 몰랐어요."

"네? (무슨 뜻이죠? 애들이 가지 말아야 할 곳에 갔다는 건가요? 더 많이 혼나야 한다는 건가요?)"

엄마인 나를 질책하려는 건지, 교사로서 책임은 없다는 회피 발언인지 파악이 안 된 채 그저 '아, 네에.'를 반복하다 통화를 마쳤다. 퍼뜩 정신이 들어 돌아보니 학생들이 일제히 내 쪽을 바라보고 있었다. '031-7······'이 제대로 불길했던 날이었다. 지나고 나면 그럴 수도 있지 싶지만 이런 전화만큼 혼을 쏙 빼는 일도 많지 않았다.

아이를 키우면 무서운 게 많아진다. "○○이 어머니 되시죠?" 하는 전화를 받으면 무조건 가슴부터 내려앉는다. 상대가 내가 ○○엄마임을 확인하고 용건을 말하기까지의 짧은 시간 동안 별의별 생각이 다 스쳐 간다. 여기서 별의별 생각이란 주로 '다쳤다.', '사고 쳤다.', '혼났다.', '없어졌다.'처럼 재앙의 레퍼토리를 담은 것이다.

이런 일도 있었다. 희원이가 고등학교 때 겨울방학을 마치고 첫 등교를 한 날이었다. 그날도 휴대폰 화면에 불길한 '031-7······'이 떴다. 전화를 받아보니 희원이 담임선생님이었다.

"어머니, 희원이 머리가요······."

담임선생님은 말이 느린 분이었다. 무슨 일인지 궁금해 죽겠는데 좀처럼 본론이 나오지 않았다. 그러다 천천히 이어지던 말이 '희원이 머리'에 이르자 그 뒤에 나올 수 있는 온갖 경우의 말들이 순식간에 내 머릿속에 줄을 섰다.

'머리? 머리가 어떻게 됐다는 거지? 다쳤다는 건가? 굴렀다는 말인가? 그러고 보니 선생님이 말을 제대로 못 하는 것 같네. 큰일이 난 건가? 헉! 혹시 학교 앞 횡단보도?!'

생각이 여기에 미치는 순간 갑자기 차가 급정거하는 소리, 허공을 향해 날아가는 가방, 몸이 바닥에 부딪히는 소리, 구급차의 사이렌 소리 등 텔레비전에서 본 극적인 장면이 생생하게 떠올랐다. 그날따라 느리고 낮은 선생님의 목소리 톤조차 나쁜 소식을 전하는 징조임이 틀림없는 것 같았다. 그런데……!

"어머니, 희원이 머리가…… 파마를 했네요."

그랬다. 선생님이 말한 '머리'는 머리(head)가 아니라 머리카락(hair)이었다. 혼자서 애 머리에 피를 묻히고, 뼈를 부러뜨리고, 붕대를 감았다 풀었다 하고 있었는데 머리가 아니라 머리카락이니! 심란했던 마음은 '머리'와 '머리카락'이 구별되지 않는 한국말의 모호함과 말이 느린 선생님에 대한 원망으로 흘러갔다. 원칙대로 하면 교칙을 어긴 희원이가 분노의 표적이 되어야 했다. 하지만 머리가 멀쩡한 것만으로도 고마웠고, 그깟 머리카락이야 박박 밀건 파마를 했건 아무 상관없었다. 잠깐이지만 아이가 다쳤을지 모른다는 생각에 정말 무서웠던 것이다.

이렇게 엄마가 아니라면 별것도 아닌 일인데 애를 키우는 엄마이기 때문에 때로는 무섭고, 어떤 때는 화가 나고, 과도하게 예민해지는 마음을 나는 엄마의 '약점 스위치'라고 부른다. 휴대폰 화면에 뜬 특정 숫자의 조합에 소스라치게 놀라는 건 그게 엄마로서의 내 '약점 스위치'를 누르기 때문이다. 무조건 반사처럼 매번 놀라는 게 억울해서 가끔은 '031-6……'이나 '031-8……'로 시작되는 전화를 일부러 받지 않을 때도 있다. '031-7……'의 전화를 안 받을 배짱은 없으니 종로에서 뺨 맞고 한강에서 화풀이하는 격이다.

아이에 대해 좋지 않은 말을 들으면 아이가 잘못될 것 같아 불안하고,

뉴스에서 나오는 사건·사고가 내 아이에게도 일어날 것 같아 두려워지는 건 세상으로부터 아이를 지키고 보호해야 한다는 책임을 갖고 있기 때문이다. 따라서 부모가 되고 나면 예민해지고 걱정이 많아지는 건 지극히 당연한 일이다.

부모라면 대부분 보이는 반응이 보편적인 '약점 스위치'라면 다른 부모는 갖지 않는 나만의 '약점 스위치'도 있을 수 있다. 예절 바른 게 가장 중요하다고 생각해 아이의 버릇없어 보이는 행동을 절대 허용하지 않거나, 사회성을 강조해 무조건 양보하라고 가르치는 부모도 있다. 아이를 기죽이면 안 된다는 스위치 때문에 아이의 버릇없는 행동을 제재하지 않는 가정도 있고, 반대로 아이가 마음에 상처를 받을까 봐 과하게 달래주는 부모도 있다.

이런 '약점 스위치'는 곳곳에 숨어 있으면서 아이에 대한 부모의 객관적인 판단을 방해하고, 과도한 불안을 초래하기도 한다. 예의 바른 아이로 키우기 위해서는 인사하는 습관을 길러줘야 하지만, 어떤 아이들은 수줍음 때문에 인사하기 힘들어할 수 있다. 이때 인사는 예의가 아닌 수줍음의 문제이다. 하지만 '예의 바른 사람이 되어야 해.'라는 스위치가 켜지면 '인사를 안 하는 건 예의 없는 행동이야.'라는 생각 외에 다른 생각을 할 수 없게 된다. '공부를 못하면 성공할 수 없다.'는 스위치는 부모를 아이가 아닌 점수에만 집중하게 만든다. '세상은 위험한 곳이야.'라는 스위치는 아이 스스로 할 수 있는 일조차 부모가 대신해주게 하여 아이를 무능력하게 만드는 결과를 가져온다.

육아는 빨래나 설거지와 다르게 아주 복잡해서 명확한 판단을 하기 어려운 일이다. 같은 일이라도 아이가 처한 상황이나, 아이의 나이에 따라 아주 다른 문제가 될 수 있다. '잘' 또는 '열심히'만으로 문제 해결이 어려운 건 바로 이런 이유 때문이다.

공부하기 싫어하는 아이를 바꿔보겠다고 계속 잔소리를 해대면 아이는 더 공부하기 싫어할 수 있다. 첫째이니 너그럽게 양보하라고 계속 요구하면 아이는 피해 의식이 생겨 사람들을 더 싫어할 수 있다. 따라서 문제에 봉착한 부모는 어떻게 문제를 풀어야 할지를 주어진 상황에서 생각해야 한다. 그렇지 않고 해오던 습관대로 판단을 했다가는 오히려 해결이 어려워진다.

문제는 '약점 스위치'다. '약점 스위치'는 자동으로 켜지기 때문에 다른 상황에서도 무조건 같은 반응을 하도록 만든다. 그래서 부모가 아이 문제에 융통성 있게 대응하는 것을 방해한다. 또한 아이의 나이나, 아이가 처한 상황을 무시하게 만들면서 부모와 아이 사이를 상하게 만들 때도 많다.

아이가 크면 판단력이 성숙하고, 자율성이 커지기 때문에 점차 많은 결정을 아이에게 맡겨야 한다. 하지만 '아이가 뭘 알겠어.'라는 스위치에는 기준 나이가 명시되어 있지 않기 때문에 부모가 물러서야 할 때를 알지 못하게 한다. 심지어 성인이 된 자녀를 어린애 대하듯 하게 만든다. 결국 부모의 이런 태도가 아이 마음을 상하게 하면서 서로의 사이를 멀어지게 한다.

따라서 부모는 내 안에 어떤 약점 스위치가 있는지 알고 있는 게 필요하다. 내 안에 있는 많은 스위치들이 나도 모르게 작동하면서 부모로서의 판단을 흐리기 때문이다.

대부분의 '약점 스위치'는 부모 자신이 어렸을 때 겪었던 경험과 관련이 깊다. 부모님으로부터 사랑받지 못했다고 느끼는 부모는 사소한 일에도 아이가 상처받을 것이라고 생각해 지나치게 아이를 돌보려는 모습을 보인다. 바쁘거나 무심한 부모와 살면서 '나도 저랬으면……' 했던 매 순간마다 아이를 돌봐야 한다고 느끼는 것이다.

어린이날을 쓸쓸하고 외롭게 보냈다면 내 아이에게는 즐겁고 환상적인 하루를 선물하려 애쓰고, 그렇지 못했을 경우 죄책감을 느낀다. 어린 시절에 다정한 보살핌을 받지 못했다면 '엄마는 다정해야 한다.'는 '약점 스위치'가 생겨 아이에게 화낼 때마다 스스로를 나쁜 엄마라고 자책하고, 과도하게 괴로워한다. 이처럼 과거 경험은 부모 마음에 스위치를 만들고, 현명한 양육에 약점으로 작용할 수 있다.

내가 가진 엄마의 '약점 스위치' 중 하나는 '자율성'에 대한 것이다. 아이가 스스로 혼자 할 수 있다고 주장하면 왠지 허락해야 할 것 같은 마음이 든다.

나는 어렸을 때 많은 것을 스스로 결정하는 아이였던 것 같다. 학교생활에 대해 부모님에게 의논했던 기억이 별로 없다. 선생님에게 도움을 청했던 적은 있지만 엄마에게 도와달라는 말을 한 적은 거의 없다. 3남매의 첫째였고, 2년씩 터울진 동생이 둘이나 있었기 때문에 그럴 여지가 없었던 것 같다.

스스로를 챙기며 학교생활을 하는 게 특별히 힘들었다는 기억은 없다. 그렇지만 간혹 할 일을 안 했다고 혼날 때는 그렇게 서러울 수가 없었다. 그때마다 힘든 상황에서도 내가 얼마나 열심히 했는데 부모님이 안 알아주시는구나 싶어 서러웠다. 이런 감정이 단순히 혼났기 때문에 속상한 정도를 훨씬 넘어서는 걸 보면, 어린 나이에 아무에게도 기대지 않고 생활한다는 게 많이 힘들었던 것 같다. 그러면서 누적된 감정이 가끔 혼날 때마다 엄청난 서러움과 억울함으로 터졌던 것이다.

지금도 이런 감정을 기억하고 있는 건 당시 상황이 충격적이어서가 아니라 어른이 되어서도 같은 감정을 계속 경험했기 때문이다. 사춘기가 지나고 어른이 된 후에도 힘들 때마다, 특히 힘든데 아무 데도 기댈 수 없다고 느낄 때마다 당시 감정이 되살아났다. 그럴 때는 도움을 청할 수 있는 상황임에도 무기력한 아이처럼 아무것도 할 수 없었다.

결혼하고 첫 아이를 낳아 일과 육아와 공부를 병행할 때다. 일은 밀려 있는데 아이를 챙겨야 할 때마다 무력감과 서러움은 수시로 나를 괴롭혔다. 어린 시절 나를 도와주지 않는 사람이 부모라고 느꼈다면, 당시에는 남편이라고 느낀 게 유일한 차이였다.

다행히 시간이 지나면서 내 감정이 상황에 비해 지나치다는 것을 알게 되었다. 그리고 이런 감정이 현재가 아닌 과거로부터 온 것임을 충분히 이해하고 난 뒤에야 비로소 그 무력감과 서러움에서 벗어날 수 있었다. 그러면서 나에게는 아이가 알아서 하겠다고 할 때 기회를 줘야 한다는 스위치가 생겼다. 어른이 생각하는 것보다 아이는 훨씬 더 잘 할 수 있다는 믿음이 어린 시절의 나로부터 생긴 것이다.

희원이는 유달리 독립심이 강한 아이라 어려서부터 알아서 하겠다고 주장하는 일이 정말 많았다. 아이들을 키우는 데 비교적 단호한 나였지만, 희원이가 '이제 나도 컸으니 알아서 하겠다.'거나 '혼자서 할 수 있다.'고 주장하면 나는 안 된다고 하다가도 마음이 약해지곤 했다. 이런 스위치가 아이에게는 엄마를 마음대로 조정할 수 있는 엄마의 '약점 스위치'로 인식될 수도 있다는 건 나중에 알았다.

희원이가 초등학교 3학년 때의 일이다. 밤이 늦었는데 갑자기 운동을 열심히 해야겠다면서 밖에 나가서 한 시간만 줄넘기를 하겠다고 했다. 그때 시각이 아홉 시, 그러니까 밤 열 시에 들어오겠다는 것이다.

"안 돼."

"왜 안 되는데?"

"너무 늦어서 위험해."

"요 앞에 놀이터에서 할게. 친구도 같이 하기로 했어."

"거기는 집에서 안 보이잖아. 너희 둘이서는 위험하다니까!"

그러자 희원이가 갑자기 정색을 했다

"엄마, 나도 그 정도는 알아서 할 수 있을 만큼 컸어."

순간 멈칫했다. '앗! 그런가? 내가 너무 어린애 취급을 했나? 그래. 바로 집 앞이고 가로등도 환한데 무슨 일이야 있겠어? 동네 사람들도 많이 지나다니는데 뭐.' 하는 생각이 복잡하게 머릿속을 지나갔다.

"그럼 열 시까지는 꼭 들어와야 해."

"알았어."

이것이 나의 '약점 스위치'가 작동한 판단이라는 건 곧 밝혀졌다. 나에게 승낙을 받은 회원이는 곧바로 친구에게 전화를 했다. 같이 나가서 운동을 하자는 내용이었다. 그런데 친구는 집에서 허락을 받지 못한 모양이었다. 통화가 길어지고 있었다.

"나하고 같이 운동한다고 해! 그래도 안 된다고 하셔? 그럼 너도 다 컸다고 말해 봐. 우리 엄마는 그렇게 말하니까 허락해주던데."

그랬구나! 돌이켜보니 정말 그랬다. 아이가 혼자 배울 수 있다고 해서 인라인 스케이트를 사줬고, 찻길 건너는 게 어렵지 않다고 해서 길 건너편 가게에 혼자 다녀오라고 허락했다. 다른 애들은 이미 친구들끼리 놀이동산에 다닌다고 해서 친구들과 함께 다녀오라고 했다. 혼자서도 할 수 있다고 말하면 어지간한 건 엄마가 허락해줄 거라는 걸 회원이는 아주 예전부터 알고 있었던 것이다.

친정어머니는 걱정이 많은 분이었다. 그래서 자식들이 뭘 하든 걱정부터 했고, 제대로 못 할까 봐 잔소리를 많이 하셨다. 엄마의 그런 모습이 나를 믿어주지 않고 인정해주지 않는 것으로 느껴져 짜증도 많이 내고, 마음으로부터 귀를 막은 적도 많았다. 그 기억들이 엄마가 된 지금, 자율성에 반응하는 나의 '약점 스위치'를 만든 것 같다.

그 덕분인지 희원이는 또래 아이들에 비해 혼자 할 수 있는 게 많다. 또 웬만한 건 엄마에게 의존하지 않고, 자기가 해야 하는 일로 받아들인다. 그런 희원이가 나에게는 대견하고 기특하게 보인다. 밖에 나가면 야무지고 싹싹하다는 평까지 들으니 내가 가진 엄마의 '자율성 스위치'는 그리 나쁘지 않은 스위치인 것 같다. 단, 너무 일찍 혼자 할 수 있는 기회를 주다 보면 자칫 위험한 상황에 놓일 수도 있었는데 운 좋게 그런 일이 비껴간 덕이다.

가끔은 내가 가진 엄마의 '약점 스위치' 중에서 '자책감 스위치'가 작동할 때도 있다. 아이들과 함께 있어주지 못한다는 자책감, 맛있는 음식을 해주지 못한다는 자책감, 갑자기 비가 오는 날 우산을 갖다 줄 수 없는 나쁜 엄마라는 자책감……. 아마 나는 일하는 엄마라서 생길 수 있는 '자책감 스위치'를 만들지 않기 위해 '자율성 스위치'를 발달시킨 것일지도 모른다.

'나'는 그게 싫다고!

세상에서 나를 가장 잘 알아줄 것 같은 가족이 알고 보면 세상에서 가장 대화하기 어려운 상대라는 말들을 많이 한다. 남이라면 그러려니 하고 쉽게 넘어갈 일도 가까운 사이에서는 그게 불씨가 되어 마음이 상하고, 서로 자기주장만 내세워 끝없이 공방전을 벌이기 때문이다. 우리 집에서는 그 불씨에 불을 지피는 대표주자가 남편이다.

아이 키우는 집이 대부분 그렇듯, 아이들이 어렸을 때 우리 집에서는 먹는 걸로 큰소리가 많이 났다. 남편까지 가세하면 삼파전이 만만치 않아 중재에 나선 나까지도 소리를 높이기 일쑤였다. 당시 남편은 퇴근길에 과자나 아이스크림을 자주 사왔는데, 아이들에게 하나씩 준다고 두 개를 사오곤 했다. 그러고는 두 아이에게 하나씩 나눠주고 끝나는 게 아니라 '아빠 조금만 줘!'라고 외쳤다. 자기가 사다줬으니 조금은 먹을 자격이 있다고 생각하는 것이었다.

문제는 아이들의 나이였다. 열 살 이전 아이들의 소유 개념은 아주 고지식해서 내 손에 들어온 건 그냥 내 것일 뿐이다. 누가 줬는지 알 필요도 없고, 원하지 않는 한 다른 사람에게 줄 필요도 없는 것이다. 게다가 내가 좋아하는 간식인데 아빠가 왜 달라고 하는지 애들 입장에서는 이해하기 어렵다.

반면 남편의 소유 개념은 어른의 그것이었다. 사랑하는 아이들이 기뻐할 거라는 생각에 과자를 사오면서 텔레비전에서 봤음직한 상황을 그려봤을 것이다.

"얘들아, 아빠 왔다. 아빠가 뭐 사왔나 보렴."

"야! 아빠가 맛있는 과자를 사오셨네. 아빠, 감사합니다."

우리나라는 항상 드라마가 문제다. 열 살이 안 된 아이들이라도 대본을 주며 이런 연기를 시키면 아이들은 시키는 대로 한다. 그 장면을 본 어른들은 나도 저런 아빠가 되고 싶다고 생각한다. 드라마 작가가 아이를 키워보지 않았는지 아니면 이야기 전개상 필요해서인지 모르겠지만 이런 비현실적인 장면들 때문에 부부나 부모가 불가능한 로망을 갖는 일이 많다.

처음엔 장난 삼아 한 개만 달라고 했던 남편은 애들이 정색하며 거절하자 집요하게 요구했다. 남편의 입장을 모르는 건 아니다. 아이들을 생각해 먹을 것을 사왔는데, 아빠는 안중에도 없이 먹을 것에만 달려드는 아이들을 보며 조금은 서운했을 것이다. 교육을 위해서라도 감사하는 태도를 가르쳐야겠다는 생각이 들 만하다.

첫째인 희원이는 마지못해 줄 때도 있었지만 '왜 나한테만 달라고 하느냐?', '희준이 것은 왜 안 먹느냐?'며 마음 상해할 때가 많았다. 반면 어린 희준이는 과자를 빼앗길까 봐 필사적으로 사수했고, 아빠나 누나가 정색을 하고 과자를 달라고 하면 울음을 터뜨리기 일쑤였다.

그런 일이 반복되자 나는 남편에게 간식을 세 개씩 사오라고 했다. 남편의 마음을 모르는 건 아니지만 아이들이 그걸 이해할 나이가 아닌데 어찌하겠는가. 하지만 남편은 그걸 받아들이기가 어려웠나 보다. 봉지에 가득 든 과자를 한 개쯤 주는 게 뭐 그리 어려운가 싶었는지 이런 실랑이는 꽤 오래 갔다. 애들은 아직 어려서 그게 안 된다고 아무리 설명해도 남편은 "아빠 한 개만!"을 고집스럽게 외쳤다.

이런 일은 나와 남편 사이에서도 종종 일어났다. 한번은 남편과 함께 산책을 하다가 24시간 감자탕 집 앞을 지나게 되었다. 꽤 늦은 시간이었는데도 감자탕을 먹으러 온 사람들로 식당은 북적이고 있었다.

"여보, 난 감자탕이 싫은데 다른 사람들은 좋아하나 봐?"

"감자탕이 왜 싫어? 얼마나 맛있는데."

"냄새도 싫고, 맛도 모르겠던데."

나는 감자탕을 싫어한다. 왜라고 딱 꼬집어 말할 수는 없지만 국물의 느끼함과 노린내 비슷한 냄새가 싫다. 친구가 맛있다고 소문난 집에 몇 번 데리고 가서 억지로 먹어보기도 했는데, 그냥 싫어하는 음식으로 분류하고 더는 먹지 않기로 했다.

반면 남편은 감자탕을 아주 좋아한다. 그래서인지 남편은 감자탕이 왜 맛있는지 모르겠다는 내 말을 대뜸 이렇게 받아쳤다.

"그건 맛있는 데 안 가봐서 그래. 맛있게 하는 집에 가면 당신도 좋아할 거야."

"유명하다는 집에 가서도 먹어봤다고."

"제대로 하는 데를 가야지."

우리는 어느새 격렬하게 논쟁을 하고 있었다. 남편은 감자탕이 맛있다는 자신의 견해를 바꿀 생각이 없었고, 나는 감자탕이 그렇게 맛있는 음식이 아니라는 것을 증명하는 데 온 힘을 기울이고 있었다. 그러다 갑자기 정신이 들었다. 아니, 감자탕이 맛있는지 아닌지를 논쟁으로 정할 수 있는 것인가? 그래서 나는 외쳤다.

"여봇! 감자탕이 나한테 맛있는지 아닌지를 왜 당신이 결정해? 이건 내 입맛이라고!"

가족이라고 해도 나이, 경험, 입장에 따라 각자가 바라보는 세상이 다를 수 있다. 아무리 사이좋은 부부라도 서로 취향이 다르고, 좋아하는 것과 싫어하는 것이 다를 수 있다. 하지만 남편은 '감자탕이 싫다!' 는 내 마음을 알아주기는커녕 인정해주지도 않았다. 그런 남편 때문에 나는 감자탕 말만 나오면 '나는 공산당이 싫어요.'라고 하면서 장렬하게 죽어간 이승복 어린이만큼이나 비장한 태도로 내 주장을 관철시키려고 했다. 그러니 언쟁이 벌어질 수밖에.

얼핏 들으면 그저 사소한 일로 다투는 걸로 들리지만, 잘 보면 가족 간의 일상에서 이런 식으로 오가는 대화는 무수히 많다.

"하루 종일 텔레비전이나 보고 누워 있는 게 왜 좋은지 모르겠어."

"드라마가 뭐가 좋다고 그렇게 보는지 이해가 안 가."

"게임이 뭐가 좋다고 그렇게 정신을 못 차리는 건지."

"학생이면 학생답게 입는 게 제일 예쁜데, 왜 그렇게 어른처럼 입으려고 하니?"

가족끼리 한 번쯤은 해봤을 법한, 또는 들어봤을 법한 말들이다. 그렇지만 조금만 생각해보면 이런 이야기에는 논리도, 타당성도 없다는 걸 금방 알 수 있다. 각자의 취향은 그저 인정하면 되는 것이지 굳이 이해시킬 필요가 없는 일이다. 내가 파란 색깔의 옷을 좋아한다고 해서 우리 가족 모두에게 이 색이 왜 좋은지 일일이 설명하고 이해를 구해야 한다면 얼마나 우스운 일인가?

다른 사람의 취향에 대해 비난하거나 취미, 습관에 대해 비난하고 지적하는 이유는 간단하다. 내 것이 옳고 네 것은 틀리다는 아집과 독선이 그것이다.

희원이와 비슷한 나이의 고등학생 딸을 키우는 친구네 집에 놀러 갔을 때의 일이다. 친구는 집에 들어서자마자 신발장을 열더니 운동화를 꺼내 보여주며 다짜고짜 물었다.

"넌 이 운동화가 어떻게 보이니?"

친구가 보여준 것은 우리 딸내미도 갖고 있는 브랜드의 운동화로, 당시 학생들이 즐겨 신는 디자인이었다.

"무슨 말이야?"

"이 운동화가 이상해 보이냐고."

"아니. 그냥 운동화인데 뭘."

"그렇지? 괜찮지?"

뭐가 문제인지 친구는 몇 번이고 나에게 확인을 받았다.

"내가 백화점에 갔다가 세일하는 운동화가 괜찮아 보여서 사온 거야. 그런데 애가 죽어도 이 운동화를 안 신겠대."

"왜?"

"그냥 싫다는 거지. 이 운동화 어디가 그렇게 마음에 안 드느냐, 뭐가 이상해보이느냐고 물어도 제대로 대답도 안 하고, 안 신겠다고 고집을 부려서 어제 한비팅했어."

아이가 어렸을 때는 싫은 소리를 들으면 삐치거나 투덜거리기는 해도 결국은 부모 말에 순응한다. 그렇지만 어느 순간부터 투덜거리는 것에서 끝나지 않는다. 제 의견을 꼬박꼬박 내세우며 말대꾸를 하고 대든다. 그래도 결론이 안 나면 부모의 말이 채 끝나기도 전에 제 방에 들어가 부서지게 문을 닫기도 한다. 예전에는 눈빛만 봐도 모든 걸 한눈에 알 수 있었고, "무" 소리만 나도 물을 떠다주던 빛나는 일치의 시간이 분명 있었는데. 친구 역시 그렇게 키운 딸일 터였다.

　나는 다시 한 번 꼼꼼히 운동화를 살펴보았다. 특별히 싫을 만한 점도, 독특해 보이는 점도 없는 아주 무난한 스타일의 흰색 운동화였다.

　"그래도 왜 그렇게 싫은지, 뭔가 이유를 말했겠지."

　"이렇게 말하더라. 이건 엄마 스타일이지 내 스타일이 아니라고. 운동화 하나에 무슨 스타일을 찾는지, 내 원 참."

　그제야 왜 갈등이 빚어졌는지 이유를 이해할 수 있었다. 아이는 그 운동화의 어떤 점이 싫은 게 아니라 그냥 자기 마음에 들지 않았던 것이다. 다시 말하면 마음에 들지 않는 운동화라는 게 문제였는데, 친구는 딸아이의 '마음'이 아니라 '운동화'에 집중했던 것이다. 아이는 '마음'을 알아달라고 얘기하는데, 엄마는 마음이 아닌 '운동화'를 바라보며 뭐가 문제냐고 목소리를 높였으니 두 사람이 서로 평행선을 달릴 수밖에.

　우리가 대화를 통해서 전하고 싶고 알아줬으면 하는 것은 결국 '마음'이다. 사람들이 다 좋아하는 디자인이라고 해도 내 '마음'에는 안 든다는 것을, 이 식당의 불고기가 맛있다는 건 알지만 오늘은 고기가 아닌 생선이 먹고 싶다는 것을, 먼저 숙제하면 마음 편하게 쉴 수 있다는 건 알지만 지금 내 '마음'은 숙제보다 읽고 있던 소설책을 마저 보고 싶다는 것을 알아달라는 것이다.

　대화는 좋다, 싫다 혹은 맞다, 틀리다를 놓고 벌이는 논쟁이 아니다. 우선은 마음을 알아주어야 대화를 할 수 있다.

엄마 "넌 춥지도 않니? 왜 그렇게 다 벗고 나가는데?"(네가 그렇게 옷을 얇게 입고 가면 추워서 떨까 봐 엄마가 하루 종일 걱정하잖니.)

아이 "안 춥다고!"(엄마가 걱정하는 마음은 아는데 이 나이에 내복을 입는 건 창피해요. 게다가 뚱뚱해보이잖아요. 좀 추워도 날렵한 몸매로 나가는 게 훨씬 좋아요.)

아내 "그 회사에는 당신밖에 일할 사람 없어? 왜 매일 늦는데?"(당신이 매일 늦으니까 대화할 사람도 없고, 가족이 있어도 혼자라는 느낌이 들어요.)

남편 "내가 놀다 와? 별 걸 다 갖고."(일부러 늦게 오는 건 아닌데 당신이 매일 잔소리하니까 야단맞는 것 같고, 집에 오는 게 더 싫어졌어.)

날씨가 추우니까 옷을 더 입으라는 엄마와 춥지 않다는 아이, 왜 이렇게 귀가 시간이 늦냐는 아내와 할 일이 많아서 어쩔 수 없다는 남편. 이렇게 가족 간에 벌어지는 '춥다 : 춥지 않다', '늦다 : 늦을 수밖에 없다'의 대립은 그 이면에 있는 걱정, 불안, 외로움과 같은 감정을 알려고 노력하지 않는 한 화해가 어렵다. 그러니 상대가 하려고 하는 그 '무엇'이 아닌, 상대가 알아달라는 그 '마음'에 집중해보자. 엄마인 나는 꼭 이걸 해야 한다고 생각하지만 아이에게는 귀찮고 힘든 일이라는 것, 엄마인 나는 정말 걱정스럽고 말리고 싶지만 아이는 하고 싶어 한다는 것을 받아들여야 아이는 부모가 내 마음을 알아준다고 느낀다.

　내가 보는 세상과 다른 사람이 보는 세상이 다를 수 있음을 받아들일 때, 내 생각에 좋은 것이 다른 사람이 좋아하는 것과 서로 상반될 수도 있음을 알 때 비로소 상대에 대한 이해와 수용이 가능해진다. 그리고 눈빛만 봐도 모든 걸 한눈에 알 수 있었던, 빛나는 일치의 시간이 다시 찾아온다.

　이런 깨달음은 남편과 나의 관계에도 변화를 가져왔다. 사실 남편과 나는 비슷한 점보다는 서로 다른 점이 더 많다. 예를 들어, 가족끼리 외식을 할 때 맛있는 음식이 있으면 남편은 그게 누구의 밥그릇에 담겨 있든 가리지 않고 함께 먹는 편이다. 형제가 많은 가정환경에서 자라면서 생긴 습관이 아닌가 싶다. 반대로 나는 형제가 적은 편이었고, 친정어머니 성격이 워낙 깔끔해서 남의 밥그릇에 숟가락 담그는 일은 거의 하지 않는다. 그래서 신혼 시절 남편의 숟가락이 불쑥 다가와 내 그릇의 음식을 떠갈 때는 짜증이 났다. 때로 그 한 숟가락이 거의 절반에 가까운 양이 될 때도 있었는데(남편은 식탐이 많다.) 배고플 때의 그 반 그릇이 엄청난 분노를 자극해 말도 안 되는 싸움으로 치닫기도 했다. 남편은 '또 해 먹거나 시켜 먹으면 되지, 먹는 걸로 뭘 그렇게 치사하게 구느냐?'는 입장이었고, 나는 '밥 한 그릇도 마음 편하게 못 먹게 하는 게 인권침해로 느껴진다.'는 입장이었다. 그때는 정말 남편의 그런 행동을 격의 없이 정답게 나눠먹는 게 아니라 먹을 권리에 대한 심각한 침해와 공격으로 느꼈었다.

그런 세월이 한두 해 지나고 아이들이 자라면서 나도 많이 달라졌다. 이젠 음식을 먹을 때면 아이들이 으레 엄마 것, 아빠 것을 따로 챙겨 그릇에 담아주지만, 나는 '내 그릇의 음식은 내 것이 아니거니.' 하면서 먹는다. 배가 많이 고플 때면 미리 남편에게 경고를 하기도 한다. 당신이 이 밥을 뺏어 먹으면 진짜 나쁜 사람이라고. 함께 살아온 세월이 길어지면서 나와는 다른 남편에게 적응한 것이다. 완전히는 아니지만.

마음을 내려놓고 보니 남편의 장점도 보인다. 맛있는 게 있으면 누구의 밥그릇이든 가리지 않고 먹는 대신, 자기가 먹는 음식이 맛있으면 그릇째 내주면서 먹어보라고 한다. 내가 맛있게 먹는 걸 보면 아예 자기가 먹던 것과 내 것을 통째로 바꿔주기도 한다. 예전엔 식탐으로 보였던 게 이제는 공유의 미덕으로 보일 때도 있으니, 우리가 오래 살긴 살았나 보다.

나는 감자탕이 싫지만 남편은 아마 자신이 좋아하는 음식을 아내와 함께 먹어보고 싶은 마음에 고집을 부렸을 것이다.

"여보, 그래도 난 감자탕은 싫어!"

때론 게으른 엄마가 좋다

병원에서 아이들을 상담하다 보면 노력하지 않아도 모든 걸 쉽게 얻는 요즘 아이들이 세상에 나가 어떤 어려움을 겪는지 지켜볼 기회가 많아진다. 친구들이 내 말을 안 들어서, 선생님이 발표를 시켜주지 않아서 학교에 가기 싫다는 초등학생. 수업 시간에 자고 있는데 깨우는 선생님이 못마땅하고, 입시가 부담스러워 살기 싫다는 중·고등학생. 짜장면을 비벼본 적이 없고, 버스나 지하철은 불편해서 못 타겠다는 대학생. 함께 자고, 함께 씻는 게 싫어서 군대에 못 가겠다는 20대 청년……. 이들은 하나같이 세상이 너무나 가혹하다고 하였다. 부모의 울타리 안에 있을 때는 해본 적 없는 힘든 일을 해야 하고, 들어본 적 없는 질책을 듣고, 겪어본 적 없는 하찮은 대접을 받는다는 것이다.

예전에 비하면 이런 이유로 적응에 어려움을 겪는 아이와 청소년의 수가 놀랄 만큼 늘었다. 심지어 노부모가 무위도식하는 자식을 정신과에 끌고 와 '이놈, 사람 좀 만들어주세요.'라고 하소연하는 경우도 드물지 않다.

그런데 이상한 점은 그런 아이의 부모 중 누구도 아이를 과잉보호했다고 생각하지 않는다는 것이다. 자기 할 일은 스스로 하라고 가르쳤고, 제대로 하지 않으면 야단도 많이 쳤다고 하는 경우가 대부분이었다. 심지어 다른 가정보다 자율성을 더 강조했다고 하는 부모도 보았다. 그런데도 왜 이런 일이 일어났을까?

문제는 무엇을 가르쳤느냐가 아니라 어떻게 행동했느냐이다.

"엄마~아, 지금 몇 시야?"
"내 옷 어디 있어?"
"오늘 비 와?"

아이들이 흔히 하는 이 말을 우리 집 아이들은 하지 않는다. 엄마가 제대로 대답해주지도 않거니와 이런 일로 부모가 실랑이하는 걸 여러 번 봤기 때문이다.

나는 이런 질문을 아주 싫어한다. 처음부터 그랬던 건 아니다. 물으면 묻는 대로 대답해주고, 찾는 게 있으면 온 집안을 뒤져서 찾아주던 때가 있었다. 우산을 챙겨주고 차로 실어 나르면서 엄마 노릇, 아내 노릇을 제대로 하고 있다는 뿌듯함마저도 느꼈다.

그렇게 산 지 10년쯤 됐을까? 어느 휴일 아침, 나는 놀라운 사실을 알게 되었다. 그날도 남편은 침대에 누운 채로 나에게 시간을 물었다. 나는 습관대로 몸을 일으켜 시계 앞으로 다가갔다. 시력이 좋지 않아 몸을 일으키는 것만으로는 시곗바늘이 잘 보이지 않았기 때문이다.

"뭐야? 벌써 여덟 시잖아?"

바쁜 일이 있었는지 남편은 내가 대답도 하기 전에 벌떡 일어나며 말했다. 그때 깨달았다. 남편은 시력이 좋아서 몸을 반만 일으켜도 시계를 볼 수 있는데도 10년 넘게 나에게 시간을 물어보았다는 사실을.

날씨도 마찬가지였다. 남편은 휴대폰을 옆에 두고 자면서도 아침에 일어나면 추운지 더운지, 비가 올지 안 올지를 나에게 물었다. 함께 외출했다 집에 들어오면서 "애들은 뭐해?"라고 물은 적도 많았다. 그걸 왜 나한테 묻느냐고 반문하면 별 대답을 못 하는 걸로 보아 습관인 듯했다. 집안일은 내가 더 많이 하는 만큼 더 많이 아는 게 당연하다고 생각했던 그때는 이런 일이 그렇게까지 불만스럽지 않았다. 하지만 식구들이 늘어나면서 사소한 일로 나를 불러대는 사람은 남편 하나가 아니었다. 아이들이 학교에 가게 되면서 두 아이에게도 시간을 알려줘야 했고, 비가 오면 한 개가 아니라 세 개의 우산을 챙겨야 했다.

그러다 보니 가족과 함께 지내는 주말이 끝날 무렵이면 가족들의 요구를 견디다 못해 지쳤고, 급기야는 급 짜증 모드로 일요일 저녁을 마무리하는 일이 반복됐다. 특히 힘들었던 건 누군가 나를 부르면 무조건 달려가야 한다는 것이었다. 남편과 두 아이는 지구의 중심축이었고, 아내이자 엄마인 나는 그 주위를 도는 위성이었다. 우리 사이엔 구심력만 존재하고 있었고, 지축이 잡아당기면 나는 무기력하게 끌려가 충돌하고 부서지곤 했다.

가족들의 부름에 자동 조종 인형처럼 움직이고 있다는 것을 깨닫게 되면서 나는 이런 상황을 바꾸려고 애썼다. 아이들에게는 할 말이 있을 땐 무조건 엄마를 부르지 말고, 너희들이 직접 엄마가 있는 데로 와서 말하라고 했다. 도움이 필요한 사람이 발을 쓰고 몸을 써야지, 도와주는 엄마가 가는 건 아니라고 했다.

앉은 자리에서 엄마를 부르다가 이제는 엄마가 있는 곳까지 와야 한다고 하니 그게 귀찮았는지 아이들이 나를 부르는 횟수가 점차 줄었다. 아이들 방에 벽시계와 알람 기능이 있는 탁상시계를 놓아주면서 시간을 알려주는 건 저절로 해결됐다. 우산은 현관 앞에 두고 날씨만 알려주었다. 그리고 이렇게 가르쳤다.

"맛있는 걸 먹고 싶으면 네 입으로 먹어야지, 다른 사람이 대신 먹어주는 건 소용없잖아? 다른 것도 마찬가지야. 어디를 가야 하면 네 발로 가고, 네 일은 네 손으로 해야 해."

이런 변화에 아이들은 수월하게 적응했다. 문제는 남편이었다. 알았다고 하면서도 행동은 쉽게 바뀌지 않았다. 그런 남편에게서 나는 시어머니의 그림자를 느꼈다.

시어머니는 5남매를 키우시면서 큰소리 한 번 내지 않으셨고, 지금도 자식들이 원하는 것이라면 대부분 들어주시는 분이다. 어느 해 설날 저녁, 고스톱 판이 벌어졌는데 식구가 많다 보니 화투가 부족했다. 한 벌 더 사오자는 말이 나오자마자 시어머니가 외투를 찾았다. 해가 져서 바깥은 깜깜했고, 영하 10도의 날씨였다. 그런데도 가족들은 어머니가 화투를 사러 간다는 데에 크게 신경 쓰지 않았다. 힘들고 귀찮은 일은 당연히 어머니 몫이었던 것이다. 남편은 이런 어머니와 30년을 살았다.

"시간 됐다. 일어나라."

"우산 가져가거라."

"힘든데 내가 하마."

"네가 뭘 한다고 그러니?"

"피곤해서 어떡하니?"

어머니는 이런 말씀을 습관처럼 하셨고, 남편은 일상처럼 받아들였을 것이다. 자식이 안쓰러운 어머니는 자식을 사랑하는 마음으로 손발과 머리가 되어주려고 하셨다. 그래서 평생 시중을 들어주셨고, 아들을 결혼시키며 며느리에게 그 역할을 인수인계하셨다.

나 역시 결혼 초에는 가족을 위해 많이 고민하고, 부지런히 손발을 놀리는 것이 사랑이라고 생각했다. 그러다 보니 남편은 심지어 시계도, 일기예보도 자기 눈으로 보지 않았다. 텔레비전을 보다가 소리가 잘 들리지 않으면 나에게 물어봤고, 아이들이 말하는 걸 통역해주어야 할 때도 있었다. 주어나 목적어 대신 '이것', '저것'이라고 말해도 무슨 말인지 알아들어야 했다.

　지금은 상황이 많이 달라졌다. 남편에게 우리 집에서는 자기 머리와 손발을 쓰는 사람만이 살 수 있다고 말했다. 그 뒤로 남편이 부르면 무작정 달려가는 대신 있던 자리에서 무슨 일인지 물었고, '이것', '저것'이라고 말하면 정확하게 말할 때까지 대답하지 않았다. 시간을 물어오면 '당신 눈이 더 좋잖아.'라고 하였고, 날씨를 물어오면 아는 범위에서만 대답했다. 아이들이 보고 배워야 할 아빠로서, 가족 구성원의 한 사람으로서 남편이 노력해주기를 바랐다. 다행히 뒤늦게 자신의 머리와 손발 쓰기를 배우게 된 남편은 속도는 느리지만 천천히 진도를 나갔다.

　아이들이 학교에 들어가면서는 공부에 스스로 머리를 쓰도록 하는 데 집중했다. 희원이가 덧셈, 뺄셈을 처음 배울 때였다. 셈하기가 서툴러서 힘들어하던 희원이는 세 자릿수 셈하기에 이르자 숙제를 하다 울기까지 했다. 나는 우선 숙제를 같이 하자고 아이를 달래고, 셈하기 놀이를 하자고 하였다.

　"네가 일의 자리 수를 더하면 엄마는 십의 자리 수를 더할게. 그 다음엔 네가 백의 자리 수를 더하는 거야. 다음 문제는 바꿔서 엄마가 일의 자리 수부터 할게."

　번갈아가면서 셈을 해야 올림을 하는 연습이 되기 때문이었다. 이렇게 하자 희원이는 숙제를 놀이로 받아들여 재미있게 문제를 풀었고, 같은 방식으로 네 자릿 수 셈하기까지 단숨에 배웠다.

고학년이 되어서는 희원이가 선생님이 되고, 내가 학생이 되어 희원이에게 문제를 만들게 시켰다. 처음에는 내가 문제를 냈는데, 하다 보니 답을 맞히는 사람보다 문제를 만드는 사람이 머리를 더 많이 쓴다는 것을 알게 되었기 때문이다.

희준이가 사회 공부를 할 무렵에는 더욱 노련해져 아이가 최대한 머리를 쓰게끔 수를 썼다. 교과서에 나온 목차를 그대로 문제로 냈다.

"임진왜란은 왜 일어난 거야? 어떻게 끝났대?"

"지난번에 드라마 〈명성왕후〉 봤잖아. 그거하고 이 사건이 어떤 관계가 있어?"

아들은 신이 나서 설명했고, 그러면서 역사에 통달해갔다. 논리적 사고력과 비판 능력을 키우기 위해서는 이런 질문을 했다.

"그때 조정 대신들이 결정한 게 잘한 것 같아? 네가 영의정이었다면 어떻게 했을까?"

"민란에서 백성들이 이겼다면 나라가 어떻게 달라졌을까?"

희준이는 때로는 왕이 되어, 때로는 민주 시민이 되어 열변을 토했다. 스스로 머리를 쓰고, 감정까지 움직였으니 이보다 효과적인 학습 방법은 없을 것이다.

이처럼 머리는 공부하는 아이가 써야 한다. 내용을 이해하고 문제를 푸는 것은 물론 어떻게 계획을 세워서, 어떤 교재로 공부를 하는 게 좋은지도 아이가 생각해야 한다는 것이다.

공부를 할 때 이해력과 기억력, 계산 능력도 필요하지만 가장 중요한 것은 자기 조절 능력과 메타 인지 능력이다. 자기 조절 능력은 목표를 위해 무엇을 어떻게 할지 계획을 세우고, 계획에 따라 자신의 행동과 감정을 조절하고, 주의를 집중하는 것이다. 또한 메타 인지 능력은 자신이 세운 계획이 효과적인지, 계획대로 잘 하고 있는지를 체크하고 관리하는 것이다. 그래서 메타 인지는 '생각에 대한 생각, 공부에 대한 공부'라고 불린다. 엄마가 아이 대신 계획을 세우고 관리 감독한다면 결국은 엄마의 메타 인지만 개발되는 셈이다.

얼마 전, 서점에서 가장 잘 팔린다는 참고서를 보고 깜짝 놀란 적이 있다. 중요한 내용에는 형광펜으로 밑줄이 그어져 있고, 핵심 단어는 빨간색으로 강조되어 있었다. 무엇이 중요한지 파악하는 것이 학습에 있어서 중요한 인지 활동인데, 그런 고민과 노력을 할 필요가 없게끔 해 놓은 것이다. 아이들은 그 참고서를 통해 이런 메시지를 받는다.

'너희들은 뭐가 중요한지 생각할 필요 없어. 우리가 다 알려줄 테니 그것만 외우면 돼.'

이렇게 공부를 하면서 자기 머리를 쓰지 않은 아이는 정해주는 것 외에는 아무것도 하지 못하는 어른으로 성장한다. 문제 해결 능력, 창의력, 융통성 같은 것들은 발휘하기 어렵다는 것이다.

손과 발도 마찬가지이다. 무거운 것을 들어주고, 필요한 것을 사다 주며, 옷과 책을 치워주고, 가고자 하는 곳에 데려다 주면 아이들은 그런 일들이 자기 일이라고 생각하지 않는다. 이렇게 성장한 아이는 하고 싶은 일보다 편한 일을 좋아하고, 조금이라도 힘들면 금방 중단한다. 부모는 아이의 행복을 위해 힘든 일을 대신해주지만, 결국 그로 인해 아이는 훨씬 더 힘든 삶을 살게 되는 것이다.

사람은 자기 손으로 뭔가를 이루었을 때 가장 행복하고 자신감을 얻는다. 아이들도 마찬가지다. 그 과정에서 잠깐의 울먹거림과 의기소침은 진정한 자신감을 얻기 위한 통과의례이다. 아이는 자기 머리와 손발을 쓰면서 세상에 대해 자신감을 갖게 되고, 적극적이고 자율적인 어른으로 성장한다. 그런 아이를 키우기 위해 엄마는 무엇에 머리를 써야 할까? 무엇을 하든 아이가 집중해서, 신이 나서 머리를 쓰도록 유도하는 것. 그것이 엄마의 일이다.

일찌감치 자기 머리와 손발을 쓰도록 훈련받은 우리 집 아이들은 초등학교 고학년이 되면서부터 스스로 밥을 챙겨 먹을 수 있게 되었고, 하룻밤 정도는 엄마 아빠가 없어도 알아서 지낼 수 있게 됐다. 이제 집 밖에 나갈 때 무거운 것은 남편, 아들, 딸, 나 순으로 짐이 할당된다. 이러다 언젠가 애들이 엄마는 왜 손발을 안 쓰느냐고 묻는 날이 오지 않을까 걱정되기도 한다.

엄마가 주고 싶은 사랑
vs
아이가 원하는 사랑

지금 보면 아무 것도 아닌 일인데
그때는 말을 듣지 않은 아이 행동에 화가 났고,
이게 습관이 되어 약속도 안 지키고
해야 할 일을 미루는 아이가 되면 어쩌나 걱정이 됐다.
시간을 되돌릴 수 없기에,
그때 다섯 살짜리 아이에게 전했어야 했던 미안함을
갓 스무 살이 넘은 지금의 딸아이에게 전했다.
지금부터는 늘 그 순간에 함께 있겠다고 다짐하면서.

꽃을 주려고 했는데

첫 아이를 키우는 일은 엄마에게 있어서 수행 불안을 극대화시키는 난이도 높은 숙제이자 시행착오의 장이다. 그래서 첫 아이를 키울 때 부모가 느끼는 감정은 8할 이상이 불안이다.

'내가 잘 하고 있는 걸까? 이렇게 하는 게 맞을까? 나는 좋은 부모인가?…….' 이런 고민과 의문은 나 자신에게서 끝나지 않는다. '이 아이는 왜 그럴까? 이게 정상적인 건가? 얘가 과연 잘 클 수 있을까?…….' 그래서 대부분의 엄마는 우왕좌왕하며 키운 첫 아이에 대해 애틋하고 안쓰러운 감정과 함께 미안함을 느낀다. 몰라도 너무 몰라서 제대로 못해준 게 많기 때문이다.

엄마의 마음을 더 괴롭히는 것은 첫 아이에게 갖는 무조건적인 사랑의 느낌이 다른 자식들에 비해 덜하다는 것이다. 아이가 조금만 못해도 화가 나고, 나를 힘들게 하려고 일부러 그러는 것만 같다. 아닌 줄 알면서도 마음 다스리기가 힘들어 부모인 내가 부모답지 못하다는 죄책감이 수시로 들썩인다. 자식에 대한 기대가 전혀 조정되지 않은 상태에서 첫 아이를 만났기 때문에, 환상이 깨지는 순간마다 느껴지는 좌절감이 아이에 대한 분노와 함께 오르락내리락하는 것이다.

게다가 아이라는 게 어떤 생명체인지, 또 나와 기질이 다르다는 게 일상생활에서 어떤 모습으로 나타나는지 알지 못하기 때문에 첫 아이의 존재는 외계인을 만난 것처럼 이질적이다. 그러다 보니 내가 이 작은 생명체에 적응해야 하는 건지, 아니면 내가 준비한 이 세상에 아이를 적응시켜야 하는 건지 혼란스럽기만 하다.

희원이는 태어날 때부터 나와 아주 기질이 다른 아이였다. 지금도 희원이와 함께 있으면 우리 모녀는 심장박동의 속도를 다르게 갖고 태어난 존재 같다는 느낌이 든다. 희원이는 동작이 크고, 활동이 많으며, 감정 표현이 풍부한 아이다. 반면 나는 가만히 있는 걸 좋아하고, 감정보다는 이성이 훨씬 발달한 사람이다. 희원이는 아침저녁 만날 때마다 포옹을 하고, 보고 싶었다는 말을 하는데, 해외 학회에 열흘 이상 다녀오면서도 그 정도의 감정 표현은 하지 않는 게 엄마인 나다.

지금은 나와는 다른 희원이의 이런 기질을 '다정함'이라고 받아들이지만, 예전에는 일상생활의 질서를 무너뜨리는 이해할 수 없는 감성일 뿐이었다. 기억을 더듬어보면 희원이는 어려서부터도 분명한 기질 특징을 보였고, 그걸 이해하지 못한 나는 아이에게 소리치고 화내는 일을 반복하곤 했다. 희원이가 아홉 살 때 있었던 그날의 일도 아이의 다정한 기질과 나의 질서 의식이 강하게 부딪친 결과였다.

아래 이야기는 사건이 일어난 지 약 12년 뒤, 나와 희원이 각자의 입장에서 재구성한 것이다.

엄마 버전의 그날!
오후 여섯 시!
학습지 선생님이 올 시간인데 희원이는 어디 갔는지 행방이 묘연했다. 간식 먹고 나가면서 조금만 놀고 오겠다고 했는데 아직도 들어오지 않은 것이다.
딩동!
희원이가 왔나 해서 뛰어나갔지만 선생님이 가방을 들고 서 있다. 당황한 표정으로 인사를 하고 비굴한 미소를 지을 수밖에.
"애가 잠깐 놀러 나갔다 아직 안 들어왔는데……. 조금만 기다리세요. 제가 얼른 찾아올게요."
"네, 그러세요."
신발을 신는 둥 마는 둥 뛰어나왔다.
'애를 어디서 찾지?'

아이가 평소에 자주 놀던 아파트 주차장은 아까부터 보고 있었기 때문에 거기에 없다는 건 이미 알고 있었다. 그렇지만 혹시 하는 마음에 이곳저곳 기웃거리며 눈으로 샅샅이 살펴보았다. 아파트 화단의 우거진 수풀 뒤, 주차장에 세워놓은 차들 사이사이까지 찾아보았지만 희원이는 없었다. 다음은 뺑뺑이 놀이터를 둘러볼 차례였다. 놀이터 한가운데 뺑뺑 돌아가는 놀이 기구가 있는 놀이터인데, 아이가 친구들과 자주 노는 곳이니 어쩌면 그곳에서 시간 가는 줄도 모르고 놀고 있을지 모르는 일이었다. 그렇지만 거기에도 희원이는 없었다.

이리 뛰고 저리 뛰는 가운데 수업을 해야 할 20분이 지났다. 어차피 지금 들어가 봐야 책 한 번 폈다 덮었다 하면 끝날 시간이었다. 할 수 없이 집에 전화를 했다. 선생님에게 죄송하다고 하고, 오늘은 그냥 가셔야 할 것 같다고 말했다. 선생님 입장에서는 한두 번 겪는 일이 아니겠지만 그래도 창피했다. '애 하나 관리 못 해서 일주일에 한 번 하는 수업 시간도 지키지 못하다니.' 이런 소리가 들리는 듯했고, 속이 부글부글 끓고 열이 올랐다.

'앤 도대체 어딜 간 거야?'

선생님이 가고 나서도 30분 정도 더 지나서야 희원이가 들어왔다. 학습지 선생님이 왔는지 어쨌는지 관심도 없이 해맑은 표정이었고, 손에는 풀 한 묶음이 들려 있었다. 아니, 정확하게 말하면 시들 대로 시들어 꼬부라진 풀 쪼가리를 꼬질꼬질 땀에 전 손에 꼭 쥐고 있었다.

현관문에 들어서는 아이를 보자마자 나는 속상한 마음을 속사포처럼 쏟아냈다. 한 시간 남짓 아이를 찾으면서 부글부글 끓던 불길을 한꺼번에 내뿜은 것이다.

"넌 도대체 생각이 있는 거니, 없는 거니? 오늘 학습지 선생님 오시는 날인 거 알면 시간에 맞춰서 집에 들어와야 할 거 아냐? 조금만 놀고 오겠다고 해놓고선 지금이 몇 시야? 시계 볼 줄 몰라?"

"…… 금방 오려고 했는데…… 까먹었어."

'그걸 말이라고 해?'라고 소리치려다 꿀꺽 삼켰다. 소리를 지른다고 이미 가버린 학습지 선생님이 돌아올 것도 아닌데, 더 길게 얘기하면 아이를 정말 심하게 야단치게 될 것 같았다.

감정을 추스를 시간이 필요해 현관에서 들어오지도 못하는 아이를 그대로 두고 방으로 들어왔다. 희원이는 엄마한테 뭔가 하고 싶은 말이 있는 듯 머뭇거렸지만, 어떤 말도 내 화를 가라앉혀줄 것 같지는 않았다. 그날 하루는 그렇게 끝났다.

다음 날 아침, 현관의 신발장 위에는 누렇게 시들고 쪼그라든 풀들이 어지러이 널려 있었다.

딸 희원이 버전의 그날!

'오늘은 학습지 선생님 오는 날이네. 지난번에 집에 늦게 가서 엄마한테 혼났으니까 오늘은 정말 조금만 놀다가 들어가야겠다. 뺑뺑이 놀이터에 가면 친구들이 있을 거야. 거기서 그네 조금만 타야지.'

초등학생 2학년이었던 나는 그날 놀이터에 갔다가 제일 친한 친구가 나와 놀고 있는 것을 보았다. 드물게 학원 스케줄이 비어 있는 날이라 정말 신났다. 우리는 같이 그네도 타고, 미끄럼틀도 탔다. 물론 뺑뺑이도 돌려가면서 신나게 탔다. 꿀맛 같은 시간은 금방 지나갔다.

'앗! 선생님 오실 시간이 된 것 같은데, 얼른 집에 가야겠다.'

시간이 많이 지났다는 걸 어렴풋이 느낀 나는 친구와 작별 인사를 하고 집으로 향했다. 계절은 봄! 아파트 단지 화단에는 꽃들이 앞다투어 피어나고 있었다. 그 중 무리 지어 피어 있는 흰 꽃이 눈길을 끌었다.

'엄마 갖다 드리면 좋아하겠다.'

꽃을 받고 기뻐할 엄마의 얼굴이 떠올랐다. 나는 가던 길을 멈추고 화단 옆에 앉았다. 막상 꽃을 꺾으려니 줄기가 여간 질긴 게 아니었다. 힘껏 잡아당기면 꽃잎이 떨어지거나 줄기가 꺾여 한 다발의 꽃묶음을 만드는 데 생각보다 시간이 오래 걸렸다. 어쨌거나 흰 꽃이 보기 좋게 어우러진 꽃다발을 손에 들고 집으로 향했다.

현관문을 열고 들어갔더니 엄마가 마침 거실에 있었다.

'잘 됐다. 엄마한테 꽃을 줘야지.'

막 꽃다발을 주려고 하는데 엄마 눈이 무서워지더니 나를 마구 혼냈다. 학습지…… 시간…… 아차!! 늦었구나.

꽃 이야기를 하고 싶은데 엄마는 도무지 틈을 주지 않았다. 이 꽃을 보면 내가 왜 늦었는지 알 텐데. 아니, 내 손을 잠깐만 보아도 금방 기분이 좋아질 텐데. 엄마는 왜 보지 못하는 걸까?

엄마는 엄청 소리를 질렀다. 한참을 그랬던 것 같다. 조용해진 것 같아 이제는 꽃을 줘도 되겠다 싶어 엄마를 보았는데, 엄마는 어느새 방에 들어가 문을 꽝 닫아버렸다.
'그냥 두면 이 꽃이 시들 텐데…… 어떻게 하지?'
다음 날, 학교에 가려고 신발을 신는데 신발장 위에 다 시들어버린 꽃다발이 흩어져 있었다.

이렇게 나는 분노를, 희원이는 슬픔을 담아서 그 사건을 기억하고 있다. 내 기억 속에 그 일은 선생님에게 미안하고 창피했던 순간과 아이를 찾느라 아파트 단지를 숨차게 뛰어다닌 장면이 대부분이다. 하지만 희원이의 기억은 꽃을 받고 기뻐할 엄마의 얼굴을 기대하며 현관문을 들어서던 순간의 설렘과 차갑게 안방 문을 닫고 들어가는 엄마의 뒷모습에서 느꼈던 서운함으로 채색되어 있다.

12년이 지나고 나서 돌아보니 그땐 왜 그렇게 여유가 없었을까 싶다. 지금 보면 아무것도 아닌 일인데 그때는 신신당부했는데도 말을 듣지 않은 아이 행동에 화가 났고, 이게 습관이 되어 약속도 안 지키고 해야 할 일을 미루는 아이가 되면 어쩌나 걱정이 됐다. 만약 다시 그 순간으로 돌아간다면 어떨까. 그렇다고 내 행동이 크게 달라지지는 않을 것 같지만 그래도 후회가 된다. 갓 스무 살이 넘은 지금의 딸아이가 아닌, 아홉 살 해맑은 미소를 가진 다정했던 딸 희원이에게 미안한 마음이 든다.

이런 일은 기억 곳곳에 있다. 희원이 나이 다섯 살인가, 여섯 살 되던 해 추석에는 이런 일도 있었다. 성묘 갔다 돌아오는데 차가 너무 많아 길은 주차장을 방불케 했다. 그때 희원이는 뒷좌석에서 놀고 있었다. 지루함을 달래려고 라디오 주파수를 이리저리 맞추다가 물을 마시려고 병뚜껑을 따면서 무심코 뒤를 돌아보니 희원이가 없었다. 이럴 수가! 좁은 차 안에서 아이가 없어지다니! 너무 놀라 차에서 내려 사방을 둘러보다가 10미터쯤 떨어진 풀밭에 앉아 무언가를 보고 있는 희원이를 발견했다. 잠깐 방심한 사이 차문을 열고 내렸던 것이다. 나는 쏜살같이 달려가 아이를 들쳐 메고 돌아와 차에 탔다. 다행이다 싶은 마음은 잠깐이었고, 이런 일이 또 있을까 봐 걱정된 나머지 한참 동안 아이에게 겁을 주었다. '다음에 또 이러면 그때는 엄마가 너를 못 찾을 수도 있다. 그럼 너는 엄마 없이 살아야 한다.' 등등 별별 소리를 다 했던 것 같다. 내가 아이를 잘 보면 될 것을, 너무 놀란 나머지 아이에게 겁을 주어 문제를 해결하려 했다. 희원이의 과한 호기심이 가끔 나를 혼비백산하게 만든다는 것을 잘 알면서도 말이다.

스무 살이 된 희원이도 그때 일을 기억하고 있었다.

"차가 너무 오래 서 있으니까 심심했어. 그런데 밖을 보니까 꽃이 피어 있길래 좀 보려고 내린 건데, 엄만 왜 그렇게 날 혼냈어? 그때 엄마 진짜 무서웠어."

지금이니까 웃으면서 말하는 거지, 다섯 살의 희원이는 진짜 엄마 없이 살게 될까 봐 엄청 무서웠을 것이다.

그때는 정말 아이의 마음이 보이지 않았다. 그래서 꽃을 받고 기뻐할 엄마의 얼굴을 떠올리며 아이가 가슴 두근대던 순간을, 좁고 답답한 차 안에서 꽃을 발견하고 아이의 얼굴이 환해지던 순간을 함께 하지 못했다. 함께 지내온, 그러나 내가 알지 못하는 많은 순간이 그랬을지 모른다. 안타깝지만 부모와 자식이 함께 하는 시간의 많은 부분이 그렇게 흘러간다.

아이를 키운다는 건 똑같은 내 아이지만 결코 같지 않은 아이를 매일 새롭게 만나는 일이다. 뒤늦게 그땐 몰라서 그랬다고, 그게 사랑인 줄 알았다고 변명해 봐도 지금의 아이는 그때 그 아이가 아니기 때문에 이제 와서 그 마음을 풀어줄 수는 없다.

시간을 되돌릴 수 없기에 할 수 없이 다섯 살짜리에게 전해야 할 미안함을 스무 살짜리에게 전한다. 지금부터는 늘 그 순간에 함께 있겠다고 다짐하면서.

나와는 다른 희원이의 '다정함'은 날로 진화하고 있다. 요즘은 장바구니에서 외국산 식재료를 보면 '안녕!' 하고 인사를 한다. 멀리서 오느라 수고했다고. 그런 모습에 우리 가족은 배를 잡고 웃는다. 가끔은 재미 삼아 따라 하기도 한다.

'모자 안녕! 장갑 안녕! 작년 겨울에 보고 1년 만이네. 하하하!'
전 국민이 스마트폰을 쓰고 아이폰 6까지 나온 요즘, 희원이는 보기 드물게 폴더폰을 쓰고 있다. 친구들은 모두 카톡으로 연락을 한다기에 지인에게 얻은 아이폰 3를 주었다. 그래도 희원이는 전화는 폴더폰으로, 카톡은 아이폰으로 하면서도 스마트폰 사달라는 말을 하지 않았다. 고등학교 때는 공부에 방해가 된다는 것이 이유였고, 졸업한 뒤로는 정이 들어 버릴 수가 없다고 했다. 사정을 모르는 주변 사람들은 희원이에게 자존감이 높다느니, 취향이 독특하다느니 나름대로 추측하는 것 같은데 정이 들어 버릴 수 없다는 그 말이 진실임을 나는 안다.

그러던 희원이가 드디어 스마트폰을 사겠다고 했다. 이유는 역시 '다정'에 있었다. 어쩌다 폴더폰을 떨어뜨려 액정 화면이 깨졌는데, 그 유리 조각이 발바닥에 박히자 '나한테 어떻게 이럴 수 있나.' 하는 배신감이 들면서 정이 떨어졌다는 것이다.

이 '다정 덩어리' 딸 때문에 나는 가끔 걱정이 된다. 희원이는 지하철에서 전화번호를 묻는 낯선 남자에게 단지 그가 머쓱해할까 봐 전화번호를 알려주고는 계속되는 연락 때문에 어쩔 줄 몰라 하는 아이다. 그러다 보니 지하철역에 가면 '도를 아십니까?'의 단골 타깃이 되곤 한다. '팔랑귀'라고 불리던 별명은 최근 '호구 고객'을 의미하는 '호객님'으로 바뀌었다. 그야말로 '다정도 병'인 것이다.

여기까지는 큰 피해가 없으니 참을 만하지만 혹시 사랑에라도 빠지게 되면 큰일이다 싶다. 상대가 누구든 홀딱 빠져서는 일방적으로 주기만 하는 사랑을 할 것 같기 때문이다. 건강한 관계란 주고받는 균형이 적절해야 한다고 나는 생각한다. 특히 평생을 함께 할 배우자를 고를 때는 신중에 신중을 기해야 할 텐데, 희원이라면 거절하면 상대방이 기분 나쁠까 봐 프로포즈를 받아줄 가능성이 충분히 있다.

고민 끝에 나는 다정함을 절제시키는 훈련을 시작했다. 역할극을 통해 거절하는 훈련을 시키는 것이다.

"저, 지금 몇 시죠?"

"네. 10시 10분인데요."

"대답이 너무 빨라. 그리고 웃으면서 대답하니까 '그렇게 물어보기를 기다렸어요~.' 하는 듯한 인상을 주잖아."

"그럼 어떻게 해?"

"시간을 물어보면 일단 상대를 위아래로 훑어 봐. 그리고 '왜 시계도 안 갖고 다니는 거야?' 하는 눈빛으로 천천히 대답해."

"그럼 그 사람이 민망해하잖아."

"참 내. 그러니까 네가 '호객님'이라는 거야."

희원이는 정말 나와 다르다. 희원이의 다정함 때문에 예전에는 아이의 행동을 이해하기 어려웠고, 한때는 걱정했고, 지금은 교육을 한다.

부모가 아이의 기질적 특징을 알고 키운다는 것은 이 모든 것을 포함한 것이다. 우선은 잘못된 것이니 뜯어 고쳐야 한다는 생각을 버리고, 아이가 나와 다른 점을 갖고 태어났다는 점을 인정해야 한다.

새로운 환경에서 무조건 달려가 만져보는 아이가 있는가 하면, 낯선 것이라면 겁부터 내고 울먹거리는 아이가 있다. 조금만 야단쳐도 다시는 안 하는 아이가 있는가 하면, 몇 번을 말해도 요지부동인 아이도 있다. 사람 주변을 돌며 관심을 받으려는 아이가 있는가 하면, 최소한의 환경만 충족되면 혼자서도 잘 노는 아이가 있다. 이 모든 것은 태어날 때부터 갖고 있는 성격 특징, 즉 기질을 반영하는 것이다.

　조용한 것을 좋아하는 엄마에게 활동적인 아이가 태어나면 엄마는 아이가 극성스럽다고 판단하고, 가만히 있으라는 지시를 반복하게 된다. 사교적인 엄마에게 새로운 상황에서 불안을 많이 느끼는 아이가 태어나면 엄마는 소심하고 약하다는 생각에 아이를 더 밀어붙이고, 아이가 힘들어하는 행동을 강요한다.

　하지만 아이가 잘못하는 행동이 아니라면 부모는 이런 행동들을 인정해주고, 기다려주는 것이 가장 좋다. 그리고 아이의 기질이 파악되면 그 기질이 지닌 장단점을 이해하고 양육 태도를 결정해야 한다.

　특정 기질에서 비롯된 문제는 보통 아이가 커가면서 점차 줄어든다. 낯선 사람에게 수줍어하며 절대 인사하지 않는 다섯 살짜리는 커가면서 수줍음을 극복하게 되면, 인사를 잘 하는 아이로 변화한다. 쉴 틈 없이 움직이고, 보는 것마다 만지려는 아이는 판단력이 생기면서 점차 때와 장소를 가릴 수 있게 된다. 따라서 이런 행동이 아이가 속한 집단에서 큰 문제가 되지 않으면 부모는 아이의 성장을 기다려야 한다.

　그냥 기다리는 게 힘든 상황이라면 성장을 촉진하거나 문제 가능성을 보완하는 방식으로 아이를 도와줄 수 있다. 때와 장소에 따라 어떻게 행동해야 하는지를 가르치고, 일관성을 갖고 훈련시키면 아이는 좀 더 빨리 차분해질 수 있다. 겁이 많은 아이라면 아이를 싫어하는 상황에 갑자기 노출하기보다는, 단계를 작게 쪼개서 덜 불안한 상황에서부터 단계적으로 상황을 경험해보도록 연습의 기회를 주어야 한다. 이런 노력은 아이가 본래의 자기 모습을 지니면서도 세상에 잘 적응하는 성인으로 성장하게끔 도와준다.

다정한 딸, 희원이는 내가 늙어 기운이 빠지면 자기가 책임지겠다고 자신한다. 그 다정함이 나를 걱정시키기도 하지만 이렇게 내 삶의 위로가 되기도 한다. 거절하는 훈련을 시켰다고 이 말을 번복하면 안 될 텐데.

머리띠 산 거 환불해

"너 그때 화났지?"

"엄청 화났지!"

"음……그렇구나. 근데 집에 와서는 화났다는 말 안 했잖아."

"그랬었지. 그래도 엄청 화났어."

"……사실은 엄마도 알고 있었어. 그래서 무서웠어."

"무서웠다고? 왜?"

"네가 엄마한테 화낼까 봐."

희원이가 고등학생이 되면서 예전 일들에 대해 이야기를 나누는 시간이 많아졌다. 희원이가 먼저 어렸을 때 일을 기억해 물어올 때도 있었고, 내가 먼저 그때 일이 생각나는지 물어보는 경우도 있었다. '머리띠 환불 사건'도 그런 일들 중 하나다.

　희원이가 초등학교 6학년 때의 일로 기억한다. 친구들과 함께 놀이동산에 놀러가겠다고 하여 입장료와 점심 값을 주다가 문득 비상금이 필요한 일이 생길 수도 있겠다는 생각이 들었다. 5천 원 비상금을 주면서 희원이가 그 돈을 흐지부지 쓸지도 모른다는 걱정에 조건을 달았다.
　"이 돈으로 뭘 살 때는 엄마한테 전화해서 꼭 물어보고 사야 해. 알았지? 그리고 엄마가 내일 아침 열 시부터 낮 열두 시까지는 강의가 있어서 전화를 못 받아. 그러니까 그 시간에는 전화하면 안 돼!"
　"알았어."
　희원이의 대답은 거침이 없었지만 놀러갈 생각에 들뜬 아이의 말이라 내심 불안했다. 다음 날 아침, 희원이는 친구들과 함께 일찌감치 놀이동산을 향해 출발했다. 이것도 조심하고, 저것도 함부로 하면 안 된다는 나의 잔소리는 거의 들리지 않는 것 같았다.
　그날 오후, 열두 시에 강의를 마치고 나서 휴대폰을 확인했을 때 화면은 이랬다.
　♥딸내미♥
　♥딸내미♥
　♥딸내미♥
　♥딸내미♥
　♥딸내미♥

부재중 전화가 자그마치 다섯 통! 불길한 느낌에 재빨리 통화 버튼을 눌렀지만 희원이는 전화를 받지 않았다. 걱정했던 일이 벌어진 게 틀림없었다. 여러 번 시도한 끝에 간신히 통화가 됐을 때는 예상대로 이미 모든 상황이 끝난 뒤였다. 사슴뿔 모양 머리띠를 샀단다. 사슴뿔…….

"머리띠 진짜 예뻐. 그래서 사도 되는지 물어보려고 전화했는데 엄마가 전화를 안 받잖아. 애들이 얼른 가자고 해서 그냥 샀어. 괜찮지?"

물론 괜찮지 않았다. 자제력이 부족한 아이에 대한 실망과 이렇게 크면 나중엔 정말 큰일이겠다 싶은 불안으로 마음은 불편했다. 이 일을 어떻게 처리해야 좋을지 생각하면서 머리가 몹시 복잡해졌다.

당시 나는 희원이에게 자제력을 키워주려고 애쓰는 중이었다. 딸아이는 처음 보는 사람들과도 쉽게 친해지고, 친절한 게 장점인 반면 맺고 끊는 게 약하다. 반면 아들 희준이는 누나와 성격이 완전히 반대이다. 한번 들어간 돈이 다시 나오는 일은 아주 드물고, 가족이라도 계산은 분명하다. 이런 차이 때문에 나는 가끔 희준이에게 미래의 희원이를 부탁한다. 누군가의 보증을 서주려고 하거나, 돈을 빌려주려고 할 때 절대 못 하게 말려달라는 것이다.

이런 이유로 특별히 돈 관리를 가르치고 있었는데 사건이 터진 것이다. 분명히 낮 열두 시까지 전화를 받지 못한다고 말했는데도 귓등으로 흘려버리고, 게다가 허락받지 않고 멋대로 물건을 산 것이다. 그 행동을 벌하지 않으면 앞으로 희원이는 내가 하지 말라고 한 다른 것도 이런 방법으로 다 할 것 같았다. 결국 이 일을 어물쩍 넘어가주면 안 될 것 같다는 결론을 내린 나는 마음을 단단히 먹고 희원이에게 지시 사항을 전달했다.

"머리띠 산 가게가 너 있는 데서 얼마나 멀어?"

"바로 옆이야. 조금 전에 샀거든."

"그럼 다시 그 가게로 돌아가!"

"왜?"

"엄마 허락을 받지 않고 산 거니까 가서 환불해!"

비장한 마음으로 단숨에 말하고는 전화기 너머에서 들려오는 말을 듣지 않으려고 마음을 닫았다.

"엄마 너무해. 친구들이 기다리고 있는데 어떻게 하라고……. 그리고 환불 안 해주면 어떻게 해? 그냥 내가 용돈 덜 받으면 안 돼?"

그 말을 들어주는 건 참으로 인내심이 필요한 일이었다.

"가게에서 환불 안 해주면 전화 바꿔줘. 엄마가 말할게. 금방 산 건데 환불 안 해준다고 하면 소비자 센터에 연락할 거야."

내 말투에서 강경함이 느껴졌는지 희원이는 내키지 않음이 역력한 말투로 알았다고 했다.

전화를 끊고 나서 내내 마음이 불편했다. 내가 너무했나? 다른 친구들이 희원이를 어떻게 볼까? 정말 이 일을 통해 내가 바라는 대로 아이가 뭔가를 배우게 될까? 엄마가 가혹하다는 생각에 마음만 상하는 건 아닐까? 서너 시간이 지나서 다시 전화를 걸어보았지만 희원이는 받지 않았다. 삐쳐서 그런 건지, 노느라 정신이 팔려서인지 알 수 없었으나 내 마음은 자꾸 '기분 상했다.' 쪽으로 기울어졌다.

밤늦은 시간까지 놀다 들어온 희원이의 표정은 뜻밖에 밝았다. '머리띠 환불 사건' 같은 건 까맣게 잊은 듯 무얼 타고 놀았는지, 무얼 먹었는지 끊임없이 말했다. 그 틈을 타서 나는 조심스럽게 물었다.

"머리띠는 환불한 거지?"

그 말을 듣더니 희원이가 가방에서 무언가를 꺼내왔다. 그건 토끼 귀 모양 머리띠였다!

"이게 뭐야?"

"내가 머리띠 환불하러 갔었잖아. 친구들이 보고 불쌍하다고 사줬어. 예쁘지?"

"⋯⋯불쌍하다고? ⋯⋯ 괜찮았어?"

"좀 미안했지만 친구가 선물로 사준 건데 뭐."

그 일을 잊어버리고 오거나 계속 마음 상해 있거나 둘 중 하나일 거라고 생각했는데 이건 전혀 예상치 못한 결과였다.

"근데 이상한 게 놀이동산 안에서는 이 머리띠가 예뻐 보였는데 밖에 나오니까 좀 창피하더라고. 버스를 탔는데 아무도 이런 걸 하고 있지 않아서 얼른 가방에 넣었어. 내 돈 주고 샀으면 정말 아까웠을 것 같아."

"그렇지? 엄마 말 듣기를 잘했지?"

"응."

환불하라고 했을 때 얼마나 속상하고 화가 났는지를 물어보고 싶었던 건데 희원이는 이미 그때 기분을 잊은 듯했다.

사건은 그렇게 마무리됐지만 아이에게 너무한 건 아니었을까 불편했던 마음이 워낙 컸던 터라 그 일은 오래 기억에 남았다. 그래서 어른이 된 희원이에게 다시 질문을 했던 것이다. 정말 많이 화가 났다고 말하는 걸 보니 그날 밤에는 놀다 온 기분에 잠시 잊은 모양이었다.

"미안해. 네가 화났을 거라고 생각해서 엄마도 걱정했어. 엄마는 너한테 엄마 말을 들어야 한다는 걸 가르치려고 힘들지만 환불하라고 했던 거야. 그런데 그 일 때문에 네가 엄마를 미워하면 안 되잖아."

"그럼 그때 얘기하지 그랬어?"

"그때는 네가 어렸기 때문에 얘기해줘도 잘 몰랐을 거야. 다행히 친구가 새 머리띠를 사줘서 마음이 풀렸는데, 엄마가 또 그 얘기를 하면 네 기분이 도로 나빠졌겠지."

"아, 그렇구나! 엄마 훌륭하네!"

희원이의 다정한 한마디에 그날 일은 이제 마음에서 지워질 수 있을 것 같았다.

그때 희원이는 몰랐을 것이다. 환불하러 가는 제 마음보다 내 마음이 더 속상했다는 것을. 학원을 열 개 보내는 것보다 이런 작은 가르침을 주기 위해 엄마가 얼마나 고민하고 애썼는지를. 심지어 놀이동산 홈페이지에 제발 기념품 판매를 자제해달라는 글을 올릴까 고민하기도 했었다는 것을.

아이가 잘못된 행동을 하면 부모는 꾸중을 하거나, 타이르고 설명하는 식으로 그 행동이 잘못된 것임을 가르치려 한다. 그렇지만 아이에게 뭔가를 가르친다는 것은 잔소리를 반복하거나, 왜 그래야 하는지 이치를 설명하는 것으로 되는 것은 아니다. 돈을 아껴 써야 한다는 것도 마찬가지이다.

성인이 되기 전까지 아이들은 필요로 하는 모든 것을 부모에게서 조건 없이 받기 때문에 이런 것들이 저절로 생긴다고 느낀다. 가게에서 사와야 하는 것이고, 원하는 것을 다 갖기에는 돈이 충분치 않다고 말해주어도 이해하지 못한다. 돈이 없으면 벌면 되고, 가게에 가면 다 된다고 생각하기 때문이다. 이런 아이들에게 돈이나 물건을 아껴 쓰라는 말은 귓등을 스치는 바람처럼 공허할 뿐이다.

뭔가를 가르치기 위해서는 아이가 일상생활에서 직접 겪는 일을 교재로 삼아야 한다. 또 바람직한 행동과 그렇지 않은 행동에 대해 규칙을 정한 뒤 아이의 행동에 따라 구체적인 상이나 벌을 주도록 해야 한다.

당시 나는 아이들에게 (학년 수×천 원)의 규칙에 따라 용돈을 주었고, 현장학습처럼 특별한 일이 있을 때마다 필요하다고 생각되는 만큼 추가로 돈을 주곤 했다. 아이들은 용돈을 받아 자잘한 학용품을 사거나 군것질을 했고, 미리 다 쓴다고 해서 더 주는 경우는 없었다. 이런 규칙을 통해 아이들이 정해진 액수 내에서 계획을 갖고 돈 쓰는 방법을 배우기를 바랐고, 3천 원이 넘는 돈을 쓸 때는 미리 허락을 받도록 했다. 따라서 그날 허락받지 않고 물건을 산 희원이의 행동은 당시 규칙에 어굿나는 것이었고, 거기에 합당한 벌을 받아야 한다고 결정했던 것이다.
　말로 설명하면 쉬워 보이지만 생활 속에서 이런 원칙을 지켜가며 아이에게 뭔가를 가르치는 건 정말 어렵다. '한 번만 봐주지 뭐.' 하는 마음이 들 때도 있고, '이번에는 특별하니까.' 하면서 넘어갈 때도 있다. 무엇보다도 바쁜 부모가 매주 용돈을 챙겨주고, 아이가 어떻게 쓰고 있는지를 자주 체크하는 것 자체가 상당한 노력을 요한다.

　'돈을 어떻게 쓸 것인가.' 하는 문제는 우리 삶에서 매우 중요하다. 돈이란 우리가 원하는 것을 할 수 있게 해주는 것이다. 하지만 통제하고 관리하는 능력을 갖지 못하면 우리를 파멸로 이끄는 무서운 것이기도 하다. 그래서 아이들은 저마다의 나이에서 다룰 수 있을 정도의 돈을 받으며 부모로부터 돈을 무엇에 쓰고, 무엇에는 쓰지 않을지, 돈을 잘 관리하는 게 왜 중요한지를 배워야 한다.

　초등학교 때는 머리띠 정도에 그쳤으나 아이들이 커가면서 내가 가르쳐야 할 돈 문제의 범위는 더욱 복잡하고, 다양해졌다. 특히 희원이는 여자아이라서 필수적으로 부딪칠 수밖에 없는 문제가 있었다. 옷과 신발, 액세서리가 바로 그것이다.
　중학생이 된 희원이는 다른 모든 사춘기 여학생처럼 옷에 관심이 많아졌고, 그만큼 요구도 늘어났다. 요구는 항상 옷이 없다는 말로 시작됐고, 그럴 때마다 나는 옷장에 있는 것들은 옷이 아니고 무엇이냐는 말로 응수했다. 그러면 들어볼 필요도 없이 옷이 작아졌다느니 낡았다느니 요즘은 아무도 그런 옷을 입지 않는다느니 하는 말이 돌아왔고, 거기에 지지 않으려는 내 주장도 거세게 이어졌다. 똑같은 다툼이 반복되자 나는 희원이에게 옷장을 정리해서 종류별로 입을 만한 옷의 개수를 세어 오면 엄마가 생각해보고 사주겠다며 총량 불변의 법칙을 제시하기도 했다. 한 계절에 세 벌 혹은 네 벌 등 계절을 기준으로 삼기도 했고, 그게 여의치 않으면 옷값 총액을 제한하는 방법을 쓰기도 했다.

가장 난감한 상황은 가격이 비싼 특정 브랜드 옷을 사달라고 할 때였다. 2~3만 원이면 살 수 있는 옷을 브랜드 이름 때문에 몇 배 더 주고 사는 것은 현명하지 못한 일이다. 하지만 그 나이의 아이에게 그것을 알려주는 것은 너무 어려웠다. 어떤 옷을 살 것인가 하는 갈등은 집에서부터 시작해 옷 가게에 갈 때까지 계속됐다. 원하는 옷을 합리적인 가격에 사지 못할 경우에는 매장 화장실 앞이나 길거리까지 갈등이 연장되기도 했다. 다른 사람들이 보거나 말거나 우리 모녀는 언성을 높여가며 다투었고, 둘 다 화가 난 채 귀가하는 경우가 많았다. 그렇게 옷으로 인한 전쟁은 1~2년 정도 더 지속되었던 것 같다.

그러다 언젠가 이런 다툼이 희원이로 하여금 옷에 대한 갈망을 더 키우는 게 아닐까 하는 의문이 들었다. 안 된다는 말만 듣다 보니 그 옷이 더 갖고 싶어지고, 자신이 원하는 옷을 사주지 않는다는 원망이 돈에 대한 교육을 오히려 망가뜨리고 있는 건 아닐까 싶었다.

그때도 희원이와 옷을 사러 간 날이었다. 평소와 다르게 나는 서너 벌 정도의 옷을 살 수 있는 액수를 대면서 그 돈 안에서 마음껏 옷을 사라고 말했다. 엄마가 흔쾌히 거액을 쓰겠다고 하자 희원이는 많이 놀란 것 같았다. 정말이냐고 몇 번을 묻더니 그 금액을 다 채우지 않는 선에서 쇼핑을 마쳤다. 정해진 액수 안에서 쓴 것을 칭찬해주자 희원이도 스스로를 대견해하는 듯했다. 그리고 나는 덧붙였다.

"희원아, 엄마가 너한테 비싼 옷을 사주지 않는 건 돈 때문이 아니야. 기왕이면 좋은 옷을 입고 싶은 건 누구나 그래. 그런데 너무 옷에만 집중하다 보면 너하고 옷하고 구분을 못 하게 돼. 너는 너고, 옷은 옷일 뿐이야. 그런데 옷을 중요하게 생각하다 보면 좋은 옷을 입으면 내가 더 괜찮은 사람인 것 같고, 싼 옷을 입으면 초라한 마음이 들 수도 있어. 엄마는 네가 있는 그대로 네 모습을 가장 귀하게 여겼으면 해."

옷을 충분히 사준 뒤 하는 말이라 그런지 희원이는 고개를 끄덕이며 엄마 말이 맞다고 하였다. 그 뒤 옷 전쟁은 훨씬 줄었다. 그리고 희원이는 브랜드 이름보다 같은 옷을 어디에서 사야 싸게 살 수 있는지를 고민하는 성숙한 모습으로 성장하고 있다.

돈에 대해 가르칠 때 항상 아껴 쓰라고 가르쳐야 하는 것은 아니다. 희준이가 초등학생이었을 때는 반대로 돈을 거의 쓰지 않는 게 문제였다. 친구들끼리 집에 오면서 아이스크림이나 떡볶이를 사 먹는 경우가 종종 있었는데 남자아이들은 대부분 돈을 가진 아이가 사고, 다음에는 다른 친구가 사는 식으로 군것질을 했다. 그런데 희준이는 하교 길에 뭘 먹었다고 해서 물어보면 친구들이 사줬다는 대답이 대부분이었고, 너도 한 번 사야 하지 않겠느냐고 하면 돈이 아깝다고 하였다. 심지어 초등학교 2학년 생일에는 맛있는 것을 사줄 테니 친구들을 데려오라고 했는데도 돈이 아까워서 안 된다고 대답하였다. 황당하긴 했지만 아이의 의사가 워낙 강경해 그해 생일은 가족끼리 외식하는 것으로 끝냈다.

다음부터 나는 네 돈이 아까우면 친구 돈도 귀하게 여겨야 한다고 가르쳤다. 한 번 얻어먹으면 너도 한 번 사야 계속 같이 놀 수 있다고 말했다. 초반에는 친구들에게 먹을 것을 사주라고 돈을 따로 주기도 했다. 희준이는 이후 간간이 친구들에게 간식을 한턱 쏘는 눈치였고, 집에 오는 친구나 연락을 주고받는 친구가 끊이지 않는 것을 보니 공평과 협력에 기반한 사회적 기술을 배운 게 틀림없는 것 같다.

부모가 아이에게 뭔가를 가르치려고 할 때 제일 중요한 것은 부모 자신이 그 영역에 대해 잘 알고 있어야 한다는 점이다. 돈 관리를 못 하는 부모가 아이에게 돈을 규모 있게 쓰도록 가르칠 수 없고, 물건을 살 때 고심하지 않는 부모는 현명한 구매 행동을 교육할 수 없다.

아이에게 뭔가를 가르치려면 우선 내 삶에 좀 더 진지하고 신중해져야 한다. 현명한 사람이 되기 위해 노력하고, 성장하려는 노력을 멈추지 않는 것, 이것이 부모로서 아이를 가르치는 첫 단계이다.

제주도 가출 사건

"제주도 가출 사건!"

우리 부부는 그 일을 이렇게 부른다. 나와 남편이 휴가 차 제주도에 갔던 어느 날 밤, 당시 초등학교 6학년이었던 희원이가 말도 없이 집을 나갔다 두 시간 만에 돌아온 바로 그 사건이다.

2006년, 첫 책을 내고 강연회에 방송까지 바쁜 일정에 쫓기던 나는 몸과 마음을 충전하기 위해 2박 3일 제주도 여행을 가기로 했다. 평소라면 아이들도 데리고 갔을 텐데, 그때는 지칠 대로 지친 상태라 모처럼 나만의 시간을 갖고 싶어 남편과 둘이서만 가기로 했다.

아이들을 돌봐주는 아주머니로부터 전화가 걸려온 건 제주도에 도착한 다음 날 아침 아홉 시였다. 지난밤 자정에 희원이가 아무 말 없이 집을 나갔다 돌아왔다는 것이다.

"밤에 자다 깨보니 애가 없더라고. 희원이 엄마한테 전화할까 했는데 그때 해봤자 방법도 없고, 괜히 걱정만 할 것 같아서 일부러 전화 안 했어. 다행히 두 시간쯤 있다 들어와서 지금은 자고 있어."

하늘이 무너지는 것 같다는 표현은 들어보기만 했지 직접 겪은 것은 그때가 처음이었다. 지금껏 한 번도 그런 행동을 한 적이 없었고, 이제 위험에 대해서는 크게 걱정하지 않아도 될 만큼 컸다고 생각했기에 충격은 더욱 컸다.

이 난데없는 일탈은 도대체 뭘까? 그것도 엄마 아빠가 여행 가서 집을 비운 사이에 이런 일을 벌이다니. 혹시 희원이에게 내가 모르는 또 다른 모습이 있었던 건 아닐까? 상상은 극을 향해 치달았다. 여행을 떠나기 며칠 전, 친한 후배에게 들은 이야기가 상상력을 더욱 자극했다. 후배가 들려준 이야기는 성폭행을 당했다는 초등학교 6학년 아이를 상담했는데, 알고 보니 원조교제였다는 내용이었다. 그 아이는 희원이와 같은 나이였고, 사는 곳도 우리 집 부근이었다. 나에게는 그 이야기가 바로 희원이 이야기처럼 느껴졌다.

분명히 큰일이 생긴 것이라고 짐작한 나는 아주머니에게 희원이를 깨워 전화를 받게 해달라고 하였다. 수화기 저편에서 잠에 취한 목소리가 건너오자 나도 모르게 소리를 지르기 시작했다. 도대체 어떻게 된 일이냐, 네가 정신이 있느냐, 무슨 짓을 한 거냐 등등. 잠이 덜 깼는지 희원이는 별말이 없었다.

"엄마가 비행기 표 구하는 대로 갈 거니까 기다려! 그때까지 집에서 한 발자국도 나가지 마! 한 시간에 한 번씩 집에 전화할 거니까 네가 받아. 전화 안 받으면 그때는 끝인 줄 알아!!"

통화가 끝나자마자 나는 머릿속에 맴도는 온갖 불길한 상상을 남편에게 쏟아냈다.

"여보, 이게 비행의 시작일까? 설마…… 이미 비행 청소년이 되어 있는데 우리가 몰랐던 건 아니겠지?"

"그랬다면 우리가 알았겠지. 걱정 마. 별일 아닐 거야."

남편의 위로도 나에게 전혀 도움이 되지 않았다. 여행이고 뭐고 집어치우고 집에 가자는 내 말에 남편은 항공사에 전화를 했다. 그런데 우리가 처음 예약했던 그날 외에는 빈 좌석이 없다고 했다. 그렇게 어쩔 수 없이 지체된 그 하루가 나에게 정말 중요한 전환점이 되었다.

시간이 약이라고 어차피 갈 수 없다고 생각하니 마음이 조금씩 차분해졌다. 다음 날, 집으로 가는 비행기에 올라탈 무렵에는 엉망으로 헝클어졌던 생각들이 어느 정도 정리되기 시작했다.

'무슨 일인지는 가서 찬찬히 알아보자. 만약 정말 무슨 일이 생긴 것이라면 지금부터 잘 해결하면 되지.'

이미 일어난 일은 돌이킬 수 없으며, 정말로 중요한 것은 앞으로의 일이었다. 아이가 다시는 이런 행동을 하지 못하게 하는 것이 내게 남겨진 중요한 과제라는 생각이 들었다. 희원이는 점점 크고 있었고 그럴

수록 점점 더 어디든 맘대로 가려 할 게 분명했다. 또 누가 됐든 만나고 싶은 사람을 만나려 할 것이며, 무엇이든 하고 싶은 것을 하려고 할 것이다. 심지어 질풍노도의 시기라고 부르는 나이 아닌가!

이 문제를 어떻게 풀어야 할까? 집으로 돌아가는 비행기 안에서 내가 취할 수 있는 행동들과 그에 따라 예상되는 딸아이의 반응을 하나씩 체크해보았다.

고전적인 방법
머리를 박박 깎아서 집에 가두고, 문을 잠가 아무 데도 못 가게 한다.

예상되는 반응
영화에서 보면 그럴 땐 창밖으로 뛰어내리던데, 우리 집은 8층이라 적어도 몇 군데 골절되는 중상을 입을 것 같다. 희원이 성격으로 봐서 영 불가능한 일은 아니다. 일이 너무 커진다.

가장 흔한 방법
길길이 뛰면서 혼내고, 또 그러면 너 죽고 나 죽을 줄 알라고 협박한다.

예상되는 결과
"다시는 안 그럴게요."라고 말은 하지만 그걸로 끝! 후회나 반성, 미안함 같은 그런 바람직한 감정은 하나도 느끼지 않는다. 상황이 안 좋으면 오히려 반발심만 커진다. 결국 재발 가능성 높음.

쿨 하게 마음 읽어주기

"밤늦게 나가면 세상이 어떤지 궁금했구나. 엄마가 한 번도 데리고 나간 적이 없으니 얼마나 나가보고 싶었겠니."

예상되는 결과

나가도 된다는 말로 알아듣고 상습적으로 밤이슬을 맞는다.

희원이 나이를 생각해볼 때 가장 중요한 것은 아이 스스로 그런 행동을 하면 안 되겠다는 마음이 들어야 한다는 것이었다. 더는 잔소리나 강압적인 태도가 통하는 나이가 아니었다.

이 일을 희원이 입장에서 생각해보았다. 어떻게 해야 '정말 내가 잘못했구나. 엄마 속상하지 않게 다시는 그러지 말아야지.'라는 마음이 들까?

그때 갑자기 단어 하나가 머릿속에 떠올랐다.

"감동!"

강압으로도, 공포로도 굴복시킬 수 없다면 이 방법뿐이었다. 아이가 스스로 자기 행동을 조절하게 만들려면 감동을 통해서 마음을 움직이는 수밖에 없었다. 결론을 내린 나는 비행기 안에서 남은 시간 동안 희원이와 어떻게 이야기를 풀어가야 할지에 집중했다.

집에 들어가니 희원이는 풀죽은 얼굴로 제 방에 있었다. 조용히 부른 뒤 안방에 데려갔다. 우리의 대화를 누구에게도 방해받고 싶지 않아서였다.

"너는 엄마가 왜 그렇게 화를 냈다고 생각하니?"

"……."

"네가 어른이 될 때까지는 엄마가 너를 책임지고 키워야 하는데, 그동안에 엄마가 제일 중요하게 생각하는 게 뭔지 알아?"

"……."

"그건 바로 안전이야!! 성적도 아니고, 대학 가는 것도 아니고, 네 몸과 마음이 다치지 않는 게 엄마한테는 제일 중요해."

고개를 숙이고 있어 희원이의 표정을 볼 수는 없었지만, 으레 야단맞으려니 예상했다가 엄마가 뜻밖의 말을 해서 많이 놀란 듯했다.

"그런데 네가 안전하지 않은 곳에 갔기 때문에 엄마가 화를 낸 거야. 엄마는 네가 다칠까 봐 정말 많이 걱정했어."

"…… 엄마, 잘못했어요. 훌쩍."

줄곧 시선을 피하던 희원이가 어느 순간 나를 보며 이렇게 말했다. '엄마가 나를 그렇게 아끼는데 내가 그걸 몰랐구나. 정말 잘못했구나.' 하는 진심이 느껴졌다.

나중에 들으니 외할머니에게 그 순간이 혼난 것보다 더 무서웠다고 했단다. 내가 화를 냈으면 혼나고 잊어버렸을 일인데, 이런 식으로 엄마의 마음을 전달하니 희원이에게도 그 순간이 훨씬 강렬하게 각인되었던 모양이다.

알고 보니 밤 외출의 이유는 단순한 호기심이었다. 평소 밤늦은 시간에 밖에 나가보고 싶었는데, 부모가 집에 있을 때는 어림도 없는 일이라 우리가 집을 비운 그날을 택해서 나갔던 것이다. 나가서 무엇을 했느냐고 물으니 편의점에 가서 컵라면을 사 먹고, 평소에 가던 만화 가게에 만화를 빌리러 갔더니 이미 문을 닫아 집 근처 놀이터에서 그네를 타고 왔단다. 고작 그걸 하려고 나갔다니…….

하기는 희원이는 어려서부터 유달리 호기심이 많고, 활동 범위가 넓었다. 밖에 데리고 나가면 그때부터 종횡무진 내달아 우리 부부를 긴장시켰고, 학원에 가면 셔틀버스를 타는 대신 집까지 걸어와 학원 선생님과 나를 놀라게 했다. 다섯 살부터 롤러 블레이드를 사달라고 졸랐고, 초등학교 1학년 때 벌써 자전거를 타고 건널목 너머에 있는 놀이터에 다녔다. 이사 온 지 한 달 만에 동네 지리를 익혀 그 동네에서 자기보다 더 오래 산 친구를 집까지 바래다주곤 했고, 병원에 혼자 다니며 간호사 언니들에게 귀여움을 독차지하기도 했다. 이런 희원이에게 밤의 거리 풍경은 당연히 가보고 싶은 금지된 낙원이었고, 부모가 집을 비운 날은 하늘이 준 기회였을 것이다.

부모가 아이에게 화를 내는 이유는 대부분 걱정 때문이다. 아이가 잘못되면 어떡하나, 나쁜 일을 당하면 어쩌나 하는 걱정과 아무 일 없었으면 하는 간절한 바람이 종종 아이를 향한 격한 분노로 표현된다.

그렇지만 분노라는 감정은 상대에게 공격받는다는 느낌을 갖게 한다. 그래서 아무리 아이를 위한 것이라 해도 화로 표현하면 엄마의 진심은 절대 전달되지 않는다. 아이는 그저 엄마가 기분이 나빠서 자신에게 화를 냈다고 생각할 뿐이다.

　엄마의 마음이 간절하다면, 그리고 아이를 위한 게 분명하다면 듣는 아이 입장에서도 그런 마음을 그대로 느낄 수 있도록 전달해야 한다. 그게 제대로 된 소통이고 올바른 대화 방법이다. 만약 하룻밤이라는 시간이 나에게 주어지지 않았더라면 나 역시도 걱정과 불안이라는 감정을 폭발하는 분노로 표현했을 것이다. 결국 아무런 훈육의 효과 없이 관계만 상했을 것이다.

　'제주도 가출 사건'을 계기로 나는 양육 방식을 아동기 모드에서 사춘기 모드로 바꿨다. 엄마가 '해라', '하지 마라'고 해도 아이가 이에 순응하지 않고 반발할 수도 있는 나이가 되었음을 인정하게 된 것이다.

　사춘기에 아이는 세상과 자기 자신에 대한 호기심이 커진다. 여태까지는 '엄마가 가지 말라고 하니 가면 안 되겠구나.'라고 생각했던 곳도 이제는 '가도 되지 않을까.' 하는 마음이 들게 된다. '하면 안 되는' 것으로 알고 있었던 행동도 점점 '하고 싶어지는' 때다. 내 과거를 돌아봐도 그렇다.

　그렇다면 나의 역할은 아무리 터무니없는 일이라도 아이가 무언가를 시도하고 싶어 할 때 그걸 해도 되는지 함께 고민하고, 만약 시도한다면 어떤 결과가 생길지 예상할 수 있는 능력을 키워주는 것이어야 한다. 또 아이가 정 하고 싶다면 함께 해주는 조력자가 되어주는 것으로 바뀌어야 한다.

사춘기 아이의 엄마로 거듭나기 위해 치렀던 고초는 둘째 희준이를 키우면서 진가를 발휘했다. 딸인 희원이의 사춘기는 타고난 기질이 좀 더 확대되어 나타난 시기였다면, 아들 희준이는 아주 다른 아이같이 느껴지는 변화를 보였다. 남녀의 차이일 수도 있다. 하지만 아마 내가 여자이기 때문에 희원이의 변화는 이해나 예측이 크게 어렵지 않았고, 희준이는 나와 다른 성이라 변화가 더 크게 느껴진 것이리라.

평소 꼼꼼하고, 세심하고, 위생을 중시하던 희준이는 초등학교 6학년을 거쳐 중학생이 되면서 거의 반대에 가까운 극단적인 변화를 보였다. 어쩌다 가방을 열어보면 쓰레기 외에는 아무것도 없었고, 초등학교 5학년때부터 지금까지 항상 교과서를 학교에 두고 다녔다. 다른 아이들도 교과서를 책상 서랍에 두고 다니는 경우가 많다는 것을 알고 있었지만, 희준이는 시험 때에도 교과서를 집에 가져오지 않았다. 내일은 꼭, 다음 시험에는 꼭 하고 다짐을 해도 건성으로 대답만 할 뿐 내가 교과서를 볼 수 있을 때는 방학식 날뿐이었다.

어쩌다 본 교과서 역시 충격이었다. 두세 장에 하나씩 쥐 뜯어 먹은 것 같이 찢어진 흔적이 있었고, 앞표지에 있는 과목 명 중에 원래대로 제 이름을 갖고 있는 건 하나도 없었다. 지금은 기억도 안 나지만 글씨에 장난을 쳐 엉뚱한 단어로 둔갑을 시킨 것이다. 교과서에 있는 그림도 코믹 버전으로 바뀌어 있는 게 많았다. 신사임당 턱에 수염을 붙이는가 하면 이순신 장군의 발에는 슬리퍼가 신겨져 있는 식이었다.

사춘기가 된 희준이는 씻으라는 말에는 굼벵이처럼 움직였고, 긴 손톱에는 항상 때가 끼어 있었다. 주말에는 낮 열두 시가 넘도록 잠자기 일쑤였고, 방학이 되면 잠옷 하나로 긴 겨울을 나기도 했다. 식탁 밑으로 떨어진 고기를 주워 먹는 것을 보고 식구들이 모두 경악을 금치 못했던 일도 있다.

내가 아는 내 아들은 깎아놓은 지 몇 분만 지나도 사과 색깔이 변했다며 먹지 않았고, 밥은 갓 지은 밥만 좋아했다. 그러니 180도 달라진 희준이를 보면서 심지어는 누군가 내 아들을 데려가고 다른 아이를 데려다 놓은 게 아닐까 의심이 들기도 했다.

그렇지만 희원이의 사춘기를 지켜본 나는 사춘기라는 게 지금까지 박아놓았던 나사못이 모두 풀어지고, 모양을 다시 조립해 새로 못을 박는 과정이라는 것을 알고 있었다. 아이가 나빠지는 게 아니라 어른이 되기 전에 일시적으로 본래의 모습이 와해되는 시기가 있다는 것이다.

사춘기 이전에 아이의 내적 세계는 어른들이 가르쳐주고 심어준 것을 수동적으로 받아들여 채워진다. 그러다가 사춘기를 통해 아이들은 자기가 주체가 되어 거를 건 거르고, 받아들일 것은 받아들이면서 내적 세계를 자기 것으로 채워나간다. 그러다 보니 '왜'라는 질문이 많아지고, '내가 알아서 하겠다.'는 대답이 늘어나는 것이다.

이 시기 아이들을 계속 어린 애처럼 다룬다면 아이들은 제대로 성장하지 못하거나 부모에게 격하게 반항하는 모습을 보일 수밖에 없다. 자라나기 시작하는 자아의 싹은 성장의 욕구가 너무 강하기 때문이다.

부모가 여유를 갖고 그 시간을 기다려주면 아이는 훌쩍 큰 어른이 되어 전보다 훨씬 성장한 모습으로 다시 돌아온다.

희원이를 통해 기다리면 된다는 것을 이미 배우고 난 뒤라 나는 희준이의 사춘기를 훨씬 여유를 갖고 대할 수 있었다. 세수를 안 하면 '네 얼굴이니 네 마음대로 하라.'고 했고 이발을 하지 않아 머리카락이 눈을 찌르면 '엄마 형편을 생각해 이발 값을 아껴주는 효자'라고 말해주었다. 밥이라도 먹고 재워야 하지 않느냐는 남편의 말에 '사람은 배가 고프면 잠에서 깨게 만들어져 있다.'고 대꾸했다. 시험공부를 전혀 하지 않는 모습에 화를 내기보다는 시험에 대한 최소한의 예의만이라도 갖자고 부드럽게 말해주었다.

그렇게 기다려준 게 2년쯤 된 것 같다. 전혀 불안하지 않은 건 아니다. 하지만 키가 170센티미터 넘게 커가는 아이의 모습을 보면 '너도 크느라 힘들겠구나.' 싶어 좀 더 참아보자 한다. 어차피 말로도 힘으로도 안 되는 나이라는 생각이 묘하게 안도감을 주어 좀 더 기다릴 수 있는 여유를 가질 수 있었다.

지금 희준이는 조금씩 어른의 모습을 갖춰나가고 있다. 평소에는 책을 들여다보지 않지만 시험 기간만은 스스로 계획을 세워 열심히 공부한다. 억지로 시켜서 하는 공부가 아니다 보니 계획도 스스로 세우고, 깨우지 않아도 새벽에 일어나 도서관에 간다. 공부할 내용을 빽빽하게 정리하고, 예상 문제를 만들기도 한다. 힘들지만 아이의 성장 속도를 수용하고 기다려준 결과이다.

 단, 아직도 깔끔함은 돌아오지 않았다. 생각 없이 멍하게 있는 시간이 많으며, 텔레비전 앞에서 〈무한도전〉을 볼 때는 방바닥을 뒹굴며 웃곤 한다. 그 모습을 보면 아직도 어린애구나 싶기도 하지만, 청년에 가깝게 큰 이 아이가 아직은 내 품을 완전히 벗어나지 않았구나 싶어 흐뭇하기도 하다.

혼내기와 화내기

 부모로서 아이를 키우며 가장 힘들다고 느끼는 때는 아마도 훈육 상황일 것이다. 아이가 아프거나 두려워할 때, 좌절감을 표현할 때도 부모의 마음은 괴롭다. 그렇지만 훈육에서 비롯된 괴로움은 다른 상황에서 느끼는 것과는 차이가 있다.

 아이가 아프면 우선 걱정스럽고 보살펴야 한다는 부담은 있지만 고민을 할 필요는 없다. 세심하게 보살펴주면 되고, 필요하면 의사에게 도움을 받을 수도 있다. 불안해하는 아이에게는 옆에 있어주고, 안심시켜주는 게 최선이다. 시간이 좀 걸릴 수도 있지만 방법은 단순하다. 반면 훈육 상황은 여러 가지 감정이 뒤섞인 상태에서 판단을 하고 의사 결정을 해야 한다는 점에서 난이도가 높다. 무엇보다 분노를 다스려야 한다는 부담이 크다.

　아이가 실수로 그릇을 떨어뜨렸을 때 그 순간 바로 느끼는 감정은 아이가 다치지 않았을까 하는 걱정이다. 그렇지만 산산조각 난 그릇이 바닥에 널려있는 모습이 눈에 들어오고, 아이의 조심성 없는 행동이 원인이었다는 것을 알게 되면 걱정은 바로 분노로 이어진다. 일부러 그런 게 아니라는 것, 얼마든지 그럴 수 있는 나이라는 걸 알면서도 분노는 쉽게 사그라들지 않는다. 애써 참고 유리 조각을 치우는데 아이가 한 발짝 다가오기라도 하면 그 분노는 삽시간에 터져버린다. 지금 버릇을 바로잡지 않으면 큰일이라는 생각에 훈육을 한답시고 소리치지만, 나중에 생각해보면 항상 과했다는 자책이 따른다. 이게 끝이 아니다. 상황이 종료되고 감정이 가라앉으면 어린 아이에게 왜 그렇게 심하게 했을까, 나는 나쁜 엄마일까 하는 죄책감에 잠 못 이루고, 훈육은 점차 스트레스가 된다. 왜 이렇게 훈육이 힘든 것일까?

　훈육을 해야 한다거나 단호하게 아이를 대해야 한다고 하면 대부분의 부모는 강압적인 태도를 떠올린다. 눈을 부릅뜨고 아이를 노려보며 공격적인 말투로 명령하고, 그래도 말을 듣지 않으면 위협을 하거나 매를 들어 아이가 말을 듣도록 만드는 것이 훈육이라고 느끼는 것이다.

　그런데 이런 방식으로 훈육을 하고 나면 부모 마음은 편하지가 않다. 소리치고 윽박지를 때의 감정은 분명 아이를 위한 사랑의 감정이 아니라 무조건 꺾어야 한다는 공격성이기 때문에 아이를 위해서 필요하다고 생각한 훈육이 힘들고 불편해지는 것이다.

한때는 나 역시 아이를 훈육하면서 힘들어 했던 시기가 있었다. 하지만 이제 아이들이 크고 나니 크게 화낼 일이 없다는 게 내 삶의 질을 많이 높여줬다. 뭔가 잘못된 것 같으면 슬쩍 말을 던져보면 된다. 아이가 잘못한 게 있어도 스스로 느끼게끔 말로 하면 되니, 훈육 상황에서도 대화가 평소와 크게 다르지 않다. 예를 들면 이런 식이다.

"엄마, 나 왔어!"

"응."

"엄마, 왜 그래?"

"뭘?"

"피곤해? 화났어?"

"왜 화났다고 생각해?"

"내가 엄마 카드로 화장품 사서."

"화장품은 네 돈으로 사랬잖아!"

"다음엔 안 그럴게요."

무표정한 얼굴에 말수를 줄이면 희원이는 금방 내 기분을 살핀다. 이때 조금만 더 말을 아끼면 엄마가 화났다고 생각해 자기 잘못을 술술 불기 시작한다. 중학생이 된 이후로 웬만한 일에는 화를 내지 않았더니 잘한 일이건 잘못한 일이건 가리지 않고 털어놓게 되었다. 물론 처음부터 우리 관계가 이랬던 건 아니다. 지금과 같은 평화를 얻기까지 나 역시 여느 엄마들처럼 수없이 전쟁을 치러야 했다.

희원이는 유아기때부터 울음이 많고, 고집도 센 아이였다. 신생아 때는 장이 미숙해서 나타난다는 '신생아 복통'으로 매일 밤 한 시간 이상 울어대곤 했다. 육아에 아무 경험이 없던 나는 매 순간 당황하며 감정을 폭발시키는 일이 많았다. 당시 유순한 기질의 조카를 키우던 동생은 희원이를 달래다 화가 나 침대에 팽개친 적이 있을 정도였다.

생후 10개월 무렵에는 제대로 서지도 못하면서도 자꾸만 일어서려 했고, 일어서면 뒤로 넘어지는 통에 잠시도 앉아 있을 틈이 없었다. 나중에는 완전히 지쳐 이불만 깔아놓고 아이를 보다가 새엄마 아니냐는 질책을 받기도 했다.

서너 살이 되면서 조잘조잘 말을 하기에 이제는 말이 통하려나 싶었는데 그건 착각이었다. 희원이는 하지 말라고 하면 '알았다'고 하고는 금세 모르는 것처럼 행동했다. 방금 혼나고도 돌아서면 같은 행동을 하곤 해 상황은 전혀 나아지지 않았다.

희원이가 다섯 살 때 가게 앞에서 30분 이상 실랑이한 일은 아이를 훈육하기 위해 내가 얼마나 고민하고 노력했는지를 생생하게 보여준다. 당시 희원이는 간식 사 먹는 데 재미를 붙여 눈에 띄는 가게마다 들어가려고 하였다. 이틀에 한 번, 한 번에 한 개로 규칙을 정했기 때문에 간식을 사 먹는 날이면 그 하나를 고르기 위해 가게에서 20분을 보내는 건 기본이었고, 그러고도 10분 이상을 더 지체하곤 했다.

그날은 장마 때라 장대비가 내리고 있었다. 친정에 다녀오는 길에 있는 가게는 희원이에게 참새 방앗간이었다. 이미 전날 군것질 거리를 사준 뒤였지만, 희원이는 그래도 가게에 들어가겠다고 졸랐다. 나는 구경은 할 수 있지만 과자를 사줄 수는 없다고 했고, 희원이는 조르지 않기로 철석같이 약속하고 가게에 들어갔다. 하지만 결국 젤리를 사달라고 했고, 내가 안 된다고 하자 이내 울음을 터뜨렸다. 가게에 손님은 없었지만 주인아저씨에게 민폐라고 생각해 나는 희원이를 데리고 밖으로 나왔다.

집에 가자고 했지만 빗속에서 희원이는 꼼짝도 안 했다. 한 손에는 우산을 들고 있었기에 그런 아이를 억지로 끌고 가기도 어려웠다. 그렇다고 여기서 간식을 사주면 규칙은 있으나 마나가 되니 어차피 넘어야 할 산이었다. 화가 나기도 했지만 빗속에서 내가 할 수 있는 건 아이가 떼를 그칠 때까지 기다리는 것뿐이었다. 급하게 집에 가야 할 일이 있었던 것도 아니었다. 빗소리에 아이의 울음소리가 묻혀 주변에 피해가 되지도 않으니 상황은 내 편이었다. 다만 희원이의 울음소리가 오랫동안 그치지 않자 가게 주인아저씨가 두어 번쯤 나와 보기는 했다. 속으로 저 엄마 꽤나 지독하다고 했을지도 모르겠다.

희원이가 집 쪽으로 잡아끄는 내 손을 뿌리치지 않고 가기까지는 30분 이상의 시간이 걸렸다. 발걸음을 옮기면서도 칭얼대는 소리는 계속되었다. 속이 부글부글 끓었지만 끝까지 소리 지르거나 화내지 않고, 부지런히 집 쪽으로 걸음을 옮겼다.

이 일 이후 나는 희원이가 고집을 부리면 안 된다고 하고는, 울거나 말거나 모른 척하고 그저 기다리는 방법을 썼다. 시간이 걸리기는 했지만 화내는 것보다 그 편이 덜 힘들었다. 이런 과정 속에서 희원이는 우는 시간이 차츰 줄어들었고, 막무가내 떼쓰기도 많이 좋아졌다.

그렇지만 평화가 찾아온 것은 아니었다. 희원이가 조금 더 크자 이제는 엄마가 혼내는 것을 듣고만 있지 않았다. 처음에는 눈물을 글썽거리며 웅얼웅얼 하던 변명이 점차 거센 자기주장으로 변했다. 말이 자기주장이지, 정확히 말하자면 말도 안 되는 억지나 버릇없이 대드는 행동을 보이게 된 것이다.

"하면 될 거 아니야!"

"왜 만날 엄마 마음대로 하는데?"

"알아서 할 테니까 내버려둬!"

이런 상황이 되자 예전처럼 화내지 않고 버티는 게 힘들어졌다. 아이에게 맞서 소리치고 화내는 횟수가 늘기 시작했고, 입에서는 유치한 말들이 튀어나왔다.

'네가 뭘 알아서 했는데? 네가 한 번이라도 제대로 한 적 있어? 어디 엄마한테 대들어?'

애를 키우는 엄마라면 대부분 이런 말을 입에 담아보았을 것이다. 화가 났을 때 하는 말은 사람마다 크게 다르지 않다. 분노라는 감정이 가진 속성 때문이다.

분노는 상황이 내 뜻대로 되지 않아 좌절할 때나 공격받는다고 느낄 때 경험하는 감정이다. 그래서 분노를 느낀 유기체는 자신이 원하는 방향으로 상황을 변화시키려고 노력한다.

　예를 들어, 식탁에 있어야 할 그릇이 바닥에 떨어진 것은 내가 원하지 않은 상황이다. 심지어 산산조각이 났다면 이 상황은 좌절이거나 습격을 받은 것과 같다. 사람 역시 적으로부터 자신을 보호해야 살아남을 수 있는 진화의 역사를 거쳐 왔기에 이런 상황은 순간적으로 몸과 마음을 변화시킨다. 상황을 원하는 방향으로 변화시키기 위해서는 상당한 에너지가 필요하기 때문에 순식간에 심장박동이 빨라지고, 체온이 상승하며, 행동은 민첩해진다.

　이때 합리적 사고 능력은 잠시 마비된다. 맹수가 나타나면 한시라도 빠르게 움직이는 게 급선무라서 생각하는 데 시간을 소모할 수 없기 때문이다. 따라서 감정을 담당하는 뇌의 변연계가 사고 판단력을 담당하는 전두엽을 지배한다. '이게 아닌데…….' 하면서도 나도 모르게 아이의 등짝을 때리고, 겁을 주게 되는 건 이 때문이다.

　이렇듯 분노는 전적으로 유기체인 나 자신을 보호하는 게 목적이다. 그래서 아무리 좋은 엄마가 되고자 애써도 분노가 솟구치면 말썽을 부린 아이가 적으로 느껴지고, 상황을 제압하기 위해 격한 행동을 서슴지 않게 된다. 자연히 분노한 상태에서의 훈육은 아이에게 공격으로 받아들여진다. 공격받는다고 느낀 아이가 할 수 있는 건 위축되거나 대드는 것뿐이며 부모가 바라는 교육은 이루어지지 않는다.

　하지만 희원이가 사춘기에 접어들었을 당시에는 나 역시 아이를 훈육을 한답시고 공격과 대응을 반복하였다. 희원이는 희원이대로 힘이 생기는 만큼 나에게 맞서곤 했다. 그러다가 어떤 사건을 계기로 점차 이런 상황을 줄여나갈 수 있게 되었다. 아무리 화가 나도 귀를 열어놓으면 해결의 실마리를 잡을 수 있다는 중요한 경험을 하게 되었기 때문이다.

그날도 늘 그렇듯이 사소한 일로 희원이를 야단치는 중이었다. 내 목소리가 점점 높아지자 아이 표정도 점차 사나워졌고, 잔소리와 말대답이 오가던 끝에 결국은 내가 소리를 지르며 상황을 종료했다.
"얼른 들어가서 네 할 일 해!"
이 말이 떨어지자마자 희원이는 쿵쾅거리며 제 방으로 들어갔고, 쾅 소리가 나게 문을 닫았다. 그 소리는 문과 벽이 부딪치면서 나는 소리였지만 동시에 내 심장을 내리치는 망치 소리이기도 했다. 머리에서 뜨거운 게 치솟아 올랐고, 혈압과 맥박이 동시에 상승했다. 한꺼번에 몰려오는 십만 대군과 맞선 장수처럼 나는 적진을 향해 돌격했다. 희원이가 문을 닫을 때는 천둥소리가 난 것 같았는데, 내가 열 때는 왜 더 큰 소리가 나지 않는지도 화가 났다.
"너 이거 뭐하는 짓이야? 문을 왜 이렇게 닫아?"
"내가 뭘? 창문을 열어놔서 그래! 일부러 그런 거 아니라고!!"(나중에 알고 보니 그건 사실이었다.)
희원이는 순순히 잘못을 시인하지 않았다. 게다가 일부러 그런 게 아니라고 하니 갑자기 당황스러웠다. 창을 들고 돌진했는데 상대방은 아무 무기도 갖고 있지 않다는 걸 알게 되었다고나 할까. 그렇다고 멈출

수는 없었다. 칼을 뽑았는데 한 번 휘둘러보지도 못하고 다시 칼집에 집어 넣는 게 민망해 한마디 했다. 그런데 그게 내가 들어도 유치한 말이었다.

"너 어디서 이런 거 배웠어? 학교에서 선생님한테도 이런 식으로 해?"

"선생님은 엄마하고 달라. 혼은 내도 화는 내지 않는다고!"

"뭐, 뭐라고……?"

'혼은 내도 화는 내지 않는다.'는 말이 1퍼센트 남아 있는 뇌의 전두엽에 꽂혔다. 남의 말을 들어야 하는 직업을 오래 하다 보니, 듣는 행동도 본능만큼이나 발달한 탓이리라. 흥분한 변연계는 상대를 해치워야 한다고 계속 소리쳤지만 초반의 살기등등한 기세는 일단 꺾였다.

"그러니까 문 좀 살살 닫으라고! 너무 시끄럽잖아."

구차하게 구시렁대며 일단은 후퇴했다. 그리고 희원이가 한 말에 대해 생각해보았다. 그 결과 혼내는 것과 화내는 것이 어떻게 다른지 한 번도 생각해본 적이 없다는 것과 여태까지 아이를 혼내면서 화를 내지 않은 적이 한 번도 없다는 것을 깨달았다. 사나운 표정을 짓고, 목소리 톤을 높이며, 강압적인 말투로 이래라 저래라 한 건 그야말로 '화내는 것' 외에 아무 것도 아니었다. 그렇다면 혼낸다는 건 뭘까, 화내는 것과 어떻게 다른 걸까 하는 의문이 들었다.

혼내다 : (어떤 사람이 다른 사람에게) 심하게 꾸지람을 하거나 벌을 주다.

화내다 : (어떤 사람이) 못마땅하거나 언짢아서 노엽고 답답한 감정을 드러내다.

사전에는 이렇게 적혀 있었고, 얼핏 봐서는 어떤 차이가 있는지 알기 어려웠다. 하지만 희원이의 말로 미루어볼 때 아이 입장에서 이 두 가지는 상당히 다르고, 혼내는 건 괜찮지만 화내는 것은 정말 싫다는 것 같았다. 학교 선생님은 아이를 어떻게 혼낼까 하는 생각을 하다 보니 답을 찾을 수 있었다.

문제는 무엇에 대해 감정을 표출하는가 하는 차이였다. 꾸짖거나 벌을 줄 때는 보통 잘못한 행동이 표적이 된다. 반면 화를 낼 때는 잘못된 행동과 더불어 상대에 대한 감정을 쏟아낸다.

예를 들어, 학교는 규칙에 의해서 움직이기 때문에 아이들이 혼나는 상황은 대체로 정해져 있다. 규칙을 지키지 않으면 어떻게 되는지도 암묵적으로 합의되어 있다. 따라서 선생님은 규칙에 따라 아이를 벌주게 된다. 혼나는 아이는 자기가 왜 그런 벌을 받는지 알고 있으며, 선생님이 자신에게 화냈다고 받아들이지는 않는다.

하지만 엄마는 다르다. 숙제를 안 했을 경우 선생님은 그 행동만을 꾸짖지만, 엄마는 더불어 아이에 대한 감정까지 쏟아내는 것이다.

중요한 건 잘못한 행동 때문에 아이를 꾸짖더라도 여기에 '화'가 섞이게 되면 문제가 달라진다는 것이다. '화'라는 감정은 공격받았을 때 나타나는 반응이기 때문에 일단 화가 나면 상대는 무조건 적으로 간주된다. 그래서 학습지 몇 장을 안 했을 뿐인데, 게임을 몇 분 더했을 뿐인데도 세상에 더 없는 원수를 만난 것처럼 화를 쏟게 된다.

혼내는 것
"저녁 먹기 전까지 숙제하기로 했잖아. 정한 것은 지켜야지! 네가 숙제를 제대로 안 했으니까 오늘 저녁에 게임은 할 수 없어."

화내는 것
"왜 숙제 안 했어? 공부하기 싫어? 엄마 속 썩이려고 일부러 안 한 거야? 너 때문에 엄마가 얼마나 힘든지 알아? 도대체 네가 잘하는 게 뭐 있어? 내가 너 같은 걸 왜 낳아서 이 고생인지 모르겠다."

이처럼 '화'는 상대의 심장을 향해 직진으로 날아가는 화살이라 관계를 상하게 하고, 치유하기 어려운 상처를 남긴다. 화살을 쏜 사람은 화에 못 이겨 생각 없이 한 것이라고 하지만, 당하는 사람에게는 비수가 되어 뽑아내도 흉터가 남는 그런 경험이 되는 것이다.

이런 일을 겪은 뒤 나는 화가 났을 때 어떤 말을 할지 훨씬 조심하게 되었다. 화를 내지 않는 건 가능하지 않은 일이었기 때문에 화가 났을 때는 입을 다물려고 노력했다.

그러던 어느 날, 희원이가 운동을 한다고 밤 아홉 시쯤 나가 열한 시가 넘어 들어온 일이 있었다. 분명 열 시 전에 오라고 했는데, 돌아오는 시간을 염두에 두지 않아 너무 멀리 갔단다.

아이를 보니 한편 안심이 되면서도 기다리는 동안의 마음 졸임이 좌절이었던 모양이다. 현관문을 들어서는 아이에게 나도 모르게 소리치기 시작했다. 하다 보니 말이 길어졌고, 말하다 지칠 무렵에야 아이에게 너무 화를 냈다는 생각이 들었다. 상황을 어떻게 마무리해야 할지 난감하던 순간 기발한 생각이 떠올랐다.

"왜 이렇게 말을 안 듣고 엄마 속상하게 해? 너는 네가 이 집에서 아무것도 아닌 사람인 줄 알아? 엄마, 아빠가 너 안 들어와도 아무렇지도 않을 것 같아?"

시무룩한 표정으로 고개를 숙이고 있던 희원이의 입꼬리가 살짝 올라갔다. 됐다!! 야단은 맞았지만 기분이 좋았는지 희원이는 싹싹한 말투로 말했다.

"엄마, 죄송해요. 다시는 안 그럴게요."

훈육할 때 화를 자제해야 하는 건 부모가 아이에게 전하려고 하는 메시지의 의미를 왜곡하기 때문이다. '애가 어디 가서 또 무슨 일 당한 거 아니야? 나쁜 일을 당했으면 어떡하지?' 하는 부모의 염려를 '너 같은 애는 어디서 한번 혼나봐야 해! 그래야 정신을 차리지!'라는 위협으로 둔갑시킨다. 게다가 화가 난 상태에서 아이를 대하면 대할수록 오히려 역효과가 난다.

그러니 화를 자제하기 위해서는 부모가 좋은 기분을 유지할 수 있도록 노력해야 한다. 그래야 아이의 행동이 나에 대한 공격이나 좌절로 느껴지지 않는다. 식사를 준비하는 데 너무 많은 노력을 기울인다면 이로 인한 피로가 좌절 내구력을 떨어뜨린다. 장난감 값이 비쌀수록 아이가 장난감을 망가뜨렸을 때 좌절은 커진다. 남 보기 좋은 비싼 옷도, 생활비를 아껴서 산 전집도 아이를 위해서 했다지만, 그럴수록 부모의 좌절 내구력은 약해져 아이에게 분노를 뿜게 하는 원인이 된다.

규칙을 정한 뒤 이를 어기면 간단한 말로 지적하고, 그 자리에서 행동을 고치도록 하는 것, 이것이 훈육이다. 그렇지만 여기에 분노가 섞이면 훈육은 공격으로 돌변한다. 공격으로 둔갑한 훈육은 부모 자녀 관계를 상하게 할 뿐 어떤 가르침도 줄 수 없다는 것을 기억하자.

정이십면체의 사랑

요즘은 한 집 건너 한 집이 맞벌이 가정이다. 작년에 초등학생을 대상으로 연구를 한 적이 있는데, 엄마가 일한다고 응답한 아이들이 51퍼센트로 나왔다. 이 결과를 거꾸로 해석하면 두 아이 중 하나는 일하는 엄마와 살고 있고, 엄마의 직장 생활을 빼놓고는 육아를 논할 수 없다는 것을 의미한다.

아이의 주 양육자이며, 육아의 대부분을 책임지는 엄마가 직장에 다니는지 그렇지 않은지 여부는 아이의 삶에 큰 영향을 미친다. 그래서 일하는 엄마들은 끊임없이 고민한다. 어떻게 해야 육아와 사회생활의 균형을 맞출 수 있을까, 아이가 느끼는 엄마의 빈자리를 어떻게 해야 줄일 수 있을까, 나는 이기적인 엄마일까, 직장을 그만두는 게 좋을까,

그만둔다면 언제가 좋을까…….

나는 희원이를 낳고 6개월 만에 직장에 나가기 시작했다. 당시 나는 박사과정을 밟는 중이었다. 어차피 다시 일을 하려고 생각하던 참이라 갈 만한 직장이 생겼다는 말을 듣고 바로 출근하기 시작했다.

그때부터 육아라는 전쟁이 시작되었고, 그 시작은 아이를 누구에게 맡길 것인지를 결정하는 일이었다. 친정어머니가 봐주신다고 했으나 희원이를 낳기 얼마 전 허리를 다쳐 여의치 않았다. 아이가 어릴수록 어른과의 일대일 관계가 중요함을 알기에 보육 기관에 보낼 수도 없었다.

나는 아이들을 키우면서 고민이 생길 때마다 내가 공부한 심리학적 지식에 많이 의존했다. 심리학자라는 직업은 나에게 사회적 지위와 경제 능력을 주었지만, 가장 감사하게 느끼는 젓은 아이를 키울 때 든든한 지원자가 되어주었다는 것이다.

심리학에 따르면 유아기에 가장 중요한 과제는 애착 형성이며, 애착은 주 양육자와 함께 하는 일과에 기반을 둔다. 즉 희원이와 애착을 잘 형성하기 위해서는 가능한 늦게 나가 일찍 들어와야 하고, 애가 잘 때는 함께 자고, 깨어 있을 때는 함께 깨어 있어야 한다는 것이다.

그러기 위해 근무시간을 조절하면 가장 좋겠지만 한계가 있는 일이었다. 하는 수 없이 나와 희원이의 이동 거리를 줄이는 데 집중했다. 그런 면에서는 내가 출근하기 전에 희원이를 어린이집에 데려다주고, 퇴근

후에 다시 데리고 오는 것보다는 돌봐주는 사람이 집에 오는 게 더 나은 방법이었다. 희원이 입장에서도 엄마가 나갔을 때 생활공간과 양육자가 모두 바뀌는 것보다 사람만 바뀌는 게 덜 혼란스러울 듯했다.

그때 찾은 사람이 '베개 할머니'였다. '베개 할머니'란 아이를 돌봐주다가 그만둘 때 아이에게 베개를 선물해 붙인 이름이다. 할머니는 나와 같은 아파트 단지에서 미혼인 아들과 함께 살고 있어, 내 출근 시간에 맞춰 우리 집에 왔다가 퇴근 시간에 돌아가는 게 가능했다.

맞벌이 엄마에게 제일 먼저 주어지는 숙제는 낮 시간에 아이를 돌봐줄 사람을 찾는 일이다. 운이 좋으면 두 할머니 중 한 분이 이 일을 맡아주기도 한다. 하지만 그렇지 않을 경우 보육 기관이나 대리 양육자를 찾아야 하는데 그 과정이 쉽지 않다. 할머니가 봐준다고 해도 부모와 아이 사이에서 균형을 유지하고 관계를 원만하게 이끌어가야 하는 과제 또한 만만치 않다.

운 좋게 '베개 할머니'를 만나기는 했지만 할머니의 존재가 일상의 고단함까지 줄여주는 건 아니었다. 퇴근 시간이 되기 무섭게 부랴부랴 집에 돌아와야 했고, 어쩌다 회식이라도 있으면 안절부절 밤 시간에 애를 봐줄 사람을 구해야 했다. 가끔씩은 늦게까지 '베개 할머니'가 애를 봐주었다. 하지만 아들 때문에 자주 그럴 수는 없었고, 친정에 맡기는 경우가 많았지만 눈치가 보여 편치 않았다. 그러다 보니 이런 일이 있을 때마다 역할을 나눠주지 않는 남편과 다투기 일쑤였고, 다툼이 양육의 고단함을 가중시키는 악순환을 반복했다.

당시 나는 왕복 70킬로미터의 거리를 운전하고 다녔는데, 퇴근 무렵이면 서하남 인터체인지 부근이 막혀 20~30분씩 소요하곤 했다. 그게 얼마나 스트레스가 됐던지 급기야 경기도 경찰청 홈페이지에 상습적인 교통 정체를 해결해달라는 민원을 올리기도 했다. 몇 년 뒤 병원에서 가까운 곳으로 이사하면서 퇴근 시간 문제는 해결됐지만, 당시에는 차를 버리고 뛰어가고 싶을 만큼 다급했던 적이 한두 번이 아니었다.

이런 일들은 고스란히 내 스트레스가 되었고, 풀 곳 없는 스트레스는 다시 희원이를 키우는 데 영향을 미치곤 했다.

희원이가 여섯 살 때 일이었다. 유치원 선생님이 전화를 해서 희원이가 소변을 지려 옷을 갈아입혀 보냈으니 놀라지 말라고 했다. 여섯 살이나 된 아이가 안 하던 행동을 보였다고 하자 당혹스럽기도 했고, 무슨 일이 있나 걱정이 되기도 했다.

다시 심리학의 지식이 나에게 지침이 되었다. 정상적으로 커가던 아이가 퇴행의 징조를 보이는 건 스트레스 반응일 가능성이 높았다.

그 무렵 나는 박사과정을 마치고 논문을 준비하고 있었다. 박사 논문을 쓴다는 것은 등에 잔뜩 짐을 진 상태에서 다시 쌀 한 가마니를 어깨에 얹는 것처럼 몹시 버거운 일이었다. 희원이 때문에 저녁 일곱 시까지는 들어와야 했기 때문에 새벽 네 시에 출근해서 논문 준비를 하는 일이 비일비재했다. 유치원에서 전화를 받은 날로부터 시간을 되짚어보니, 그 무렵 집에 늦게 들어온 횟수가 부쩍 늘어났던 것을 알게 되었다. 원래도 바쁜 엄마가 더 바빠지면서 아이가 스트레스를 받은 것이 분명했다.

이렇게 결론이 나자 나는 수첩을 꺼내 일정을 조정하기 시작했다. 집에 일찍 오기 위해 예정된 실험을 미루었고, 연구의 진행 속도도 늦췄다. 이런 일이 반복되면서 예상보다 1년 정도 졸업이 늦어졌지만, 그렇게 조치를 취하지 않았다면 희원이가 잘 클 수 있었을까 싶은 생각이 든다.

이후로도 희원이는 소변을 지리는 것으로 스트레스를 표현했고, 이미 그 행동의 의미를 파악한 나는 바로 상황을 알아보고, 최선을 다해 내 일을 조정하곤 했다.

아이들은 어른과 달라 무슨 일이 힘든지, 얼마나 힘든지 말로 표현하지 못한다. 표현하지 못한다기보다 알지 못한다는 것이 더 정확할 것이다. 아이들의 스트레스는 주로 감정 상태나 행동의 변화로 나타난다. 갑자기 떼가 심하게 늘어난다거나, 잠을 잘 못 잔다거나, 대소변 가리기를 못 하는 것은 혼나야 하는 행동이 아니라 스트레스의 징후가 아닌지 세심하게 살펴야 하는 행동이다. 아이의 마음을 모르다 보니 엄마들은 화를 내고 혼을 내는데, 말 못하는 아이로서는 여간 억울한 일이 아닐 수 없다.

희원이가 일곱 살 때 둘째인 희준이가 태어났다. 희준이는 희원이에 비해 기질이 유순해 손이 덜 가는 아이였다. 두 아이의 나이 차이도 많아 육아의 부담이 크게 늘어나지도 않았다. 그렇지만 아이들이 크면서 챙겨야 할 일이 늘어나는 건 피할 수 없었고, 대부분은 내 몫이었다.

남편은 자기 옷도 잘 안 사는 사람이다. 그래서 아이들 옷과 내 옷, 때로는 남편 옷까지도 내가 챙겨야 했다. 계절 별로 입을 만한 게 있는지, 윗도리, 아랫도리, 양말은 충분한지, 속옷이 해지거나 작아지지 않았는지……. 희원이가 크면서는 생리대까지 2인분을 챙겨야 했다.

요즘은 그나마 인터넷 쇼핑몰이 있어서 다행이지만 전에는 뭐든 발로 뛰어야만 살 수 있었고, 가까운 데서 살 수 없는 건 멀리까지 달려가야 했다. 그때 고생했던 기억 때문에 물건을 살 때면 썩지 않는 건 뭐든지 잔뜩 사두는 버릇이 생겼다. 있는 줄도 모르고 사고 또 사는 경우도 많아 어떤 때는 베란다 창고의 반이 화장지로 채워지기도 했다. 쌓아놓은 치약이 서른 개를 넘은 적도 있었다.

생필품 외에도 사다 날라야 하는 건 많았다. 그중에서 타협의 여지가 전혀 없는 건 학교에서 가져오라는 준비물이었다. 희원이가 초등학교에 입학한 뒤 첫 준비물에 대한 기억은 아직도 생생하다. 흰색 바둑알 열 개, 검은색 바둑알 열 개에 모두 이름을 써서 가져오라는 것이 학부모가 된 나에게 떨어진 첫 미션이었다. 우리 집에는 바둑을 두는 사람이 없어 당연히 바둑알이 없었다. 어디서 바둑알을 구해 와야 하나 난 감했다. 시아버지가 바둑을 좋아하시니 한 시간 거리의 시댁에 갔다 올까 아니면 눈 딱 감고 한 세트씩 살까 고심하는데 해답은 엉뚱한 곳에 있었다. 학교 앞 문구점에서 흰색 검은색 바둑알을 열 개씩 포장해 팔고 있었던 것이다. 그 답을 찾기까지 무려 이틀이 걸린 것을 제외하면 나쁘지 않은 시작이었다.

다음은 한 알 한 알마다 이름을 쓰는 미션을 수행할 차례였다. 누군가 작은 스티커 종이에 이름을 써서 붙이면 된다고 알려줬지만, 그 정교한 작업을 해낼 자신이 없었고 사실 귀찮기도 했다. 가장 간단하고 쉬운 방법이 뭘까 고심한 끝에 나는 흰색 바둑알에는 검은색 사인펜으로, 검은색 바둑알에는 흰색 수정액으로 '신희원'의 영문 이름 첫 자인 'S'를 써서 보냈다. 선생님이 보고 무성의하다고 눈살을 찌푸렸을지 모르지만 그 분이 일하는 엄마였다면 충분히 이해해주었을 것이라고 생각한다.

일하는 엄마가 엄마 노릇을 잘 하려면 반드시 내려놓아야 할 것이 있다. 직장도, 육아도 모두 완벽하게 하려는 욕심이다. 보통은 내가 일을 하니까 우리 아이한테는 일하는 엄마가 키워 티가 난다는 말을 듣지 않게 하려고 더 잘 하려고 하는 경향이 있다. 그런데 문제는 잘 하려고 하면 할수록 스트레스가 커지고, 엄마의 스트레스는 아이를 대하는 태도에 엄청난 영향을 미치게 된다는 것이다.

깔끔한 옷에 잘 정돈된 머리 스타일을 유지하느라 매일같이 아이를 혼내고 악을 쓴다면 차라리 덜 깔끔하게 보내는 게 낫다. 단정한 글씨로 숙제를 해 보내려고 쓰고 지우고, 쓰고 지우고를 반복하게 하느니 삐뚤어진 글씨라도 빨리 완성하고, 엄마와 뒹굴고 노는 게 아이를 위해서는 훨씬 도움이 된다.

육아를 완벽하게 하려는 욕심은 엄마 자신을 위한 것이지 아이를 위한 것이 결코 아니다.

하는 일이 많으면 많을수록 나는 내 스트레스를 줄이려고 애썼다. 또 대충 챙겨 보내는 것에 대한 죄책감을 접으려고 노력했다. 그럼에도 아이들이 커가면서 내가 해야 할 일은 기하급수적으로 늘어났다. 애들이 크는 만큼 난이도가 높아진 것이다.

사다 달라는 물건이 다양해졌을 뿐 아니라 내가 학교 다니던 때와는 많이 달라진 문화에 적응해야 가능한 일이 많아졌다. 자연히 실수가 잦았고, 이를 만회하려면 몸이 그만큼 힘들거나 돈이 더 들어가곤 했다.

먹고 자는 시간도 부족했던 고3 시절의 희원이를 위해 레깅스 한 켤레를 사러 갔다가 결국 세 켤레를 사온 것도 그런 일 중 하나였다. 검은색 스타킹이라고는 국제 스타킹밖에 모르던 나에게는 레깅스라는 말 자체도 생소했지만, 막상 마트에 걸려있는 레깅스의 종류를 보는 순간 경악하지 않을 수 없었다. 모두 고만고만한 모양에 비슷한 색깔이었는데, 이름은 다 달랐던 것이다. 내가 생각한 스타킹뿐 아니라 레깅스, 타이즈, 스키니 같이 다 다른 이름이 붙어 있었다. 그 분류도 까다롭기 그지없었다. 유발, 무발, 고리와 같이 형태와 관련된 분류가 있었고 검은색, 회색, 차콜, 재색 등 색깔에 관련된 분류가 또 있었다. 아무리 생각해도 무발과 유발의 뜻을 알 수 없어 직원에게 물어보니 발 부분이 있는 것과 없는 것을 의미하는 것이란다.

희원이가 원하는 것은 차콜색의 무발 레깅스였다. 둘둘 말아놓은 것을 얼핏 보면 다 검정색인데 자세히 보면 검정색, 짙은 회색, 잿빛 등 색깔 이름이 모두 달랐다. 문제는 거기에 차콜이라는 이름이 없다는 것이었다. 퇴근하고 집에 들어왔다 부랴부랴 마트에 가랴, 주문한 물건을 고르랴 지칠 대로 지친 나는 결국 이성을 잃고 검은색을 제외한 나머지 색을 세 켤레나 사들고 왔다.

아이들이 어리면 어린 대로, 성장하면 하는 대로 종류만 다를 뿐 육아의 짐은 덜어지지 않는다. 그런데도 우리는 왜 최선을 다해야 하는가? 언젠가 내가 육아 카페에 올렸던 글을 보니 그 당시에 나는 이렇게 해답을 찾았던 것 같다.

어젯밤 딸내미 숙제로 새벽 한 시까지 정사면체, 정팔면체, 정십이면체, 정이십면체를 만들었습니다. 손재주가 유난히 없는 나로서는 인간 승리라고 할 만한 노력 끝에 이룬 성과였습니다. 숙제가 끝난 뒤 나는 딸내미를 불러 비장한 어조로 말했습니다.

"희원아! 엄마가 너를 위해 정이십면체를 만들어줬다는 걸 오래오래 기억해! 삶의 고비에서 힘들 때마다 '참, 우리 엄마가 옛날에 내 숙제로 정이십면체 만들어줬지.' 하고 말이야."

"언제 말이야?"

"음, 그러니까…… 예를 들면 담배를 피우고 싶다든지, 학원을 땡땡이치고 싶다든지 그럴 때 꼭 이 정이십면체를 기억해. 엄마 숙제였다면 엄마는 그냥 손바닥 맞고 말았을 거야. 알았지?"

정말 몸을 불사르는 자식 사랑 아닌가요?

— 2008년, 희원이의 여름방학 숙제를 도와주면서

나 결혼 못하면 어떡해?

여자아이였던 희원이가 이제 스무 살 여자가 됐다. 희원이는 나와 같은 여자라서 부딪치는 부분도 많고, 공유하는 부분들이 많다.

딸이 크면 보통 옷이나 가방을 함께 쓴다는데, 우리 모녀는 취향이 너무 달라 같이 쓰는 물건은 거의 없다. 희원이 옷은 대부분 검은색이거나 회색이다. 온몸을 감쌀 정도로 큰 옷을 좋아해서 티셔츠를 살 때도 남자 사이즈로 산다. 신발도 운동화나 단화만 신고, 색조 화장은 거의 하지 않는다. 간단하게 말하면 여고생 패션에서 크게 벗어나지 않는다.

어떤 옷을 입건 나는 희원이의 옷차림에 대해 별다른 지적을 하지 않는다. 어려서부터 제 고집대로만 옷을 입었던 터라 말해봤자 소용없다는 것을 이미 오래 전에 터득했고, 내 자식이라고 해서 내 마음에 들게 옷을 입어야 한다는 생각은 하지 않기 때문이다.

돌이켜보면 나 역시 그 나이 때는 무채색의 옷만 골랐고, 정장보다는 스웨터를 즐겨 입었으며, 치마는 몇 개 가지고 있지도 않았다. 사회생활을 시작할 때까지도 이런 차림새는 변하지 않았고, 친정엄마는 그런 나를 못마땅해 했다. 옷을 제대로 입지 않고 '스웨터 쪼가리'나 걸치고 다닌다는 것이었다. 내 취향을 존중해주면 좋을 텐데, 친정엄마는 자신의 잣대로 나를 판단하곤 했다.

이런 엄마의 태도는 내 양육 태도에 영향을 미쳤다. 과거 엄마에게 들었을 때 싫었던 말은 아이에게도 잘 하지 않게 되었다. 그 말을 입 밖에 내는 순간 당시 내 기분이 떠오르면서 아이 역시 그럴 텐데 하는 마음이 들어서이다.

희원이의 옷에 대해 내가 입을 여는 것은 가격에 관한 것이 전부이다. 희원이 옷은 대부분 내가 사주는 만큼 액수의 한계를 정하는 것은 나의 권리이자 의무라 생각하기 때문이다. 입을 만한 옷이 있는데도 사달라고 하거나 내 기준으로 너무 비싸다고 생각되면 그때는 분명하게 내 의견을 전한다.

옷차림에 대한 지적은 오히려 내가 받는다. 출근할 때 전날 입었던 옷을 그대로 입으면 잔소리를 들어야 한다.

"엄마, 이거 어제 입었던 거잖아?"

"응."

"그럼 다른 걸로 갈아입어야지. 똑같은 걸 또 입으면 어떻게 해?"

"왜?"

"기본 매너지."

"괜찮아. 사람들은 엄마가 어제 뭘 입었는지 몰라."

"어휴 참, 엄마는~."

"너 자꾸 잔소리하면 엄마 속옷만 입고 출근한다."

희원이가 포기할 때도 있고, 가끔은 엄마 말을 잘 듣는 아이처럼 순순히 옷을 갈아입기도 한다. 내가 왜 딸에게 옷차림에 대해 잔소리를 들어야 하나 생각하면 기분 나쁜 일일 수도 있지만, 엄마 옷차림에 대해 잔소리하는 아이가 재미있어 이런 실랑이를 즐기는 편이다. 엄마와 딸의 역할이 바뀌는 이런 순간 나는 희원이가 딸이면서 친구처럼 느껴져 기분이 좋다.

제한된 금액 내에서는 취향을 존중한다는 원칙을 갖고 있긴 하지만 모든 상황이 명쾌한 것은 아니다. 그중 하나가 머리 염색이다.

"엄마, 나 염색해도 돼?"

"휴~."

"왜 한숨 쉬는데?"

"적응이 안 돼서 그래. 네 머리카락 길이와 웨이브 정도는 감당해줄 수 있는데 왜 색깔까지 책임져야 하는지 모르겠다고!"

말 그대로다. 여자아이니까 당연히 미용실에 가서 머리를 자르기도 하고, 파마를 할 수도 있다고 생각한다. 그런데 왜 때마다 염색을 해서 머리 색깔을 바꾸는지, 더 정확하게 말하면 내가 왜 그 돈을 써야 하는지 이해하기 어렵다는 것이다.

이런 실랑이는 요즘 시작된 게 아니다. 고등학교 3학년 여름방학이 되면서 희원이가 처음 파마와 염색을 하고 싶다고 말했을 때, 나는 파마는 괜찮지만 염색은 안 된다고 하였다.

"왜 안 되는데?"

"염색을 왜 하려고 해? 값도 비싼데."

"하고 싶으니까."

"왜 하고 싶으냐고?"

"그냥 하고 싶은 거지 왜가 어디 있어? 다른 애들도 다 한단 말이야."

처음에는 거짓말이라고 생각했다. 내가 알고 있는 염색은 나이가 들어 흰머리가 많아지면 이것을 가리기 위해 하는 것이었다. 그런데 흰머리라고는 한 올도 없는 나이에 많은 사람들이 염색을 한다니 믿을 수 없었다. 진실은 곧 가려졌다. 간호사, 대학원생 등 주변에서 만날 수 있는 20대 여자들에게 물어보니 모두 희원이와 같은 말을 하는 게 아닌가. 젊은 사람들에게 머리카락 색깔은 옷처럼 바꿀 수 있는 개념으로 바뀐 지 오래였고, 나와 비슷한 연령대 사람들 중에서도 이미 개념을 바꾼 사람들이 많았다.

액수의 제한, 취향의 존중과 더불어 다수의 법칙 또한 내가 중시하는 기준이다. 세상이 빠르게 변하고 있기 때문에 내 기준으로 옳다 그르다를 정하지 않고, 다수가 하고 있으면 가급적 받아들인다는 원칙이다.

하지만 아무래도 염색은 받아들이기 힘들었다. 요즘도 염색 이야기가 나오면 희원이와 나 사이에는 긴장감이 감돈다. 가급적 해주지 않으려는 나와 어떻게 해서든 하고 싶은 희원이 사이에 설전이 오고 간다.

지금 생각해보면 염색에 대한 나의 거부감은 계속 자라는 머리카락의 특징 때문인 것 같다. 염색 말고도 내가 싫어하는 게 하나 더 있는데 그건 네일 아트이다. 거기에 쓰는 돈이 유독 아깝다거나 보기에 좋지 않다는 이유가 아니다. 계속 자라는 손톱의 특징 때문이다. 아무리 공들여 무늬를 그려도 며칠이면 손톱이 자라 모양이 망가지는데 당장 보기 좋다고 그 노력을 하는 게 마음에 들지 않는 것이다.

나는 의사 결정에서 실용성을 매우 중시한다. 아이들 문제에 대해서는 가급적 융통성을 발휘하려 하지만 조금만 자라면 다시 해야 하는 염색이나 네일 아트는 내 한계의 경계선에 있는 문제인 것 같다. 그나마 희원이가 멋 부리는 데 돈을 쓰는 편은 아니니 이 정도는 해주자고 마음먹지만 염색 이야기가 나올 때마다 마음은 편치 않다. 여자이기 때문에 기왕이면 예뻐지고 싶은 마음 하나만 보자 하면서 내 불편한 마음을 달랜다.

세상은 어차피 변하는 것인데 시간이 지나면 염색 정도는 양말 갈아 신는 정도가 되는 날이 올 수도 있다. 희원이가 엄마가 될 때쯤이면 금발의 가발이 유행할지도 모르지. 그럼 희원이도 가발을 사달라는 딸아이와 나처럼 실랑이를 벌이겠지. '엄마가 클 때는 기껏해야 염색이 전부였는데, 그것도 외할머니가 안 된다고 그래서 얼마나 졸라서 했는데 뭐? 가발을 사달라고?' 이렇게 소리치는 희원이를 상상하면 조금 더 너 그러워진다.

희원이가 커가면서 여자로서의 은밀한 사생활도 많이 공유하게 되었다. 희원이 초등학교 6학년 때 일이다. 학교에서 돌아온 아이가 가방에서 뭔가를 꺼냈다.
"엄마, 이거 줄게."
"뭔데?"
"생리대. 학교에서 준 건데, 아직 나는 필요 없으니까 엄마 줄게."
아직 어리다고 생각했는데 아무렇지도 않게 '생리'라는 말을 입에 담는 아이가 생소했다. 생리대까지 얻어 쓰다니 더욱 당황스러웠다. 생각해보면 희원이가 크면 어른이 된다고만 생각했지, 여자가 된다고까지는 생각해보지 않았던 것 같다.

엄마는 딸의 미래에서 자신의 과거를 본다. 같은 여자이기 때문에 여자로 살면서 내가 겪은 애환을 딸도 역시 겪을 것이라 예상하는 것이다.
다행스럽게 우리 부모님은 딸과 아들을 차별하지 않으셨다. 사회생활을 시작했던 시기에는 지금보다 훨씬 심한 성 차별에, 불이익을 겪은 적도 있었다. 하지만 그나마 여자가 많고, 차별이 덜한 조직에 들어오면서 그렇게까지 심각한 갈등을 겪은 적은 없었다.

여자이기 때문에 차별을 겪을 수도 있다는 것은 사회생활이 아닌 결혼을 통해 알게 되었다. 신혼여행에서 돌아온 날, 시아버지는 나를 앉혀놓고 '지금부터 내가 네 아버지고, 너희 아버지는 친정아버지라고 불러야 하다.'고 말씀하셨다. 희원이와 일곱 달 차이로 태어난 남자 조카의 돌잔치는 손수 챙기셨지만, 희원이 돌 때는 아무 말씀도 없었다. 제사 때에도 여자들은 허름한 옷차림으로 음식 장만만 할 뿐 제사에는 참석조차 할 수 없었다.

친정과는 너무 다른 분위기에 나는 분개했다. 항의의 뜻으로 제삿날 일부러 청바지를 입기도 하고, 남자들끼리 제사 지내는 방에 혼자 들어가 서있기도 했다. 지금 생각해보면 반항적인 막내며느리 때문에 시아버지도 난감하셨을 것 같다. 못 본 척 넘기셨지만 마음속으로는 '말세야. 요즘 젊은 것들은……' 하셨을지 모른다.

그나마 남편이 이런 행동에 대해 크게 개의치 않아 일이 더 커지지 않았지만, 이런 일을 겪으면서 나는 결혼을 잘 하는 게 여자에게 있어서 정말 중요하다는 생각을 하게 되었다. 그래서 희원이에게도 조심해야 할 남자의 유형에 대해서 생각날 때마다 일러주게 되었다.

2004년, 그러니까 희원이가 초등학교 4학년 때 〈파리의 연인〉이라는 드라마가 전국적으로 인기를 끌었다. 재벌 2세에 잘 생기고, 똑똑하고, 성격이 약간 까칠하지만 그마저 매력인 남자 주인공이 가난하고 볼 것 없는 여자 주인공을 사랑하게 된다는 내용이었다. 진부한 이야기 흐름에 뻔한 결말이지만 힘든 일상에 위로가 되었던지 많은 사람들이 열광하면서 보았다. 희원이 역시 그 드라마를 꼭 챙겨보곤 했는데, 그 상황을 엄마의 눈으로 바라보니 걱정이 이만저만이 아니었다. 아이가 백마 탄 왕자를 만나 팔자를 고친다는 전형적인 신데렐라 이야기를 보고 자라면 나중에 커서 그런 남자를 만나려 할 것이고, 그러다 보면 상대를 잘못 고를 수도 있다는 그야말로 고전적인 내용의 걱정이었다. 나는 뚫어져라 텔레비전을 보고 있는 희원이 옆으로 다가갔다.

"희원아, 저게 말이 되니?"

"뭐가?"

"잘 생기고, 똑똑하고, 돈 많은 남자가 무엇 때문에 가난하고 별 볼 일 없는 여자와 결혼하겠어? 저건 드라마에서나 있을 수 있는 일이지 현실에서는 불가능해."

"아우, 알았어. 그만 좀 해."

나는 굴하지 않고 그 드라마를 볼 때마다 아이 옆에서 같은 말을 읊조렸다. "괜찮은 남자하고 결혼하려면 자기가 먼저 괜찮은 여자가 돼야 해."라고 하거나 "돈 많고 잘 생긴 남자들은 대부분 성격이 안 좋을 거야. 부족한 게 없잖아." 또는 "저런 집에 시집가면 시어머니가 달달 볶아서 결국은 못 살게 될 거야." 등등.

결국 희원이가 드라마 보기를 중단했다. 엄마 말을 듣다 보니 저런 걸 왜 보고 있나 싶고, 허황되게만 느껴진다고 했다. 그래서 드라마 대신 당시 유행하던 모험 이야기 만화로 방향을 돌렸고, 이후로는 신데렐라

스토리의 영화나 드라마는 잘 보지 않았다. 교육 효과는 정말 컸다.

"엄마! 애들이 나보고 너무 현실적이래. 친구들하고 말하다 보면 나는 항상 현실적으로 그런 일이 일어날 확률이 없다고 말한대. 나보고 이 나이에 너무 환상이 없대. 이건 다 엄마 때문이야."

"엄마 때문에 환상이 없는 게 아니고, 엄마 때문에 현명해진 거지. 고맙게 생각해."

희원이가 대학에 갈 나이가 되자 나는 그 시절에 희원이뿐 아니라 나 역시 공상 속에서 살아 왔다는 것을 알게 되었다. 좀 더 살아보니 동화 속 왕자 같은 남자는 현실적으로 거의 없으며, 따라서 희원이가 그런 남자를 만날 확률과 내 가르침을 써먹을 일은 거의 없다는 점을 깨닫게 되었다. 희원이가 드라마 속 주인공에게 몰입하는 철없던 시기에 나 역시 비슷한 수준의 엄마였던 것이다.

이제 희원이가 고등학교를 졸업하고 대학생이 되면서 내 생각도 따라서 더 구체화되고 현실에 가까워졌다. 아이들이 결혼한다고 했을 때 그 배우자로서 내가 경계하는 사람은 지나치게 의존적이고 자율성이 부족한 사람, 힘들고 어려운 일을 참지 못하고 도망가는 사람, 즉 세상살이에 약한 사람이다. 어른이라면 그 나이에 걸맞는 책임감과 인내심이 있어야 한다. 특히 결혼 상대라면 반드시 갖추어야 하는 덕목이라고 생각한다. 희원이에게 일러주는 교육도 점차 구체적이 되어 갔다.

"희원아, 너 만일 남자 친구가 생겼는데 그 친구에게 차가 있으면 어떨 것 같아?"

"편하고 좋지 뭐."

"그럴 줄 알았어. 너 조심해야 해! 큰일 나."

"뭐가?"

"차가 있어서 타는 것까지는 괜찮은데 이걸 확인해야 해. 차는 누구 돈으로 샀는지, 기름 값은 무슨 돈으로 내는지, 세금은 누가 내는지."

"그걸 왜 알아야 하는데?"

"이런 것도 모르다니 걱정이다. 생각해봐. 그 부모가 차를 사주고, 기름 값, 세금 다 대주고 있다면 그 사람은 생각이 없는 거지. 부모 능력으로 편하게 살면서 하나라도 자기 힘으로 해결해보려는 생각을 안 한 거잖아. 그런 사람이 남편이 되면 얼마나 고생하는지 알아?"

"아~, 그렇구나! 알았어. 꼭 물어볼게."

이런 식의 대화는 조심해야 할 남자의 유형이 새로 파악될 때마다 계속된다.

"너 남자 친구 생기면 꼭 물어봐야 할 게 있어. 몇 살 때부터 손톱 발톱을 혼자 깎았냐고 물어보고, 버스나 지하철은 몇 살 때부터 혼자 탔는지도 물어봐."

"그건 왜?"

"요즘 엄마들이 너무 아이들을 과잉보호하는데 곁에서 보면 알 수가 없거든. 스스로 할 수 있는 걸 늦게까지 해줬다면 그런 집에 너를 시집보낼 수 없어."

"……."

"좀 시간이 걸려도 3년 정도는 한 직장에서 일하는 걸 보고 결혼하면 좋겠어. 요즘 직장에 적응 못 하는 사람들이 너무 많아."
"그러다 노처녀로 늙어죽으면 어떻게 해?"
"그래도 이혼하는 것보다 낫지 않을까?"
"……."

걱정거리가 한 가지 더 있다. 희원이는 정이 많고, 귀가 얇아 누군가에게 빠지면 절대 엄마 말을 들을 것 같지 않다는 것이다. 그래서 나는 희원이에게 미리 약속을 받아놓았다.

"엄마가 여태까지 너 키우면서 심하게 때리거나 학대한 적은 없지?"
"그건 그래. 그래서?"
"이건 네 인생에서 정말 중요한 거라 미리 경고하는데, 정말 안 되겠다 싶은 남자하고 결혼하겠다고 하면 그때는 너를 방 안에 가두고, 아무 데도 못 가게 묶어놓을 거야. 힘들어도 '엄마가 나를 사랑해서 그러는구나.' 하고 참아야 해. 알았지? 분명히 경고했다! 딴소리하지 마."
"엄마~, 나 지금 남자 친구도 없어!"

지금은 어이없다는 듯 대꾸하지만 나는 믿는다. 드라마 〈파리의 연인〉을 봤을 때처럼 반복해서 말하면 분명 효과가 있을 거라고.

아이가 크는 만큼
　　　　성장하는 엄마

방향을 잃은 배의 선장처럼 육아가 막막해졌을 때
내가 찾은 키워드는 '성장'이었다.
아이와 더불어 산다는 것은
아이를 성장시키면서 부모도 함께 성장하는 것이며,
그 속에서 행복을 찾아야 하는 것이었다.

중2 남자아이들의 우정

아들을 키우다 보니 여자아이와 남자아이의 성장은 질적으로 다르다는 생각이 든다. 스무 살이 넘어도 딸 희원이에게서는 예전 모습을 찾는 게 어렵지 않은데, 아들 희준이에게는 과거의 모습이 거의 없다.

어린 희준이는 얼굴이 하얗고 눈이 커서 누가 봐도 예쁜 아이였고, 바닥에 떨어진 음식은 절대 먹지 않는 고고한 아이였다. 그런데 지금은 밤 열두 시에 파닭을 시켜 먹고, 다음 날은 양념 치킨을 사 먹는 게걸스러운 식성에, 기타를 쳐야 한다며 꼬질꼬질한 손톱을 절대 깎지 않는 틴에이저(teenager)가 되었다. 이해하기 어려운 행동이 많아진 데 비해 속내를 드러내는 일은 적어서 아이가 무슨 생각을 하는지 알기도 어려워졌다. 말을 시키면 마지못해 몇 마디 하지만 결론적으로는 "그냥." 혹은 "귀찮아."가 대답의 전부였다.

이런 변화를 접하면서 처음에는 이런 행동이 여자인 엄마와는 공감대 형성이 어렵다고 느껴져서, 말하는 게 탐탁지 않아 그런 줄 알았다. 그런데 희준이와 주고받은 대화를 꼼꼼히 분석해보면 그게 아니었다. 주고받는 말이 많지 않은 건 엄마뿐 아니라 친구들과도 마찬가지였고, 말수가 적은 건 말하기 싫어서가 아니라 아무 생각이 없어서가 답이었던 것이다.

희준이가 중학교 1학년이 되고 처음 맞은 겨울방학 때의 일이다. 어느 날 희준이가 친구들과 놀이동산에 가겠다고 했다.

"엄마, 애들이 일요일에 ○○랜드 가자는데?"

"몇 명이나 가는데?"

"많아."

"입장권도 사고 점심도 먹어야 할 텐데, 돈은?"

"줘야지."

엄마로서 알아야 할 최소한의 정보마저 빠진 대답에 나는 답답했다. 회원이라면 2~3주 전부터 놀러가기로 했다는 말을 했을 것이다. 가도 되느냐부터 시작해서 돈은 얼마를 줄 거냐, 비상금은 안 줄 거냐, 뭘 타고 가는 게 좋으냐, 중간까지 데려다줄 수 있느냐 등등 수많은 질문으로 나를 피곤하게 했을 터였다. 친구들과도 수없이 통화하고, 약속을 수정하고, 의견을 나누다 다시 내 생각을 물어보는 일을 반복했을 것이다. 반면 희준이는 이틀 전에 불쑥 "놀러갈 건데 돈 좀."이라고 말하는 게 전부였다. 누구와 같이 갈 건지는 고사하고 어떻게 갈 건지, 가는 방법은 제대로 아는지 궁금한 건 많은데, 무슨 질문을 해도 희준이는 어깨를 으쓱할 뿐이었다. 심지어 자기가 쓸 돈이면서도 돈이 얼마나 필요한지를 묻자 "입장료하고 점심 값?"이라는 애매한 대답밖에는 들을 수 없었다. 입으로 건성건성 대답하면서 희준이의 눈은 연예인들이 괴성을 지르며 이리 뛰고 저리 뛰는 예능 프로그램에 고정되어 있었다.

놀러가기로 약속한 하루 전날, 저녁 일곱 시가 넘어가는데도 희준이는 별말이 없었다. 준비하는 기척도 전혀 없었고, 주고받는 통화도 없는 듯했다. '알아서 하겠지.' 하고 참았지만 저녁 여덟 시가 넘어가자 더는 참을 수가 없었다.

"놀러간다는 게 내일 아니야?"

"맞아."

빈둥하게 누워 예능 프로그램을 보며 낄낄대던 희준이는 고개도 돌리지 않고 대답했다.

"몇 시에 만나기로 했는데? 만나서 같이 갈 거야? 아니면 따로 가서 만나기로 한 거야?"

"몰라. 연락 못 받았어."

"누가 연락하기로 했는데?"

"…… 글쎄."

약속 장소와 시간도 모르고, 누구한테 물어봐야 할지도 모른다는 것이었다. 내일이 약속한 날인데 이러고 있으면 어떡하느냐고 닦달하자 희준이는 마지못해 친구와 통화를 했고, "내일 아침 아홉 시, 학교 앞 놀이터."라고 짧게 말하고는 다시 텔레비전 화면에 눈을 고정시켰다.

다음 날 아침, 약속 시간에서 30분이 채 남지 않은 시간까지도 희준이는 한밤중이었다. 간신히 깨웠지만 그러고도 서두르는 기색이 없었다. 답답한 마음에 소리쳐 부르니 희준이가 잠옷 바람으로 어슬렁거리며 나와 뜻밖의 말을 했다.

"애들이 안 간대."

"뭐라고? 왜?"

"추워서."

이유는 그게 다였다. 더욱 놀라운 것은 희준이의 반응이었다. 약속이 틀어진 것치고는 화가 나거나 당황한 표정이 아니었고, 그렇다고 실망한 것 같지도 않았다. 오히려 억지로 일어난 게 짜증났었는데 더 잘 수 있게 되어 좋아하는 것 같았다.

안 간다는 말만 남기고 희준이는 제 방에 들어가 두 시간을 더 잤다. 그리고 일어나서는 다른 때처럼 일요일을 보냈고, 놀이동산에 대해서는 더 이상 아무 말도 없었다. 정말 아무렇지도 않은 걸까 싶어 지켜봤지만 잊어버린 게 분명했다. 휴대폰이 조용한 것을 보면 희준이뿐 아니라 친구들도 마찬가지인 듯했다.

이 일은 나에게 적지 않은 충격을 주었다. 남자애들이라 여자와는 다르겠거니 했지만, 아무리 그렇다고 해도 남자아이들의 약속과 우정이라는 게 고작 이 정도인가 싶었다. 아니면 혹시 희준이가 이상한 아이라서 친구들도 비슷한 아이만 만나는 걸까? 의문에 의문이 꼬리를 물었지만 그날은 답을 찾지 못했다.

놀이동산 사건 이후에도 비슷한 일이 연달아 일어났다. 한번은 희준이가 유학을 가게 된 친구와 주말에 만나 함께 놀기로 약속했다는 날이었다. 그날은 아침 일찍 일어나기에 그래도 친구와 헤어지는 게 서운하긴 한가 보다 싶었는데, 막상 희준이는 텔레비전 앞에서 뒹굴 뿐 나갈 생각을 하지 않는 것 같았다.
"너 오늘 친구하고 놀기로 했다며?"
"응."
"그런데 왜 안 나가?"
"귀찮아."
"뭐가 귀찮은데?"
"어디에서 만나기로 했는지 몰라."
"전화해서 물어보면 되잖아."
"그게 귀찮다고."
기가 막혔다. 이 정도면 사회성에 문제가 있는 게 분명하다 싶었다. 이상한 일은 그게 다가 아니었다. 조금 있다 친구에게 전화가 오자 희준이가 언제 그랬냐 싶게 벌떡 일어나 나가려고 하는 것이었다. 귀찮아 안 간다고 하더니 갑자기 어디를 가느냐고 묻자, 약속 장소를 알았으니 이젠 나가야겠다고 했다. 어이가 없어 입을 딱 벌린 엄마를 뒤로 한 채 희준이는 신이 나서 뛰어 나갔다.

희준이는 친구와 통화도 거의 하지 않았다. 길에서부터 시작해 집에 도착할 때까지 계속 수다를 떨고, 집에 와서도 한참동안 휴대폰을 붙들고 사는 딸 희원이와는 아주 대조적이었다. 희준이는 초등학교 6학년 때 사준 휴대폰을 주로 검색과 게임용으로 쓰는 듯했다. 계속 진동음이 나는 걸 보면 메시지는 오는 것 같았다. 하지만 가끔 내가 확인해봐야 하지 않느냐고 하면 '반 톡'이라 안 봐도 된다며 메시지가 백 개 넘게 쌓일 때까지 보지 않았다. 친구에게 먼저 전화하는 경우도 없었고, 전화가 오는 것 같지도 않았다.

그러던 희준이가 몇 달 전부터 친구와 전화로 수다를 떨기 시작했다. 그래봤자 시답잖은 내용에 낄낄대는 게 다였지만 그래도 신기했다.

"웬일이야? 친구와 전화를 다 하고."

"아빠가 내 전화 해지한다고 해서."

"왜?"

"한 달에 전화 한 통도 안 한다고. 그럴 거면 휴대폰을 없앤다고 해서 일주일에 한 번은 의무적으로 하려고."

우정이 아니라 휴대폰을 유지하기 위해서 통화를 한다는 것이었다. 이 아이에게 친구란 어떤 존재일까? 학교에서 우연히 만나거나 심심함을 때우기 위해 함께 노는 일이 아니면 서로 궁금하지도 않은 사이, 단지 그게 다일까. 아무리 남자아이라도 그게 정상적인 우정의 모습인 것 같지는 않았다.

그리고 보면 희준이는 어렸을 때도 희원이와는 많이 달랐다. 친구들과 어울려 노는 것을 썩 좋아하지 않았고, 초등학교 3학년 때까지도 집에 데려오는 친구가 단 한 명뿐이었다. 5학년이 되면서 좀 더 자주 친구를 데려왔지만 친구라고 특별히 챙겨주거나 신경 쓰는 모습은 없었다. 반가운 마음에 피자라도 사줄 테니 같이 먹으라고 하면 돈이 아깝다며 나를 말리기도 했다. 친구라는 걸 우정을 교류하는 대상이 아니라 먹을 것을 사이에 둔 경쟁자로 보는 것 같았다.

반면 희원이는 지나치게 친구를 좋아했다. 초등학생 때부터 친구가 집에 오면 냉장고를 뒤져 먹을 것을 내줬고, 친구가 갈 때는 집 앞까지 바래다주곤 했다. 학부모 상담에 갔다가 담임선생님에게서 친구 때문에 공부를 소홀히 한다는 말을 들을 정도로 우정에 몰입했고, 만나는 친구도 많아 아직 내가 이름을 모르는 친구도 많다. 이런 희원이와 비교할 때 희준이의 대인 관계는 너무 협소하고 무심해 보였으며, 자기중심적이라는 생각마저 들었다.

한번은 희준이가 학교에 갔다가 새 시계를 차고 온 일이 있었다. 못 보던 시계라 웬 거냐고 묻자 친구가 준 것이라고 했다. 가짜 브랜드의 시계를 차고 있길래 놀렸더니 그 친구가 차고 있던 시계를 풀어 자기한테 주었다는 것이다.

희준이는 시계에 관심이 아주 많다. 시계 브랜드를 줄줄 외우고, 시계 별 특징과 장단점을 꿰고 있다. 당시 희준이는 지샥(gshock)이라는 브랜드의 시계를 차고 있었다. 그런데 친구가 같은 브랜드의 시계를 차고 오자 유심히 보다가 놀라운 사실을 발견한 것이다. 그 시계에는 'gshock'이 아니라 'gshook'이라고 쓰여 있었다. 희준이는 배를 잡고 웃기 시작했고, 이 사실을 듣고 친구들도 같이 배를 잡고 굴렀다고 했다.

"하하하. 지슉(gshook)이래, 지슉! 진짜 웃긴다, 하하하하!"

그 바람에 기분이 상한 친구는 그 자리에서 시계를 풀었고, 너나 가지라며 희준이에게 주었다는 것이다.

그 이야기를 들은 나는 마음이 불편했다. 좋은 시계로 알고 있다가 놀림을 받은 아이는 얼마나 마음 상했을까 싶었고, 배려가 부족한 희준이가 앞으로 학교생활을 잘할까 걱정스러웠다. 내 마음을 아는지 모르는지 나에게 시계 이야기를 해주며 희준이는 여전히 낄낄거렸다.

"남자들은 원래 그래요. 만나자고 하면 '그래!' 하지만 누군가 나서서 시간, 장소 정하고 연락을 하지 않으면 대부분 흐지부지돼요."

"술 한잔 하자는 말이 꼭 만나자는 약속은 아니지. 그냥 반갑다는 표현이고 예의지 뭐. 꼭 만나야 맛인가?"

"아무리 놀려도 마음 상하지 않는 게 친구 사이 아닌가요? '너 아직 죽지도 않았냐' 하면 '넌 안 죽을 줄 아냐' 하고 받아치는 게 보통이죠."

희준이를 걱정하며 주변의 남자들에게 자문을 구했을 때, 그들이 들려준 이야기는 이랬다. 남자들은 같이 어울려 놀 수 있고 친하다고 생각하면 그게 친구라는 것이다. 마음 상하는 일이 생겨도 대부분은 속에 담아두지 않으며, 결정적인 일이 없는 한 우정은 지속된다고 했다.

그 애길 듣고 보니 몇 가지 일들이 생각났다. 희준이는 평소 외모에 관심이 없었는데, 한번은 머리를 자르고 난 뒤 유난히 불평을 했다. 초보 미용사가 했는지 앞머리를 쥐 뜯어 먹은 것 같은 모양으로 만들어 놓았던 것이다. 다음 날, 학교에 다녀온 희준이는 자기 머리 모양을 보고 친구들이 배를 잡고 웃었다고 했다. 자기들끼리 이야기를 하다가도 희준이만 보면 웃어댔다는 것이다. 놀리려고 그러는 게 아니라 머리 모양이 너무 우스워서 참을 수 없다고 했단다.

나는 아이가 속상할까 봐 그러면 다시 머리를 자르자고 했다. 하지만 희준이는 그건 아니라고 했다. 신경이 쓰이기는 하지만 그렇다고 창피하거나 화가 나는 건 아닌 듯했다. 자기도 머리 모양이 우습다는 걸 인정했고, 애늘이 웃을 수밖에 없다는 것도 받아들이는 듯했다. 그렇게 친구들에게 웃음을 선사하더니 희준이는 곧 '앞머리 사건'을 잊어버렸다. 그리고 한 달이 지나자 언제 그랬냐는 듯 다시 그 미용실에 가서 머리를 잘랐다.

이런 일들을 겪으면서 나는 중2 남자아이들에 대해 많은 것을 알게 되었다. 그들의 우정에 대해 정리하면 다음과 같다.

- 만나서 같이 놀기로 했더라도 날씨가 춥거나 더우면 약속을 지킬

수 없다. 특히 하고 있던 게임이 끝나지 않았다고 하면 모든 게 용서된다.
- 남자아이들의 약속은 누군가가 나서서 시간과 장소를 정하고, 연락을 돌려야 기본 요건이 충족되며, 약속 당일에도 마음이 내켜야 성립 가능하다.
- 약속을 했다 하더라도 누군가 늦게 오거나 먼저 가는 것에 신경 쓰지 않는다. 어차피 노는 데 빠지는 사람만 손해니까. 음식도 누가 돈을 냈건 먼저 먹는 사람이 임자다.
- 친구를 보고 웃거나 놀리는 건 〈개그콘서트〉를 보고 웃는 것과 똑같다.
- 남자아이들의 우정은 돌과 같아 웬만한 일에는 흠집이 나지 않는다.

내가 희준이의 대인 관계에 관심을 갖는 데는 이유가 있다. 나 역시 그 관계 안에 포함되기 때문이다.

아들이 사춘기가 되면 많은 엄마들이 당황스러워한다. 갑자기 딴 사람이 된 것처럼 말이 안 통하고, 부모 말을 듣지도 않고, 스스로에 대해 설명도 하지 않기 때문이다. 이런 아들을 이해하지 못하면 엄마는 돌변한 아이가 낯설고, 서운하다 못해 아이에게 무시당하는 느낌까지 받을 수 있다. 또 이런 변화를 단순히 아이가 부모를 멀리하는 것으로 받아들이면 대화가 더욱 어려워진다.

이 시기의 남자아이들은 단순히 키만 크는 게 아니라 몸과 마음이 질적으로 변화한다. 부모와의 관계뿐 아니라 대인 관계 전반이 대범해지고 무심해진다. 따라서 엄마는 십 대 남자아이들이 이 시기에 보이는 이러한 특성을 이해하고 받아들여야 한다. 그래야 비로소 소통이 가능해진다.

희준이의 친구 관계, 우정의 특징을 이해하면서 나는 그것을 부모와 아이 관계 버전으로 바꿔보았다. 아마 이렇게 될 것이다.

- 아침 일찍 일어나기로 했다거나 학원 숙제를 꼭 해가기로 약속했다고 해도 졸리거나 귀찮으면 약속을 지키는 건 불가능하다. 특히 공부하겠다는 말은 약속이 아니고, 엄마의 잔소리를 피하기 위한 무조건 반응이다.
- 남자아이와의 대화는 번서 말을 설어야 가능하며, 대화가 계속 이어질 가능성은 10퍼센트 미만이다. 먼저 말을 걸어도 아이 머릿속에 게임이나 치킨이 이미 자리를 차지하고 있으면 엄마의 말은 입력되지 않는다.
- 남자아이들은 엄마가 집에 있거나 나가거나, 아프거나 건강하거나, 아빠와 싸우거나 말거나 크게 신경 쓰지 않는다. PC방에 갈 용돈을 주고 치킨을 시켜주기만 하면 된다.
- 남자아이들이 말수가 적은 건 말하기 싫어서 그러는 게 아니고 머

릿속에 떠오르는 생각이 없어서이다. 따라서 남자아이들에게 두 단어 이상의 대답을 기대하면 실망할 게 뻔하다. 정 듣고 싶으면 O, X로 물어보면 된다. 사지선다형도 이들에겐 어렵다.
- 그럼에도 불구하고 남자아이들의 마음속에는 조상 대대로 내려온 본능이 있어서 가족을 사랑하고, 지키려 한다. 그건 외부에서의 공격이 있을 때 확인 가능하다.

단, 모든 사춘기 남자 아이들이 그렇다는 건 아니다!

두려워해도 괜찮아

여자아이들은 성장하면서 '예쁘게'라는 말을 많이 듣는다면, 남자아이들이 가장 많이 듣는 말은 '씩씩하게', '용감하게'일 것이다. 우리 문화가 남자에 대해 이런 기대를 하기 때문이다.

"사내 녀석이 그깟 일로 울어?"

"한번 씩씩하게 해볼까?"

"우리 ○○○은 용감한 어린이지?"

무심코 하는 말이라고 생각하지만 실제로 남자아이가 자주 울거나 겁이 많으면 부모는 마음이 편치 않다. 남자라면 이 세상을 살아가는 데 있어 강하고 상처받지 않는 태도가 꼭 필요하다고 생각하기 때문이다.

발달 심리학자들은 남자와 여자 간의 성차에는 생물학적 요인과 환경이 함께 영향을 미친다고 한다. 타고난 성차로 입증된 것은 여자아이가 남자아이에 비해 어휘가 풍부하고 언어 발달이 빠르다는 것, 그에 비해 남자아이들은 운동량이 많고 장난감을 좋아하며, 공격적인 활동을 선호한다는 것이다.

남자아이들이 더 용감하다거나 성취동기가 높다는 점은 과학적으로 입증되지 않았다. 즉 남자는 본래 용감하게 태어나는 게 아니고, 용감해야 한다는 사회적 압력 하에서 용감하도록 만들어진다는 것이다. 따라서 '남자니까 용감해야 한다.'는 말은 사실이 아니라 기대를 내포한 것이다.

희준이가 어렸을 때 나는 남자아이라서 여자아이와 다르다는 점을 특별히 느끼지 못했다. 활동량이 많지 않았고, 공격적인 행동도 거의 없었으며, 사소한 일에도 금방 눈물을 흘리곤 했기 때문이다. 당시에는 아이를 타고 난 모습 그대로 키우는 게 중요하다고 생각했던 터라 이런 희준이의 모습이 나에게는 전혀 걱정거리가 아니었다.

그렇지만 남편은 아니었던 것 같다. 아이가 울 때마다 예민한 반응을 보였다. 대놓고 나무라지는 않았지만 못마땅한 기색이 역력했다. 남편의 이런 태도에서 나는 힘을 중시하는 전통적인 남자의 모습을 보았으며, 그게 싫어서 희준이를 더 보호하려 했다.

"쟤는 왜 저렇게 울어?"
"울만 하니까 울지!"

"너무 많이 울잖아."

"어린 애가 속상한데 울기라도 해야지 그럼 어떻게 하라는 거야?"

"그럼 언제 좋아져?"

"크면!"

그렇지만 희준이가 초등학교에 들어가고, 또래 남자애들과 어울리면서 남녀 성차가 후천적으로 만들어진 것이라는 내 생각이 흔들리기 시작했다. 남자애들은 기본적으로 몸을 부딪치며 노는 걸 좋아했고, 놀이와 싸움의 경계가 애매해서 언제 다툼이 일어날까 항상 아슬아슬했다. 여자아이에 비하면 상대 입장에 대한 배려도 부족했다. 자기중심적으로 보이는 행동이 많았고, '바르게'보다는 '강하게'를 더 중요한 기준으로 삼았다.

그제서야 남편이 무엇을 걱정했는지가 이해되었다. 무조건 싸움에서 이기고 남을 지배해야 한다는 것이 아니었다. 남자들끼리 서로 부딪치고 뒹굴면서 겪는 일들에 대해 너무 민감하면 견디기 힘들다는 것이었다. 친구는 장난으로 건드린 건데 왜 때렸냐며 사사건건 이른다거나, 악의 없는 놀림에 정색을 하고 덤벼든다면 남자의 집단에 적응하기 어려운 것은 사실이었다. 이때부터 나는 희준이의 눈물과 겁과 소심함에 민감해졌다. 희준이가 초등학교 4학년 때 일이다. 그날의 일도 나의 이런 예민함에서 비롯된 것이었다.

'왜 저러고 있어? 그냥 뛰어들면 될 텐데.'

'저것 봐! 더 어린 애들도 그냥 뛰어드는데……. 자신이 없으면 아예 관두지 창피하게 저기 서서 저러고 있으면 어떡해?'

그날 희준이는 모처럼 함께 간 리조트에서 신이 나서 여기저기 뛰어다녔다. 그러다 발견한 다이빙 풀은 이용하는 사람이 많지 않아서인지 눈길이 잘 미치지 않는 구석에 자리 잡고 있었다. 물은 2미터 깊이로 키를 넘었고, 짙은 청색으로 칠한 풀은 들여다보면 볼수록 더 깊어 보였다. 아이들을 위한 다이빙 풀이라지만 내가 봐도 생각 없이 뛰어들기엔 만만치 않아 보였다.

나는 물을 무서워한다. 특히 키를 넘어서는 깊이의 물은 보기만 해도 두려웠다. 그런데 희준이는 굳이 들어가 보고 싶다고 했다. 역시 남자아이라 다르구나 하는 마음에 처음에는 흐뭇했다.

다이빙대 옆에는 구조 요원이 있었고, 풀 주변에는 울타리를 쳐놓아서 크게 위험해 보이지는 않았다. 그날 리조트에는 아이들이 아주 많았지만 다이빙을 하려고 울타리 안으로 들어간 아이들은 채 열 명이 되지 않았다. 아무리 물놀이를 좋아해도 깊은 물에 뛰어드는 건 대부분 무서워하는 듯했다. 그럴수록 희준이가 대견했고, 어깨가 으쓱해졌다.

한 줄로 선 아이들이 하나씩 줄어들면서 드디어 희준이 차례가 되었다. 그런데 구조 요원의 안내에 따라 다이빙대에 올라간 희준이는 뛰어드는 대신 물속만 한참 내려다보았다.

'설마…… 무서운가? 그럴 리가……. 쳐다보는 눈이 얼마나 많은데, 뛰어내릴 자신도 없이 올라간 건 아니겠지?'

나도 모르게 조바심이 났다. 뒤에 서있던 아이들이 웅성거릴 때까지 희준이는 물을 들여다보다가 몸을 일으키고, 다시 물을 들여다보기를 반복했다. 그러다 결국은 다이빙을 포기하고 내려왔다.

"막상 올라가니까 무서워?"

"진짜 깊어. 장난이 아니야."

순간 실망감이 밀려왔지만 일부러 내색하지 않았다. 그러고도 희준이는 세 번이나 더 다이빙대에 올랐고, 그때마다 깊은 물속을 노려보기만 하다 내려왔다. 앞서 뛰어내린 아이들 중에는 초등학교 1, 2학년쯤으로 보이는 여자애들도 있었다. 그 모든 상황을 지켜보면서 나는 누가 쳐다보는 것도 아닌데 자꾸만 주변 사람들의 시선이 의식되었다. 심지어 누가 비웃는 것 같은 느낌마저 들었다.

마음의 괴로움은 그게 전부가 아니었다. 내 마음은 그렇다 치고 실패를 거듭한 희준이는 마음이 어떨까. 다이빙을 하는 아이들은 대부분 그 자리를 떠나지 않고 반복해서 뛰어들곤 했기 때문에 희준이의 행동을 모두 지켜보았을 것이다. 당연히 희준이가 느끼는 창피함은 울타리 밖에서 지켜보기만 한 나하고는 강도가 다를 것이라 상상했다.

그런데 예상과 달리 희준이는 창피해하지 않았다. 반복해서 다이빙대에 오르면서도 다른 아이들을 의식하지 않는 것 같았다. 아이 눈에는 오로지 물과 자기 자신만 보이는 듯했다. 제 딴에는 물과 대결을 벌였고, 반복해서 노력했지만 준비가 되어 있지 않았다는 걸 배운 것 같았다.

자신감은 스스로에 대한 좋은 느낌과 성공 경험을 통해 생겨난다고 한다. '나는 괜찮은 사람이야!'라는 느낌만으로 자신감이 생기는 게 아니고, 뭔가를 시도해서 성공하는 기쁨을 맛보아야 한다는 것이다.

희준이는 여러 번의 시도를, 그것도 여러 사람 앞에서 했다가 성공하지 못했다. 당연히 자신감이 떨어지고, 기분이 상해야 하는데 뜻밖에 아무렇지 않은 모습을 보였다. 그때는 그나마 다행이다 싶었다.

그런데 나중에 생각해보니 뭔가를 하려는 시도까지도 성공 경험에 포함되는 게 아닌가 싶었다. 다이빙이라는 게 희준이가 꼭 해야만 하는 것도 아니었다. 정 무섭다고 생각되면 못 본 척해도 그뿐이었을 것이다. 또, 한 번 시도해서 실패했을 때 거기서 중단해도 무방했을 것이다. 하지만 희준이는 그렇게 하지 않았다. 두려워하면서도 다이빙대에 가까이 다가갔고, 그 위에 올라갔으며, 실패했음에도 불구하고 반복해서 시도했다. 아이라 해서 주변의 눈초리를 전혀 모르지 않았을 텐데, 그럼에도 불구하고 다시 다이빙대에 올라가는 것은 물에 뛰어드는 것만큼이나 용기가 필요했을지 모른다.

하지만 부모는 아이가 어떤 일에 실패했을 때 시도보다 결과에 집중하게 된다. 결과가 좋지 않으면 아쉬움과 실망감을 표현하며, 아이의 실패를 자신의 실패인 양 가슴 아프게 받아들이기도 한다.

이 일을 계기로 나는 아이들이 성공이냐 실패냐에 대한 판단의 절반을 부모의 표정에서 읽어내는 게 아닐까 생각하기 시작했다. 나 역시 처음에 물에 뛰어들지 못하는 아이 때문에 실망하기는 했다. 하지만 내색하지 않으려 애썼고, 그보다는 거기까지 올라간 용기를 칭찬해주었다. 그런 엄마의 반응에서 희준이는 다이빙대에 올라가는 것만으로도 성취감을 느꼈을지 모른다.

그 일이 있고 두어 달쯤 지난 어느 날, 희준이가 아무렇지도 않게 이를 두 개 뽑아야 한다는 말을 했다. 당시 희준이는 치아 교정 치료를 받느라 집에서 한 시간 거리에 있는 치과에 다니고 있었다. 지하철을 타고 가다 중간에서 한 번 갈아타야 했고, 역에 내려서 걷는 거리도 만만치 않은 곳이었다. 하지만 처음 두 번만 아빠가 데려다줬고, 그 다음부터는 희준이 혼자 다니고 있었다.

희준이는 이를 두 개나 뽑아야 한다는 말을 아무렇지도 않게 했지만 듣는 나는 심장이 두근거리기 시작했다. 오래 전 일이지만 사랑니 두 개를 한꺼번에 뽑을 때의 공포가 되살아났기 때문이다. 이를 뽑고 난 뒤의 통증도 통증이거니와, 뽑기 전의 공포도 심해 손에서 계속 땀이 났던 기억이 남아있다. 자신에게 어떤 일이 닥칠지 아는지 모르는지 희준이는 심드렁한 표정이었다. 하지만 나는 아이가 겪을 일을 상상하면서 깊은 잠을 자지 못했다.

다음 날, 희준이는 아무렇지도 않은 표정으로 무사히 귀가했다. 정말 치과에 갔는지, 이를 두 개나 뽑은 게 맞는지 물어보려는데 아이가 먼저 말을 꺼냈다.

"엄마, 오늘 전자 상가에 갔는데 기대만 못하더라."

"전자 상가를 언제 갔는데?"

"아까 치과에 갔다가 거기서 지하철 타고 갔다 왔어."

"오늘 이 뽑았다며?"

"응. 그러고 나서 갔어."

"아빠하고 같이 간 거야?"

"아니. 나 혼자 갔어."

"그럼 아빠하고는 치과에서 헤어졌어?"

"치과도 나 혼자 갔는데. 아빠는 오늘 안 왔어."

나는 비명을 지를 뻔했다. 초등학생이 혼자 이를 두 개 뽑고, 전자 상가에 가서 구경까지 하고 왔다니 이걸 대단하다고 해야 할지, 아빠가 너무 했다고 해야 할지 할 말을 찾지 못했다.

그날 퇴근한 남편을 붙들고 그 일부터 추궁했다. 남편은 전날 희준이가 치과에 같이 가줄 수 있냐고 물어보기에 혼자 가도 괜찮을 거라고 말해주었다고 했다. 그랬더니 희준이가 더는 같이 가자고 하지 않았다는 것이다. 혹시나 싶어 이를 뽑아야 하는데 정말 혼자서도 괜찮겠냐고 다시 물어봤지만 별로 겁내지 않더라고 했다. 사실 나는 사랑니를 뽑을 때 남편과 함께 치과에 갔었다. 그리고 극진한 간호를 받으며 이틀 정도 투병을 했었다. 희준이와는 정말 대조되는 상황이었다.

깊은 물에 뛰어들지 못했던 아이도 내 아들 희준이고, 혼자 이를 뽑으러 간 아이도 내 아들 희준이가 맞다. 혼자 이도 뽑을 수 있는 아이가 다이빙대에서는 왜 그렇게 약한 모습을 보였을까? 몇 달 사이에 자신감이 부쩍 생겼다는 건가?

내가 내린 결론은 이런 차이가 자신감의 문제가 아니라는 것이다. 살면서 어떤 일에 부딪쳤을 때 느끼는 감정은 사람마다 다르다. 뿐만 아니라 어떤 상황에 처해 있느냐, 누구와 함께 있느냐에 따라서도 그 순간에 느끼는 감정이 달라질 수 있다.

지금 나는 바이킹도 못 타고, 치과 가는 것도 무서워하지만 어렸을 때는 너무 겁이 없다며 친정엄마에게 핀잔을 듣곤 했다. 엄마가 보기에는 충분히 겁먹을 만한 상황인데 내가 별로 무서워하지도 않고, 위축되지도 않았기 때문이다. 우리 모녀가 갖고 있는 무서움의 기준과 종류는 많이 달랐다.

마찬가지로 덩치는 크지만 조그만 벌레를 무서워하는 사람도 있고, 어둠을 무서워해서 해만 떨어지면 집에서 꼼짝 못하는 사람도 있다. 이처럼 두려움을 느끼는 상황이나 대상은 사람에 따라 천차만별이다. 따라서 아이가 무엇을 무서워한다고 해서 자신감이 낮다거나, 자존감이 약하다고 말하는 것은 옳지 않다.

자신감은 겉으로 드러나는 행동이 아니다. 아이의 마음 밑바탕에 흐르는 긍정적 심정이며, 이제 자라기 시작하는 잠재력이다. 자신감의 씨앗은 부모를 성가시게 하는 아이의 고집 속에 숨어 있기도 하고, 야단맞으면 잘못을 수긍하는 아이의 모습에도 묻어있을 수 있다.

또 자신감의 씨앗은 어느 날에는 터무니없이 부풀어 어이없는 행동으로 이어지기도 하고, 그 다음 날에는 초라하게 쪼그라들어 소심함으로 둔갑하기도 한다. 따라서 부모는 아이의 행동 하나하나에서 자신감의 근거를 찾으려 하지 말고, 조용히 지켜봐 주어야 한다. 그런 가운데에서 아이의 자신감은 성장해나간다.

씩씩해야 한다거나 용감하게 해보라는 말도 자신감을 키우는 데는 도움이 되지 않는다. 아이들은 이런 말을 '겁내거나 무서워하는 건 부끄러운 행동이야.'라고 받아들인다. 이렇게 생각하기 시작하면 아이는 두려움을 느낄 때마다 위축되고, 자신감이 떨어지게 된다. 스스로 못난 아이라고 생각하고, 겁에 질린 모습을 보이느니 차라리 아무 시도도 하지 않는 게 낫다고 여긴다. 따라서 부모는 아이의 두려움과 불안을 자연스럽게 받아들여야 한다. 특히 두려움에도 불구하고 아이가 새로운 시도를 하면 많이 칭찬해주어야 한다. 성공하는 것보다 더 중요한 것은 두려움에도 불구하고 시도했다는 것임을 아이에게 알려주어야 한다.

깊은 물을 무서워하던 희준이는 요즘 권투나 익스트림 스포츠에 관심을 보인다. 방학 때마다 권투 도장에 보내달라고 하는데, 남편도 나도 내키지 않아 허락하지 않고 있다. 어디선가 머리를 많이 맞으면 좋지 않다는 말을 들었기 때문이다. 그럴수록 희준이는 격한 스포츠를 하고 싶어 했고, 그런 희준이가 나한테는 투우 시합에 나온 소처럼 위험해 보였다.

　희준이의 성장을 지켜보면서 나는 아이들이 위험을 무릅쓰는 정도는 기질과 나이의 상호작용에 의해 결정된다는 것을 알 수 있었다. 희준이는 불안이 높은 기질이었으나 성장하면서 점차 이런 특징이 보완되었다. 사춘기가 되어 남성 호르몬이 분비되면서부터는 전적으로 호르몬의 지배를 받는 모습이었다. 성인 남자인 남편을 보면 과격하고 공격적인 면도 있지만 적당히 조심성도 있는 것으로 보아, 나이가 들면 희준이의 모습도 더 다듬어질 것 같다. 길들기 전에는 남편도 저런 모습이었을 것이다.

　그렇지만 권투 도장은 보내지 않을 생각이다. 용감하기를 바라면서도 한편으로는 위험한 일은 당하지 않았으면 하는 것이 이율배반적인 부모의 마음인 것을 어쩌랴.

다른 애들은 다 있는데

아이를 키우다 보면 여자아이에 비해 남자아이의 장난감 가격이 훨씬 비싸다는 걸 알게 된다. 여자아이의 경우 머리핀, 머리띠, 고무줄 등 머리와 관련된 물건만 해도 종류가 많다. 그 밖에도 지갑, 손가방, 인형 등 비싸지 않은 선물 거리가 다양하다. 그에 비해 남자아이들이 좋아할 만한 장난감은 종류도 많지 않거니와 가격도 만만치 않다.

남자아이들 대부분이 좋아하는 블록 가격은 만 원 정도에서 시작하지만 개수가 많아지고, 모양이 복잡해질수록 가격이 기하급수적으로 뛴다. 또 일단 중독되면 안 사줄 수 없을 정도로 졸라 결국 부모의 지갑을 열게 만든다. 프라 모델이라고 부르는 플라스틱 모형 또한 모양이 정교할수록 가격이 비싸고, 로봇 장난감 역시 천 원짜리에서 몇십만 원까지 종류가 다양해 좋은 걸 사주려면 부담이 크다.

다행이 희준이는 블록이나 프라 모델에 관심을 보이지 않았다. 조립하는 걸 좋아했지만 마침 조카가 쓰던 걸 물려받아 다섯 살 무렵까지는 장난감 값이 따로 들지 않았다. 그러다 꽂힌 것이 칼이었다. 나무나 플라스틱으로 만든 장난감 칼에서 시작한 취미는 어느새 진짜 칼로 옮겨져 그동안 절약했던 장난감 값이 한꺼번에 나갔다.

사실 부모 입장에서는 아이가 뭔가를 사달라고 할 때 사줘야 할지 말지를 결정하는 게 쉽지 않다. 우선 필요한 것인지, 가격은 괜찮은지 확인해봐야 한다. 장난감이라면 아이 나이에 맞는지, 튼튼하게 만들었는지, 금방 싫증낼 건 아닌지도 생각해봐야 한다.

그런데 이때 부모 마음을 약하게 만드는 게 있다. '다른 애들은 다 갖고 있다.'는 말이다. 처음에는 안 된다고 펄쩍 뛰었다가도 다른 애들은 다 갖고 있다는 말을 들으면 마음이 약해진다. 그러다 누군가 들고 있는 걸 직접 보기라도 하면 정말 우리 애만 없나 싶어 조바심이 나기까지 한다.

아이가 클수록 문제는 심각해진다. 남들은 다 있다는 이유로 사줘야 할 품목의 액수가 커지기 때문이다. 부모 등골을 뺀다고 해서 '등골 브레이커'로 불리는 모 브랜드 점퍼부터 인기 연예인이 광고 모델을 하면서 값이 부쩍 뛴 운동화, 열에 아홉은 메고 다닌다는 백팩(backpack)까지 내 기억에 남아있는 것만 해도 한두 가지가 아니다.

게다가 컴퓨터와 스마트폰을 갖는 연령이 점점 어려지면서 부모의 부담은 더욱 커지고 있다. 세상이 빠르게 변하다 보니 아이에게 무엇을 사주고, 무엇을 통제할지 부모가 원칙을 갖기 어려워졌다. 또 그럴수록 '남들은 다 가졌다.'는 말이 불합리한 구매를 부추긴다.

두 아이를 키우면서 나 역시 이런 문제를 피할 수 없었다. 하지만 나는 결핍을 모르고 자란 아이들이 스트레스에 취약하다는 것을 알기 때문에 아이들에게 뭔가를 사줄 때는 특별히 신경을 많이 썼다. 원하는 걸 쉽게 가졌던 아이일수록 주어지는 것에 대해 당연하게 여긴다. 게다가 갖지 못했을 때 느끼는 박탈감과 결핍감은 훨씬 커서 더 큰 불행을 느끼기 때문이다. 그런 이유로 나는 아이들이 뭘 사달라고 하면 가능한 한 미루고, '남들은 다 가졌다.'는 말에 흔들리지 않으려 애썼다. 그럼에도 불구하고 힘든 상황은 항상 있었다. 희준이에게 휴대폰을 사준 것도 그런 일들 중 하나였다.

"여보! 아무래도 안 되겠어. 이젠 희준이한테 휴대폰을 사줘야 할 것 같아."

"스마트폰은 안 돼! 그건 망하는 지름길이야."

"요즘 스마트폰 아닌 건 중고밖에 없던데."

"그래도 스마트폰은 안 돼!"

"휴……."

초등학교 6학년이 되면서 희준이는 틈날 때마다 휴대폰을 사달라고 졸랐다. 하지만 중학생이 되면 사주기로 미리 약속을 정했기 때문에 아직은 더 기다려야 하는 상황이었다. 남편도 결사반대였다. 희준이가 처음 휴대폰을 사달라고 한 게 초등학교 3학년 때였으니 벌써 3년을 버틴 셈이었다.

처음에는 누나가 중학생 때 휴대폰을 가졌으니 너도 그때 사주겠다는 말로 어렵지 않게 넘길 수 있었다. 그렇지만 여섯 살 차이 나는 희원이 때와는 분위기가 많이 달라져 있었다. 맞벌이 가정이 늘고, 아이의 안전 문제가 사회적 이슈로 떠오르면서 저학년 때부터 아이에게 휴대폰을 사주는 부모가 많아진 것이다. 아이 위치를 실시간으로 알려주는 서비스까지 개발되면서 아이의 휴대폰 소지는 조심성 있는 부모의 필수 사항처럼 되어 있었다.

하지만 우리 집은 학교에서 5분 거리였다. 오가는 거리에 큰 길도 없었으며, 학교 바로 앞에는 공중전화도 있었다. 학원에도 다니지 않아 집과 학교만을 오가는 단순한 동선인데 굳이 휴대폰까지 써가면서 연락할 일도 없었다. 그런데도 희준이는 친구가 휴대폰을 살 때마다 집에 와서 하소연을 하곤 했다. 그때마다 빼놓지 않고 하는 말이 바로 이 말이었다.

"다른 애들은 다 있단 말이야."

나는 이 말에 동요하지 않았다. 결핍 경험이 필요하다는 원칙이 있기도 하거니와 사람 일에 '항상', '모두', '절대' 같은 건 없다는 걸 잘 알고 있었기 때문이었다.

뿐만 아니라 '다른 아빠들은 애들하고 잘 놀아준다고 하던데.', '요즘 사교육 안 받는 애는 하나도 없다는데.', '다른 애들은 다 알아서 한다고 하던데.'라는 말들도 마찬가지다. 이런 말은 자기 의견을 주장하면서 상대가 반격하지 못하게 할 때 쓰는 말이다. 그러니 이런 말에 동요할 필요는 없다.

그렇지만 아이 말을 묵살하는 것도 좋지 않다. 다른 애들은 다 있다는 말은 그만큼 간절하다는 마음의 표현일 수 있기 때문이다.

"휴대폰을 전부 다 가졌다고? 누구누구 가졌는데?"

"범수, 진표, 용진이…… 어쨌든 많아."

"친구들이 사니까 너도 갖고 싶은 건 알겠어. 그런데 전부 다 가진 건 아닐 거야. 휴대폰 안 가진 애도 있지?"

희준이는 고개를 끄덕였다.

"다른 애들이 가졌다고 너도 가져야 하는 건 아니야. 갖고 싶다고 다 가질 수도 없고."

"그래도 갖고 싶다고."

"알아. 친구들이 갖고 있으니까 갖고 싶은 거지? 그래도 엄마 생각엔 아직 필요하지 않아."

수긍하는 표정은 아니었지만 엄마 성격을 아는 희준이는 오래 조르지 않고 포기하곤 했다. 다행히 초등학교 4학년 때까지는 이런 실랑이도 그리 잦지 않아 나는 이런저런 방법을 써가며 위기를 넘겼다.

다음은 당시 내가 썼던 방법을 정리한 것이다.

- '다른 애들이 모두 다 가졌다.'고 하면 내가 알고 있는 아들 친구의 이름을 하나씩 대면서 같이 확인한다. 따지듯 말하는 게 아니라 이런저런 이야기를 섞어가면서 아직 휴대폰을 갖지 않은 친구들도 많다는 것을 부드럽게 일깨워준다.
- 너무 일찍 사주면 형평의 원리에 어긋나기 때문에 누나가 화낼 것이라고 알려준다. 누나를 무서워하는 희준이에게는 효과가 있었다.
- 갖고 싶은 고비를 넘길 때마다 아이에게 원하는 것을 참을 줄 아는 것은 훌륭한 행동이라고 칭찬해준다.
- 간혹 칭찬과 더불어 간식이나 갖고 싶은 것을 상으로 주고, 아주 가끔은 보너스를 준다. 상을 줄 때는 휴대폰을 사달라고 조르지 않기 때문이라고 분명히 말해준다.
- 그래도 속상해하거나 짜증을 내면 대응하지 않고, 아이의 기분이 풀어질 때까지 내버려둔다.

사실 저학년 아이에게는 휴대폰이 크게 필요하지 않다. 아이의 활동 범위가 넓지 않아 부모와 교사에 의해 대부분 통제되기 때문에 급하게 연락할 일이 생기거나 소재 파악이 어려운 경우가 드물다. 오히려 휴대폰을 가졌을 경우에는 위험성이 크다. 간수를 잘 하지 못해 잃어버릴 수도 있고, 게임을 과하게 하는 문제가 생길 수도 있다. 요즘은 덜하지만 예전에는 아이들이 유료인 줄도 모르고 휴대폰으로 게임을 하다가 몇십만 원씩 요금이 나오는 일도 흔했다. 이런저런 이유로 나는 휴대폰 문제에 단호한 태도를 보였고, 꿈쩍도 하지 않는 엄마의 태도에 희준이도 조르는 횟수가 줄었다.

하지만 초등학교 6학년이 되자 상황이 달라졌다. 여름방학이 다가올 무렵 희준이가 이번에는 진지하게 이야기를 꺼냈다.
"엄마, 어제 나 휴대폰 없어서 농구 못 했어."
"휴대폰하고 농구하고 무슨 상관인데?"
"학교 끝나고 친구들이랑 같이 농구하기로 했는데, 나만 휴대폰이 없어서 연락이 안 됐대."
"집 전화로 연락하면 되잖아."
"애들이 휴대폰 번호만 갖고 있어."
"휴대폰이 없으면 집으로 전화를 해야지."
"몰라. 어쨌든 휴대폰 사주면 안 돼?"
약속한 때가 되려면 아직 반년이 남았으니 평소대로라면 안 된다고 하고 끝냈을 텐데, 이번에 희준이가 한 말은 생각해볼 여지가 있었다. 친구들이 서로 휴대폰을 이용해 연락한다는 말은 희준이에게도 휴대폰이 필요하다는 뜻이었다. 이전까지는 이름만 전화일 뿐 게임이나 놀이용 기구였다면, 이제는 소통의 기능으로 쓸 때가 된 것이다. 휴대폰이 없는 친구에게 집으로 연락할 만큼 성의를 보이기에는 아이들이 아직 어렸다. 연락이 되는 친구는 모이고 아니면 마는, 딱 그 정도 나이였다.

막상 휴대폰을 사주려고 하니 고르는 것도 쉬운 일이 아니었다. 당시 희원이가 폴더 모양의 휴대폰을 쓰고 있어 비슷한 기종을 사주면 되겠다 싶었는데 대부분의 휴대폰이 스마트폰이었다.

당시만 해도 스마트폰의 폐해를 잘 몰랐던 나는 청소년 상담을 하는 후배에게 자문을 구했고, 후배는 펄쩍 뛰며 반대했다. 컴퓨터 중독보다 스마트폰 중독이 훨씬 고치기 힘들다는 것이다. 한번 맛을 들이면 어린아이조차 스마트폰을 줘야만 밥을 먹고, 시키는 것도 한다고 했다. 그렇지만 스마트폰이 아닌 기기를 찾는 건 정말 어려웠다.

고생 끝에 어렵게 마음에 드는 휴대폰을 구할 수 있었다. 겉모습은 다른 스마트폰과 크게 다르지 않지만, 운영 체계가 흔히 쓰지 않는 것이라 활용할 수 있는 애플리케이션이 적다는 게 큰 장점이었다. 오랜 기다림 끝에 희준이는 드디어 휴대폰을 갖게 되었다.

다음 날 아침, 출근 준비를 하는데 희준이가 다가왔다.

"엄마, 이거 검색해보니까 효도폰이라는데……."

"음…… 그래? 넌 좋겠다. 엄마가 너한테 효도하는 거잖아. 하하하!!"

하지만 아들은 웃지 않았다.

희준이는 처음 휴대폰을 갖고 싶었을 때부터 갖게 될 때까지 무려 3년이라는 시간을 기다렸다. 나는 그 시간을 견뎌낸 희준이가 대견했고, 무수한 고비를 넘긴 나 자신도 자랑스러웠다. 내가 괜한 고집을 부리는 건 아닐까 고민했던 순간도 있었고, 아들이 이런 일로 기죽어 다니지는 않을까 걱정도 많이 했다. 그때마다 '다른 사람이 가졌다는 이유로 꼭 가져야 할까?'라는 질문을 떠올렸고, 그 답을 알기 위해서라도 이 과정을 겪어내야 한다고 생각했다.

결론은 이랬다. 남들이 다 가졌다는 생각은 그게 사실이라서가 아니라 내가 갖고 싶기 때문에 든다는 것이다. 아무리 다 가졌어도 내가 관심이 없다면 굳이 그런 말을 할 필요가 없다. 즉 '남들이 다 가졌으니 나도 갖고 싶다.'는 말은 꼭 갖고 싶다는 마음의 다른 표현일 뿐이다. 따라서 이런 말을 들었다고 내 아이만 없나 싶어 불안해할 필요가 없다. 그저 아이가 부모를 조르는 방법 중 하나로 받아들이면 되는 것이다. 이 말을 듣고 부모가 반응하면 아이들은 계속 이런 말로 부모 마음을 흔들 것이다.

요즘 우리 집에서는 이런 말을 했다가는 본전도 못 찾는다. 엄마가 세게 나가기 때문이다.

"다른 애들은 다 가졌단 말이야."

"다 가져서 너도 갖고 싶다고? 엄마도 다른 엄마들이 다 가진 말 잘 듣는 아들을 갖고 싶은데 어쩌지?"

아이의 나이가 두 자릿수가 되면

청소기나 세탁기가 없던 과거에는 아이들이라 해도 집안일에서 예외가 될 수 없었다. 자잘한 심부름은 물론 대부분 자기 방 청소는 스스로 했으며, 엄마가 바쁘면 밥 짓기나 설거지를 해야 하는 경우도 많았다. 농사라도 짓는 집이면 아이들이 부모를 도와 농사일을 함께 하기도 했고, 큰아이라면 동생을 돌보는 일을 모두 떠맡곤 했다.

나는 도시에서 살았기 때문에 농사일까지 해야 할 정도는 아니었다. 하지만 엄마가 없을 때 연탄 가는 일은 당연히 첫째인 내 몫이었고, 김장철이면 절인 배추를 씻고 배추 속 넣는 일도 함께 했다.

집안일을 돕는다고 칭찬을 들은 것도 아니었다. 시키는 일은 해야 했고, 제대로 못하면 꾸지람을 듣는 게 당연했다. 그래서 심부름이 힘들

때보다 꾸지람을 들어서 속상할 때가 더 많았다.

내가 초등학교 2학년 때쯤이었을까. 그날 심부름은 달걀을 사오는 것이었다. 가게에 가서 두부나 파, 달걀 같은 걸 사오는 심부름은 첫째였던 내 몫이었는데, 그날 엄마는 달걀을 세 개도 아니고, 다섯 개도 아니고, 딱 한 개만 사오라고 하셨다. 아버지의 사업이 어려워져 방 한 칸에서 온 식구가 생활할 만큼 집안이 어려울 때였다.

요즘은 달걀을 보통 열 개 단위로 포장해서 팔지만 예전에는 달라는 만큼 판에서 꺼내 종이봉투에 넣어주었다. 그런데 한 개만 팔아서는 봉투 값도 안 나오는지 주인아저씨는 봉투에도 넣지 않고 달걀을 내 손에 쥐어 주었다. 몇십 년 전 일이지만 부드러우면서도 깔깔한 껍질과 부서질 듯 연약한 감촉이 지금도 내 손바닥에 남아있다.

맨 달걀을 손에 쥔 나는 달걀이 깨질까 봐 불안했다. 떨어뜨리지 않게 잘 쥐면 힘이 들어가 달걀을 깨뜨릴 것 같았고, 그렇다고 힘을 빼면 바닥에 떨어뜨릴 것 같았다. 어린 나이라 힘 조절이 능숙하지 못했다. 얼마나 겁이 났는지 머릿속에 달걀이 떨어져 흰자, 노른자가 흘러내리는 장면이 계속 떠올랐다.

그러다 '팍!' 하는 소리와 함께 눈앞에서 달걀이 박살이 났다. 터진 달걀 노른자 색이 어찌나 샛노랗던지 지금도 개나리를 보면 그 장면이 떠오른다. 집에 가서 엄마에게 혼이 났는지 어땠는지는 기억이 나지 않는다. 하지만 지금도 부서지기 쉬운 물건을 만질 때마다 손바닥이 간질간질한 느낌이 들곤 하는 걸 보면 어린 마음에 꽤나 놀랐던 것 같다.

퇴근길에 버스 정류장 부근의 술집에 들르는 아버지를 찾으러 가는 일도 내 몫이었다. 지금과는 비교도 안 되게 어두운 골목길을 지나 고기 굽는 연기와 아저씨들의 떠들썩한 목소리로 번잡한 술집 문을 열고 들어가는 건 여자아이인 나에게 쉽지 않은 일이었다. 술기운에 불콰해진 얼굴의 아버지를 찾아내는 일도 항상 곤혹스러웠다. 집에 가자고 해도 선뜻 일어나시지 않아 한동안을 옆자리에 앉아 기다리곤 했는데, 그러다 잠자는 시간을 훌쩍 넘어서 집에 가는 일도 많았다.

술집으로 아버지를 찾으러 다니는 것뿐 아니라 집에 술이 떨어지면 술을 사러 가는 일도 엄마와 내가 도맡아 했다. 지금 생각하면 열 살도 되지 않은 어린 아이에게 과한 심부름이었다 싶지만 그 당시엔 흔한 일이었다. 세탁기나 냉장고 없이 하는 살림에 엄마는 늘 피곤했고, 심지어 물이 나오지 않는 날은 밤을 새워가면서 물 항아리 옆을 지켜야 했다. 띄엄띄엄 남아있는 기억들을 모아보면 그 시절에는 심부름보다 고단한 삶과 부모님의 무력감, 울적함이 나에게는 더 큰 짐이었다.

요즘은 상황이 많이 달라졌다. 집집마다 세탁기, 청소기를 사용하면서 아이들에게 시킬 만한 심부름이 많이 줄었다. 주변 환경 역시 애들을 내보내기에는 복잡하고 위험해졌다. 집 밖으로 조금만 나가도 금방 찻길이고, 등하굣길조차 속도를 내며 달리는 차가 많아 안심할 수 없게 되었다. 청소년 보호법이 바뀌어 미성년자는 술, 담배를 살 수 조차 없게 되었고, 인터넷 쇼핑과 배달 서비스도 집안일을 많이 줄여주었다.

요즘은 오히려 부모가 아이의 시중을 들어주느라 바쁘다. 웬만한 것은 부모가 다 해주다 보니 아이들이 스스로 할 수 있는 일들까지 점차 줄어들고 있다. 그러다 보니 예전에는 심부름을 통해 아이들이 자연스럽게 배웠던 것들을 따로 가르쳐야 하는 부담도 늘었다.

심부름을 통해 아이들이 배울 수 있는 가장 큰 것은 책임감이다. 나이가 어리면 어린대로, 크면 크는 대로 무언가를 맡아하면서 아이들은 자연스럽게 책임감을 배우게 된다. 또 심부름을 하는 과정에서 자신감도 많이 얻을 수 있다. 혼자 할 수 있는 일이 많아질수록 아이들은 세상살이에 대한 자신감이 커지고, 새로운 일에 대한 동기가 높아진다.

다른 사람을 위한 배려 역시 심부름을 통해 배울 수 있다. 간식을 조르는 어린 동생을 위해 피곤한 엄마 대신 가게에 다녀오면서 아이는 가족의 마음을 헤아리고, 입장을 이해하는 기회를 갖는다. 형제들이 있다는 것은 그 존재만으로도 양보심을 배우는 기회가 된다. 형제가 둘이면 적어도 50퍼센트는 양보해야 하고, 셋 이상이면 가질 수 있는 기회보다 갖지 못하는 경우가 더 많아진다. 자연히 아이는 눈치가 발달하고, 어떤 상황에서도 대처할 수 있는 능력이 개발된다. 가족도 일종의 사회인 것이다. 그래서 가족이 많은 집의 아이들은 남보다 사회생활을 일찍 시작하게 된다는 이점을 갖는다.

반면 형제 없이 혼자 크는 경우가 많은 요즘 아이들은 '양보'라는 것을 말로 배운다. 양보해야 할 기회가 없기 때문이다. 유치원이나 학교

생활을 하면서 양보를 배우면 다행이지만 일부 아이들은 양보를 터득하지 못한 채 성장한다. 이런 아이들은 집단에 속해 있으면서도 자기중심적인 조망을 벗어나지 못하는 경우가 많다. 그러다 보면 자기 입장만 내세우다가 부적응을 겪을 수도 있으니 가급적 일찍 교육을 시키는 게 필요하다.

 심부름이 줄어들면서 아이들이 힘들고 어려운 일을 회피하는 문제도 심각해졌다. 예전에는 어른들이 공부를 잘하는 것만큼이나 집안일을 잘하는 아이들에 대해 칭찬을 많이 했다. '야무지다.', '어른스럽다.'는 칭찬은 아이들이 들을 수 있는 칭찬 중에서도 큰 비중을 차지했고, 그런 아이들은 책임감 강하고 힘든 일도 척척 해내는 성실한 어른으로 성장했다. 하지만 요즘은 심부름이 줄어든 만큼 이런 일로 칭찬 받는 아이들이 거의 없다. 부모의 세심한 보살핌 덕에 아이들이 힘든 일을 할 기회도 많이 줄었다. 그러다 보니 '힘든 일은 하기 싫어.', '누군가 해주겠지.'라는 생각이 팽배해져 요즘 아이들은 어른이 되어서도 힘든 일은 기피하려고 한다.

 문제는 어떤 일이든 처음부터 수월할 수는 없다는 것이다. 특히 사회생활을 처음 시작하는 청년들은 남들에 비해 힘들고 어려운 일을 해야 할 기회가 많다. 또 그런 과정을 통해 자신의 경력을 인정받아야 한다. 그렇지만 자라면서 힘든 일이라고, 하기 싫은 일이라고 회피해온 아이가 이 시기가 되어 갑자기 지금까지 한 번도 해보지 않았던 일, 내 일이 아니라고 여겼던 일들을 해내기란 쉽지 않다.

희원이와 희준이는 여섯 살 터울이다. 그래서 큰아이인 희원이는 심부름을 할 수 있을 만큼 컸을 때 별말 없이 심부름을 했다. 워낙 밖에 나가는 걸 좋아하고 활동적인 아이라 무언가를 사오라고 심부름을 시키면 군소리 없이 다녀왔고, 심부름할 목록에 군것질 거리라도 끼워주면 그야말로 신이 나서 달려 나갔다. 게다가 천성적으로 다른 사람의 감정을 잘 읽는 편이라 어떤 때는 시키기도 전에 뭔가를 들고 오는 일도 많았다. 엄마가 피곤해 보인다 싶으면 주스를 갖다 주었고, 배고파 보이면 냉장고를 뒤져 먹을 것을 찾아오기도 하였다.

첫 아이는 부모에게 항상 기준이 된다. 이런 희원이에게 익숙해져 있는 나에게 희준이는 어려운 숙제 거리였다. 희준이는 뭘 시키든 논리적으로 이해가 되지 않으면 끝까지 따지는 편이었고, '내가 왜?'라는 질문을 자주 했다. 게다가 희원이와의 나이 차이가 커서 오랫동안 어린 아이 취급을 받았다. 웬만한 것은 우리 부부가 하였고, 할 만한 심부름 거리가 있을 때조차도 희원이에게 시키곤 했다.

그러다가 희원이가 고등학교에 들어갔고, 희준이는 초등학교 4학년이 되었다. 공부하느라 바빠진 희원이 대신 자잘한 심부름이 희준이 몫으로 돌아가기 시작했다. 하지만 별말 없이 심부름을 했던 희원이와 달리 희준이는 그게 자기가 할 일인지 따져묻곤 했다. 워낙 많은 것들을 해주다 보니 무슨 일이든 내 일이 아니라고 생각하는 듯했다. 이런 모습을 볼 때마다 걱정스럽긴 했지만 자기 일은 별말 없이 해내기에 그때까지만 해도 특별히 고쳐주어야겠다는 생각이 들지는 않았다.

그렇지만 학교에서도 비슷한 모습을 보인다는 것을 알게 되면서 내 생각은 달라졌다. 학급 홈페이지를 보면서 희준이가 자기 것은 잘 챙기지만, 다른 사람을 돕거나 힘든 일에는 나서지는 않는다는 것을 알게 된 것이다. 학급 홈페이지에 '칭찬합시다'라는 코너가 있었는데, 그 글을 읽어보니 남을 잘 돕고, 힘든 일에 앞장서는 아이들 이름이 가장 자주 올라왔다. 하지만 한 학기가 지나도록 희준이 이름은 한 번도 올라오지 않았다. 초등학교 4학년 쯤 되면 운동을 잘하거나 공부를 잘하는 것만으로는 좋은 인상을 줄 수 없으며, 친구를 선택하는 데 있어서 공감 능력과 이타적인 태도가 중요하다는 의미로 느껴졌다.

사람들과 어울리다 보면 내 일이 아니라도 해야 할 경우가 있고 심지어 손해를 봐야 하는 상황도 생기기 마련이다. 그런데 그때마다 이걸 왜 내가 해야 하느냐고 따지고 든다면 문제가 될 것 같았다.

나는 희준이의 행동을 고쳐야겠다고 결심했다. 당시 희준이는 만 나이로 열 살이었다. 열 살에 맞는 논리가 무엇일까. 고심한 끝에 나는 아이를 불렀다.

"너 올해 몇 살이지?"

"열 살."

"숫자로 써 봐."

"10."

"여기 숫자가 몇 개 있어?"

"??"

"잘 봐! 작년에는 아홉 살이니까 9, 하나였잖아. 그런데 이젠 열 살이니까 1하고 0. 숫자가 두 개야. 누나는 열여섯 살이니까 1하고 6. 엄마, 아빠도 나이에 숫자가 두 개씩이야. 이거 몰랐지?"

무슨 말인가 싶었는지 희준이는 눈을 동그랗게 뜨고 나를 쳐다봤다.

"나이에 숫자가 하나냐 둘이냐는 아주 큰 차이가 있어. 숫자가 하나일 때는 나 하나만 생각하고 살아도 돼. 근데 숫자가 둘이 되면 그때부터는 남도 같이 생각해야 해."

입 밖에 내지는 않았지만 희준이 표정은 '아, 그렇구나.'라고 말하고 있었다. 어른들끼리만 은밀하게 공유하던 삶의 비밀을 지금 막 알아차린, 그래서 으쓱하는 마음이 생긴 것 같은 표정이었다.

"그러니까 지금부터는 네가 버린 쓰레기도 주워야 하지만 엄마나 누나가 흘린 것도 가끔은 주워서 버려야 해. 너도 이제 나이에 숫자가 두 개니까!!"

그 일이 있고 나서 희준이는 군소리 없이 심부름을 하였다. 물론 심부름 뒤에 따라오는 칭찬과 간간이 주어지는 선물의 효과도 있겠지만 나는 믿는다. 두 자릿수 나이의 힘이라고.

나이 자릿수 이야기는 전적으로 나의 창작물이다. 희준이 행동을 고쳐줘야겠다고 결심했을 때 우연히 아이 나이가 열 살이었을 뿐이다. 처음에는 '너는 이제 열 살이 되었으니까……'로 말을 시작하려 했다. 하지만 워낙 논리적으로 따지는 아이라 '왜 열 살이면 해야 되는데?'라고 물어올 것 같았다.

집안에서 심부름을 하고, 부모를 돕는 일이 어찌 딱 열 살에 시작할 일이겠는가. 말귀를 알아듣고, 혼자 힘으로 씻고, 옷을 입고 벗을 수만 있으면 옷을 제자리에 거는 것도 가능하고, 벗은 양말을 빨래 바구니에 갖다 놓는 것도 어렵지 않다. 문제는 부모가 언제 어떻게 책임과 의무를 가르치느냐이다.

열 살이 되면서 이타적인 삶을 살기 시작한 희준이는 이제 온 가족의 심부름을 도맡아서 한다. 누나가 입시를 거치면서 전혀 아무것도 하지 못하게 되었을 때 희준이의 활약은 심지어 눈부시기까지 했다. 키가 커지면서 제법 힘이 세져서 엄마가 들지 못하는 것도 번쩍 들어 올리고, 높은 곳에 있는 것도 척척 꺼낸다. 엄마나 누나가 힘들어 보이면 신사도를 발휘해 가방을 들어주기도 한다. 귀여운 막내에서 듬직한 매너남으로 성장하고 있는 것이다!

단, 우리에게도 의무는 있다. 부탁하는 사람도 거기에 맞는 매너를 갖추어야 하고, 노력에 대해서는 감사를 표시해야 한다. 그렇지 않으면 아이가 남들에게 인정받기 위해 스스로를 착취하는 사람으로 성장해 나갈 수도 있기 때문이다!

아이 혼자 세상에 내보내기

아이들의 성장을 평가하는 도구 중에 '사회 성숙도 검사'라는 것이 있다. 몇 살이면 어떤 행동을 혼자 할 수 있는지를 체크하는 검사이다. 내용을 보면 숟가락으로 밥을 떠먹을 수 있는 나이는 1.5세, 외투를 혼자 입을 수 있는 나이는 2.6세, 단추를 끼울 수 있는 나이는 3.5세, 동네를 마음대로 돌아다니는 나이는 7세로 되어 있다. 꼭 그렇게 해야 한다는 절대적 준거는 아니지만, 많은 아이들을 대상으로 조사했을 때 평균적으로 이 정도 나이면 혼자 하더라 하는 의미이다. 만 나이를 기준으로 했으니 한 살 정도를 더하면 우리 나이가 될 것이다.

나는 두 아이를 키우면서 '지금 나이에 이걸 시켜도 되나?' 하는 의문이 들 때마다 이 검사지를 참고했다. 놀이터나 유치원을 혼자 다녀올 수 있는 나이는 만 5세로 되어 있어 여섯 살에 아이를 동네 가게에 혼자 보냈다. 여덟 살에는 차를 타지 않고 갈 수 있는 곳이면 어디든 혼자 가게 했고, 준비물도 혼자 문구점에 가서 사게 했다.

아이가 잘 크고 있는지를 보여주는 것은 판단력과 대처 능력이다. 지금 내가 어떤 상황에 처해 있는지를 판단하는 능력, 어려움에 처해 있을 때 어떻게 할지 대처하는 능력이 미래의 삶에 대해 훨씬 정확하게 말해주는 지표가 될 수 있다는 것이다.

좋은 학교를 나왔다고 모두 잘 사는 것이 아니라는 것을 누구나 알고 있다. 그렇지만 점수는 숫자로 정확하게 나오기 때문에 미래를 예측해주는 지표로 선호하는 것뿐이며, 실제는 점수와 많이 다르다. 반면 판단력과 대처 능력을 갖추고 있으면 어디서 무엇을 하건 성장과 성공의 가능성을 갖게 된다. 지금 당장은 초라해도 얼마든지 원하는 것을 이룰 수 있으며, 삶을 힘들게 느끼지 않는다. 아이들 역시 마찬가지이다. 집단생활에 원만하게 적응하기 위해 또래 수준의 판단력과 대처 능력을 갖는 것은 필수이며, 이런 능력이 우수할수록 적응력도 높아진다.

중요한 것은 이러한 판단력과 대처 능력을 갖추는 데 있어 가장 필요한 것이 다양한 경험이라는 것이다. 세상살이는 책으로 배울 수 없다. 특히 위기 대처 능력을 갖추려면 위기 상황에 대한 경험 없이는 불가능하다. 필통을 집에 두고 가봐야 친구에게 연필을 빌릴 수 있으며, 우산도 없는데 장대비를 맞아보아야 집 부근에 사는 친구가 누구인지 알 수 있다. 무엇보다도 위기 상황에서 느끼는 불안과 두려움을 견디려면 이 일을 처음 겪어봐서는 안 된다.

그래서 나는 두 아이를 키우면서 때로 무모하다 할 만큼 아이들을 새로운 상황에 밀어 넣고, 다양한 경험을 해보도록 밀어붙였다. '사회 성숙도 검사'에서 묻는 문항과 함께 때로는 주변에서 보는 아이들이 기준이 될 때도 있었다. 그 나이 때 보통의 아이가 할 수 있는 것이라면 내 아이도 할 수 있을 거라 생각해 일부러 기회를 만들기도 했다. 희준이가 처음으로 혼자 할머니 댁에 다녀오게 된 것도 이런 이유에서였다.

희준이가 초등학교 4학년 때였다. 하루는 업무를 마치고 일을 마무리하는데 함께 일하는 간호사가 놀라운 이야기를 들려주었다. 초등학교 3학년 아이가 혼자 병원에 와서 엄마 약을 대신 받아갔다는 것이다. 지금은 본인이 아니면 약을 받을 수 없지만 그때만 해도 가족이 환자 대신 약을 받아가는 것이 가능했다. 더욱 놀라운 것은 아이의 집이 고양시라는 것이었다. 그러니까 초등학교 3학년짜리가 고양시에서 수원시까지 혼자 왔다 다시 혼자 갔다는 것이다. 그 정도면 대중교통으로 두 시간 가까이 걸리는 먼 거리였다. 도대체 그 어린 아이가 어떻게 그 먼 길을 왔을까? 힘들지는 않았을까? 궁금함을 참을 수가 없어 다시 물어 보았다.

"아이가 어때 보였어요?"

"저도 깜짝 놀라서 물어봤어요. 집에 어떻게 가느냐고. 그랬더니 '괜찮아요, 온 대로 가면 돼요.' 하고 씩씩하게 말하던데요."

용감하게 왔다가 씩씩하게 돌아갔다는 말을 들으니 다행이다 싶은 마음이 들었지만, 마음 한편에서는 묘한 질투심이 느껴졌다. 초등학교 4학년인 희준이는 아직 그렇게 먼 길을 혼자 가본 적이 없는데, 더 어린 아이가 그걸 했다니 경쟁심이 든 것이다.

그날 집에 돌아오자마자 나는 희준이를 불렀다.

"너, 혹시 고양시에 혼자 갔다 올 수 있어?"

"고양시? 왜?"

"가야 할 일이 있다면 갈 수 있냐고?"

"갈 수야 있지. 근데 엄마, 고양시에는 왜 가야 하는데?"

희준이가 고양시에 가야 할 이유는 없었다. 아는 사람이 있는 것도 아니고, 볼 일이 있는 것도 아니었다. 그렇다고 엄마가 샘이 나서 그런다고 말할 수는 없었다.

"음...... 엄마가 고양시청이 어떻게 생겼는지 궁금한데, 혹시 혼자 가서 사진 찍어올 수 있겠어?"

무슨 말인가 싶어 나를 잠시 바라보던 희준이는 방금 전까지 하고 있었던 유희왕 카드놀이에 다시 빠져들었다.

그 일이 있고 몇 달 뒤, 추석 무렵이었다. 추석을 이틀 앞둔 날 희준이는 할머니 댁에 가고 싶다고 하였다. 명절에 미리 가서 밤늦게까지 할머니와 화투를 치고, 비디오를 마음껏 보는 재미에 빠져 있었기 때문이다. 할머니, 할아버지가 따로 챙겨주는 용돈도 쏠쏠한 듯했다. 그 말을 듣자 나는 문득 고양시에서 왔던 아이가 생각났다. 기회는 이때다 싶었다.

"너 할머니 댁에 혼자 갈 수 있겠어?"

"왜? 꼭 그래야 해?"

싫은 기색이었다.

"혼자 간다고 하면 차비하고 떡볶이 사 먹을 돈 주려고."

일순간 망설이는 표정이 떠올랐다. 할 수 있는지 없는지 따져보지도 않은 채 덥석 하겠다고 나서는 희원이에 비하면 희준이는 조심성이 많은 성격이다. 할 수 있다고 생각되는 것조차도 조심조심, 생각하고 또 생각해서 할지 말지를 결정한다. 이런 성격을 아는 터라 그날은 더 강요하지 않고 생각해보고 결정하라고 하였다. 한참을 고민하던 희준이는 혼자 가보겠노라고 했다.

할머니 댁에 가는 길은 좀 복잡했다. 집 근처 역에서 지하철을 타고 가다가 중간에 한 번 갈아타야 했고, 지하철에서 내린 다음에는 다시 버스를 타고 20분 정도 더 가야 했다. 다른 데 들르지 않고 가도 한 시간이 넘는 거리였다.

인터넷에 접속해 함께 길 찾기를 해보았다. 지도로 위치를 확인한 뒤 다시 '로드 뷰(road view)'로 거리의 모습을 보고, 어느 방향으로 가야 할지를 일일이 적어주었다. 그 사이에도 희준이의 갈등은 계속되는 듯했다. 엄마가 데려다주면 안 되냐고 몇 번 더 물었으나 끝내 떡볶이의 유혹을 이기지는 못했다. 그때까지 희준이에게는 휴대폰이 없었다. 혹시나 싶어 나는 친정엄마의 휴대폰을 빌려 희준이 손에 들려주었다.

가는 방법을 적은 쪽지와 돈 만 원을 챙긴 희준이는 드디어 '모험과

도전의 세계'로 길을 떠났다. 지하철을 갈아탈 때와 버스 정류장에 도착했을 때 전화를 하라고 당부했지만 전화는 오지 않았고, 내가 전화해도 받지 않았다. 낯선 길을 가면 그럴 수 있다고 미리 예상했기에 크게 걱정하지는 않았다.

도착했을 거라 예상한 시간에서 한 시간쯤 지난 뒤 시댁에 전화를 했다. 전화를 받은 시어머니는 희준이가 30분쯤 전에 이미 도착했다고 말씀하셨다. 내 예상보다 30분이 늦은 것이다. 나중에 물어보니 배가 고파 떡볶이를 먹고, 꼬치와 오뎅도 사 먹느라 늦어졌다고 했다.

다음 날 우리 부부는 추석 음식을 준비하러 시댁에 갔다.

"어제 벨 소리가 나서 나가봤더니 희준이가 혼자 서 있어서 얼마나 놀랐는지! 당연히 어미 아비하고 같이 오겠거니 했는데. 희준이가 많이 컸더라. 어찌나 대견한지!"

시어머니는 많이 놀라셨던지 감탄사를 섞어가며 계속 말씀하셨다. 가만히 보니 명절이라고 찾아오는 친척과 손님 모두에게 그 이야기를 반복해서 하시는 듯했다. 미담의 주인공은 거실 소파에 여유 있는 자세로 앉아 그 상황을 즐기고 있었다.

"오느라고 힘들지 않았어?"

"그 정도 갖고 뭘."

대수롭지 않다는 듯한 대답이었다. 이제는 비행기만 태워주면 미국에 있는 삼촌 집도 찾아갈 수 있다고 했다. 모험은 대성공이었다!

부모 교육을 할 때마다 나는 이 이야기를 자주 인용했다. 그리고 혼자

고양시에서 두 시간 거리의 병원을 다녀간 아이의 마음이 어땠을지를 엄마들에게 추측해보라고 했다. 혼자 가기에는 먼 길이라 무섭고 힘들었을 것 같다는 의견도 있었고, 아이가 스스로를 자랑스러워했을 것 같다는 대답도 있었다. 정답은?

아이의 엄마가 어떤 태도를 보이느냐에 따라 결정된다. 엄마가 '그 정도도 못 해? 뭐가 무섭다고 그래? 다른 애들도 이 정도는 다 해!'라고 한다면 아이는 세상이 무섭고, 자신이 무기력하다는 느낌만 기억하게 된다. 그렇지만 '엄마는 네가 이걸 해낼 수 있다고 믿어. 잘할 수 있을 거야. 꼭 필요할 때는 엄마가 도와줄게.'라고 진심으로 격려한다면 아이는 자신감을 얻고, 스스로를 자랑스럽게 느낄 것이다.

부모가 항상 아이와 동행하면 아이는 어디든 안전하게 다닐 수 있다. 그렇지만 내 힘으로 어디든 갈 수 있다는 자신감이나 문제 해결 능력을 키우기는 어려울 것이다. 나이에 맞는 도전은 시련이 아니고, 성장을 촉진하는 자극이다.

혼자 다니기 시작한 희준이는 생각의 반경이 매우 넓어졌다. 최근에는 돈을 모아 일본 여행을 가겠다며 계획을 짜고 있다. 시계를 좋아해서 명품 시계의 본고장에 가보는 게 꿈인데, 그 첫 단계로 가까운 일본을 택한 것이다. 해외에 혼자 가는 건 아직 이르다고 하니 일본에 가면 좋아하는 시계도 마음껏 보고, 여기보다 싼 가격에 살 수도 있다며 나에게 관세니 엔저 현상이니 하는 용어까지 사용해 설명을 한다. 낯선 곳이고, 말도 안 통해서 어렵다고 하자 그것도 아무 문제 없다고 했다. 스마트폰 지도로 목적지를 검색하면 아무 어려움이 없다는 것이다.

그건 이미 몇 달 전 확인했다. 해외 학회에 가면서 희준이를 데리고 갔는데, 결과적으로는 내가 희준이를 데려간 게 아니라 희준이가 나를 보필하기 위해 함께 온 셈이 되었다. 몇 번씩 가본 곳도 못 찾는 나에 비해 희준이는 길눈도 밝고, 물건 살 때나 음식 주문할 때 보면 영어도 유창했다. 무거운 짐도 대부분 희준이가 들고 다녔다. 어리바리한 엄마를 대신해 환전도 해오고, 기차 시간도 꼼꼼하게 확인해 놓칠 뻔한 기차를 간신히 잡아탄 적도 있었다. 이런 연유로 '혼자 일본 여행을 가면 예상치 못한 상황에서 잘 대처할 수 있을지 걱정된다.'라고 말을 했다가 나는 희준이의 말 한 마디에 입을 다물 수밖에 없었다.

"엄마는 잘 해?"

일단은 돈을 모으고 다시 이야기하자고 했지만 지금부터 마음의 준비를 해야 할 것 같다.

아이를 세상에 내보낸다는 것은 품속에 품고 있는 것보다 훨씬 더 많은 노력과 준비가 필요하다. 그 중에서 제일 중요한 것은 부모가 마음 속 불안을 통제하는 것이다. 부모는 자식을 울타리 안에 가두고 세상으로부터 보호하려는 게 사랑 때문이라고 생각하지만 사실은 불안 때문인 경우가 훨씬 많다. 넘어진 아이는 기다려주면 스스로 일어난다. 그것을 알면서도 부모가 달려가서 직접 일으켜주는 것은 아이가 일어날 때까지 기다리는 동안 느낄 마음의 고통 때문이다. 아이가 혼자서 찾아갈 수 있다고 생각하면서도 직접 데려다주는 수고를 마다하지 않는 것도 아이를 내보내고 돌아올 때까지의 불안을 겪고 싶지 않아서이다.

불안을 조절하지 못하는 부모는 그 이유가 자신의 마음속에 있다는 걸 모르기 때문에 불안의 원인을 세상 탓으로 돌린다. 그러다 보니 불안에 압도된 부모의 눈에는 아이의 성장이 보이지 않는다. 아이에게 혼자서도 잘해낼 수 있다는 믿음을 줄 수 없기 때문에 아이가 무기력해지는 것을 알지 못한다.

아이는 언젠가 부모의 곁을 떠나 홀로 세상과 마주해야 한다. 그 준비를 시켜주는 것이 부모의 역할이다. 따라서 부모는 불안을 견뎌내야 한다. 그래야 아이가 얼마큼 준비되어 있는지 가늠할 수 있다. 그리고 세상에 나가려는 아이를 도와줄 수 있다.

새로운 환경에 대한 경험은 서서히, 단계적으로 진행하면 된다. 쉬운 것에서 시작해 조금씩 난이도를 높여가면 아이는 이런 과정 속에서 자신감도 얻고, 대처 능력도 키우게 된다.

그러니 아이를 격려해서 세상에 내보내자! 세상은 준비된 사람에게 기회를 준다. 쌓인 경험에 비례해 수확할 수 있는 곳이 세상이다. 아무런 준비 없이는 어떤 아이도 한 번의 도약에 멀리 갈 수 없다.

시험 점수는 네 거야

나는 아이들 성적표를 꼼꼼하게 보지 않는다. 희원이가 고등학교에 다닐 때는 1년에 두어 번 정도 성적표를 보았던 것 같다. 중학교 때는 중간고사나 학기말고사를 볼 때마다 대체로 성적표를 가져왔던 것 같다. 그래도 대충 훑어보고 눈에 띄는 점이 있으면 가끔 이야기할 뿐 점수에 대해 말을 많이 한 적은 없다. 초등학교 성적표에서도 학기 말에 담임선생님이 써주는 총평을 제외하면 다른 것은 그저 보고 지나갔다. '연산을 잘 이해함.', '음표에 맞추어 리코더를 연주할 수 있음.'과 같이 물건에 딸려오는 사용 설명서 같은 내용에는 별 의미가 없다는 판단에 서였다. 총평조차도 내포된 의미를 알려면 교사를 하는 지인에게 물어 보아야 하니 번거롭기도 하였다. 어쨌거나 내 판단에 희원이나 희준이는 학교에서 뛰어난 성과를 내지는 않았으나 무난하게 적응해왔고, 나로서는 그것으로 족했다.

내가 아이 성적표에 무심한 데는 여러 가지 이유가 있다. 우선 요즘은 굳이 아이에게 성적표를 달라고 할 필요가 없다. 공인 인증서를 이용해 교육청 홈페이지에 들어가기만 하면 성적표뿐 아니라 학교에서 이루어지는 모든 기록을 다 볼 수 있다. 편하기도 하거니와 성적표가 나왔으니 안 나왔느니 하며 아이와 실랑이를 벌일 필요도 없고, 굳이 아이와의 대면 상황에서 성적표를 개봉하며 얼굴 붉힐 일이 없어서 좋다.

게다가 중학교부터 나오는 성적표는 그냥 아이의 시험 점수만 나오는 게 아니라 수행평가 결과, 전체 평균과 표준편차, 이수 단위 등 내용이 워낙 복잡해서 꼼꼼하게 들여다봐야 한다. 우리 아이 점수를 평균과 표준편차를 사용해 절대 점수로 환산하지 않으면 잘한 건지 못한 건지, 잘했다면 얼마나 잘한 건지 금방 감이 오지도 않는다. 과목마다 편차가 크니 아무래도 주요 과목 위주로 보게 되는데, 머리가 복잡할 때는 그조차 귀찮기만 하다.

한번은 희준이가 예체능 과목에서 형편없는 점수를 받아온 적이 있었다. 지나치게 낮은 점수에 대해 이유를 물었더니 이번 시험에서 예체능은 포기했다고 대답해 화들짝 놀랐다. 마침 옆에 있던 희원이가 대부분의 아이들이 다 그렇다고 말을 해주어서 약간 안심했지만, 곧이어 자기도 중학교 때 그랬다고 하는 말에는 아이에게 미안해야 할지 화를 내야 할지 몰라 다른 이야기로 화제를 돌리기도 했다.

희원이가 수능을 볼 때는 제2외국어도 시험 과목이라는 걸 모르고 있다가 수능 시험이 끝난 다음에야 알고 황당했던 적도 있다. 알고 보니 제2외국어는 점수에 필수로 반영되는 게 아니고, 사회 탐구 과목 중 한 과목과 대체 가능해서 대부분의 아이들이 선택민 하고, 공부는 하지 않는 과목이었다. 평소에 아이의 성적표를 꼼꼼하게 들여다보고 따져만 봤어도 일어나지 않았을 일들이다.

그러다 보니 나도, 남편도 아이의 성적에 대해 잘 모른다. 대학 입시를 앞둔 자식의 성적을 제대로 확인하지 않는 게 자랑스러운 일은 아니라서 크게 떠들고 다니지는 않는다. 그래도 시험 치고 온 아이 얼굴을 보면 대략 상황의 윤곽이 파악되고, 성적표가 나올 때쯤 한마디 던져보면 얼마나 비극적인 상황인지 가늠이 된다. 어쩌면 그걸 굳이 눈으로 확인하고 싶지 않았던 건지도 모른다. 그렇다고 답답해하지는 않았다. 어차피 아이에 대해 숫자로 모두 알 수 있는 게 아니라고 생각하기 때문이다. 또 성적은 아이 스스로 관심을 갖고 안타깝게 느껴야 오른다는 것도 알고 있기 때문이었다.

내가 아이의 성적에 대해 이런 태도를 취할 수 있었던 데에는 어린 시절 부모님의 태도에서 받은 영향이 크다. 나는 자라면서 부모님에게 점수 때문에 혼난 적이 없다. 이런 말을 하면 듣는 사람들은 모두 '공부를 잘했기 때문이 아니냐?'고 하지만 그렇지 않다. 물론 공부를 못한 편은 아니지만 초등학교 때 공부 잘한다는 소리를 대놓고 들은 적이 없고, 중학생이 되면서 등수는 괜찮은 편이었지만 그렇다고 크게 칭찬을 들은 적도 없다.

  부모님은 우리 형제를 키우면서 집 안에서 해야 할 것과 하지 말아야 할 행동에 대해 훈육하셨을 뿐 성적에는 큰 관심을 보이지 않으셨다. 아버지는 그저 건강하고 형제간에 다투지 않으면 별 말씀이 없었고, 어머니는 가족에 대한 배려와 집안일 돕는 것을 우선하였다. 그런 면에서 첫째인 나는 오히려 동생들보다 혼나는 경우가 더 많았던 것으로 기억난다. 당시만 해도 대학을 꼭 가야 한다는 분위기가 아니었고, 특정 대학에 대한 선호도 요즘처럼 강하지 않았다.

  좋은 성적을 받아와도 크게 칭찬을 듣는 것이 아니니 초등학교 때는 어떤 점수를 받았는지 기억조차 없다. 중학생이 되면서는 점수가 좋으면 스스로 뿌듯해했고, 성적이 떨어지면 혼자 속상해했다. 칭찬 받으려는 욕심이나 혼나면 어떡하나 하는 불안이 없다 보니 점수보다는 내용에 신경 썼다. 공부에 대한 압박감도 크지 않았던 것 같다. 대학 입시에서 평소보다 못한 점수를 받았을 때도 부모님은 괜찮다고 하시는데 혼자 펑펑 울었던 기억이 난다.

  집안 분위기상 시험 점수는 전적으로 나 자신에게 속한 것이었고, 점수로 인해 발생한 결과 역시 스스로 책임져야 했다. 우리 형제는 각자 점수에 맞춰 대학에 진학했고, 어느 대학을 갈지, 재수할지 말지도 스스로 결정하였다. 마흔이라는 늦은 나이까지 공부를 하고, 결혼과 육아로 중단했다가 포기하지 않고 박사 학위를 받은 것도 이런 마음이 배경이 된 것 같다.

그렇게 자라면서 부모님에게 물려받은, 공부와 관련한 부정적 감정 경험이 적은 탓일까? 엄마가 되고 내 아이들이 성적표를 가져와도 나는 별다른 감정이 느껴지시 않는다. 아이의 미래가 불안하게 느껴지거나 열심히 하지 않은 아이에 대해 화가 나야 '왜 공부를 열심히 안 했느냐, 이래서 나중에 뭐가 되려고 하냐.'고 다그칠 텐데, 별 감정이 없으니 할 말도 많지 않다. 중학교 1학년 때 희준이가 도덕 시험에서 65점을 받아왔을 때도 '엄마는 너를 그렇게 부도덕하게 낳아주지 않았는데 도덕 점수가 왜 이러느냐?'고 말하고, 며칠 동안 '부도덕한 아들'이라며 놀린 게 전부였다. 물론 부모로서 아이의 성적에 대해 전혀 걱정하지 않는 건 아니다. 하지만 내가 자랄 때 그랬던 것처럼 이 문제를 고민하는 건 전적으로 아이 몫이라고 생각했다.

희원이가 초등학교 2학년 때 일이다. 국어 시험지를 보여주는데 스무 문제 중 하나가 틀렸다.

"하나밖에 안 틀렸네. 잘했어!"

"틀렸잖아. 그런데 잘한 거야?"

"문제는 스무 개나 되는데 딱 하나 틀렸잖아. 그건 잘한 거지."

"백 점 맞아야 되는 거 아니야?"

"엄만 이 정도 한 것도 기특한데."

"지영이도 하나 틀렸는데 걔는 엄마한테 막 혼났대."

그 말을 듣자 아이가 계속 질문하는 이유가 이해됐다.

"너는 이제 2학년이잖아. 그럼 이 중에 한두 개는 모를 수도 있고, 알면서 실수할 수도 있는데 이 정도면 잘한 거야."

"그럼 지영이 엄마는 왜 혼내는데?"

"엄마하고 생각이 다른 거지. 지영이 엄마는 시험에 나오는 건 다 알아야 하고, 실수하면 안 된다고 생각하시나 봐."

본 적도 없는 지영이 엄마 마음을 내가 어찌 알까마는 주변에서 들은 이야기를 떠올려 보면 어렵지 않은 일이었다. 아이가 왜 이렇게 쉬운 걸 틀리는지 모르겠다는 엄마들이 많았다.

"분명히 교과서에도 있고 다 배운 건데 왜 실수를 하는지 모르겠어요. 한두 번도 아니고……. 백 점 못 받는 걸 받아들일 수가 없어요."

나는 학창 시절에 점수가 좋을 때조차 실수로 한두 개씩 틀리는 경우가 많았기 때문에 오히려 '어린 아이가 어떻게 실수도 안 하고 올백을 받지?' 이렇게 생각한다. 사실 백 점을 바라는 엄마들조차 아이가 모든 걸 다 알 수 없고, 실수조차 하지 않는 게 쉽지 않다는 것을 알고 있다. 그렇지만 내 아이만은 다 알았으면 싶고, 실수하지 않았으면 하는 바람 때문에 이해하지 못하겠다는 태도를 보이는 것이다. 하지만 엄마의 이런 태도 때문에 백 점을 받지 못하면 스스로를 못난 아이라고 여기고, 위축되어가는 아이들을 나는 수없이 보아왔다.

국어 시험지를 가져온 날, 초등학생이었던 희원이 역시 시험 점수가 자신에게 무엇인지를 알기 위해 엄마의 반응을 계속 탐색했다.

"엄마는 내가 80점을 받으면 어떻게 할 거야?"

"80점 맞았구나, 그러지 뭐."

"그럼 50점을 받으면?"

"다음엔 더 열심히 하라고 그러지."

친구 엄마의 반응이 꽤 격했는지 당시 희원이는 내 말을 금방 받아들이지 않았다. 학교에 다니게 되고, 시험이라는 걸 보게 되면서 은연중에 시험에서 틀리는 건 나쁜 것이고, 자신이 부족하다는 의미라는 걸 배운 듯했다. 이번에는 내가 질문을 했다.

"넌 시험을 못 보면 기분이 어때?"

"나쁘지."

"그래. 기분이 나쁠 거야. 엄마는 네가 시험 점수 때문에 기분 나쁜데 또 야단치고 싶지 않아. 그건 네 점수잖아."

이런 대답이 당시 초등학생인 희원이에게는 어려웠나 보다. 갸우뚱한 얼굴로 희원이는 다시 나를 바라보았다.

"시험 점수가 잘 나오고 못 나오고는 네가 시험 준비를 어떻게 하느냐에 달렸어. 그래서 네 점수가 안 좋으면 엄마가 같이 속상해할 수는 있지만 딱 거기까지만 해줄 수 있어. 점수 때문에 생기는 일은 네 일인데, 엄마는 그걸 대신해줄 수가 없거든. 네가 손을 다치면 엄마가 약을 발라줄 수는 있지만 아픈 걸 대신해줄 수 없는 거와 같은 거야."

이런 대화를 나눈 뒤로 희원이는 성적이 나와도 시험지나 성적표를 꼭 보여주려고 하지 않았다. 대신 시험을 보면 집에 와서 말이 많았고, 점수가 좋으면 좋은 대로, 나쁘면 나쁜 대로 감정을 표현하였다. 덕분에 시험을 못 본 것 같다고 예민해하면 내가 아이의 눈치를 봐야 했다. 심지어 "이번 중간고사에서 시험 못 보면 친구하고 자살하기로 했어." 라는 불효막심한 말을 들을 때도 있었다. 깔깔대며 한 말이라 장난이라 생각했지만 부모로서 가만히 있을 수 없어 한마디 하기도 했다. 네가 자살하면 엄마가 따라가서 가만히 안 둘 거니까 알아서 하라고.

아이가 중학생이 되고, 고등학생이 되어도 성적에 대한 내 태도가 달라지지 않은 데에는 병원에서 만난 아이들도 큰 영향을 미쳤다. 시험을 잘 보고 싶지만 수학이 너무 어려운 아이, 올 백을 받아 칭찬받고 싶지만 학습 장애가 있어 읽기, 쓰기도 잘 안 되는 아이, 심지어 지능이 꽤 낮은데도 공부 잘하는 게 소원이라는 아이……. 병원에는 날마다 그런 아이들이 왔고, 나는 부모보다 아이가 백 점 받기를 얼마나 더 바라는지를, 그리고 시험을 못 보면 부모의 기대에 미치지 못했다는 생각에 아이가 부모보다 더 속상해한다는 사실을 그때 확인하였다.

학년이 올라갈수록 희원이는 시험 점수를 온전히 제 것으로 받아들이는 것 같았다. 이 말이 공부를 엄청 열심히 한다는 뜻은 아니다. 희원이는 점수가 떨어진다 싶으면 그걸 올리기 위한 방법을 스스로 고민했고, 학원을 보내달라고 하거나 참고서를 사달라고 요구하였다. 고등학교 2

학년 때는 수학이 많이 부족하니 과외를 받으면서 학원을 동시에 다니겠다고 하여 말리느라 진땀을 빼기도 했다. 왜 안 되느냐는 질문에 당시에는 돈이 너무 많이 든다고 대답했으니 희원이는 지금까지도 그렇게 알고 있을 것이다. 사실은 수동적으로 배우는 것보다 스스로 문제를 푸는 게 더 중요하다고 생각했던 것인데, 이 생각을 말하면 논쟁이 될 것 같아 내 입장에서 안 되는 다른 이유를 말한 것이다.

수능을 보고 희원이는 대학에 입학했지만 다시 한 번 기회를 갖고 싶다고 했다. 안 된다는 내 말에 매일 자기 의견을 피력하며 졸랐고, 하루에 한 번씩 '엄마, 긍정적으로 생각해주세요. 재고해주세요.'라는 문자 메시지를 보냈다.

나는 어떤 일을 결정할 때 그 일이 잘 됐을 때와 안 됐을 때 모두를 염두에 두고 결정한다. 두 달쯤 지나 재수를 해서 원하는 대학에 가지 못하더라도 이 일을 통해 희원이가 배우는 게 있을 것이라는 생각이 들었다. 재수를 허락하자 희원이는 학원 관련 정보를 검색하고, 친구들에게 의견을 물어 각 학원의 장단점을 비교하면서 어떤 학원에 다닐지 고심했다. 결정이 어려웠던지 하루는 내 의견을 물어왔다.

"엄마는 재수 학원을 결정할 때 뭐가 중요하다고 생각해?"

"교통이 편해야 공부하는 데 덜 피곤하고, 밥이 맛있어야 오래 다닐 수 있어."

"엄마한테 물어본 내가 잘못이지."

"그럼 너는 뭐가 중요하다고 생각해?"

"A학원은 교사진이 좋은데 학생 관리는 별로 꼼꼼하지 않고, B학원은 학생 한 명 한 명을 철저하게 관리한대. 교사진은 덜 좋지만."

"공부는 자기가 하는 건데 무슨 관리를 한다는 거야?"

"그러니까 내가 엄마한테 물어보는 게 아니었어."

결국 희원이는 관리가 꼼꼼하다는 학원을 선택했고, 그 결과 나는 희원이가 화장실에서 잡담을 하다가 혹은 복도에서 친구와 떠들다 벌점을 받았다는 것까지 문자 메시지로 받게 되었다. 이게 바로 꼼꼼한 관리라는 것이었다.

아이에게 무언가를 맡겼을 때 결과가 항상 좋은 것은 아니었다. 어쩌면 내가 결정하고, 아이한테는 그냥 결정한 대로 따르라고 하는 게 더 나은 결과를 가져왔을지도 모른다. 대신 나는 다른 것을 얻었다.

스스로 내린 결정 때문에 희원이는 대학생이 된 요즘도 밤을 새우며 공부와 숙제를 해내고 있다. 대학생이 되어서도 고등학생처럼 지내는 걸 보는 건 안타깝지만, 자신의 미래를 위해 하는 일이니 그 역시 내가 관여할 일은 아니다. 짬짬이 아르바이트까지 하면서 용돈을 해결하려고 노력하는 희원이를 보며 처음에는 '공부나 하지 무슨…….' 하고 곱지 않은 시선을 보내던 남편도 지금은 자기 삶을 스스로 책임지려는 딸아이를 대견하고 너그러운 눈으로 바라본다.

그렇다면 똑같은 방식으로 키운 희준이는 어떨까? 희원이와는 아주 다른 반응을 보였다. 초등학교 고학년이 되면서 교과서를 학교에 놓고 와 시험공부를 하려고 해도 할 수 없는 상황을 만들었고, 점수도 그에 상응했다. 같은 질문에 대해서도 희원이와는 아주 다른 대답을 했다.

"너, 성적표 받으니까 기분이 어때?"

"그냥 그런데."

아차! 반응이 다르다. 점수가 낮아도 기분이 나쁘지 않은 것이다.

"수학 점수가 왜 이래?"

"그러게 말이야."

"어려웠어? 어느 부분이 어려웠는데? 분수 곱셈하고 나눗셈? 소수 계산?"

"전부 다."

희준이는 고생스럽게 공부해서 좋은 점수를 받는 게 왜 좋은 일인지 모르겠단다. 중학생이 되면서 이런 태도는 더욱 심각해져 시험 때조차도 아무런 추가적인 노력을 하지 않았다.

"시험 기간인데 공부 좀 해야 하지 않을까?"

"했는데."

"언제?(공부하는 거 1초도 못 봤는데.)"

"시험은 수업 시간에 들은 걸 얼마나 잘 이해했는지 알아보기 위해 보는 거잖아. 나는 수업 시간에 졸지도 않고 열심히 들었어. 그러니까 시험공부를 다 한 거지."

표정을 보니 나름 진심이었다. 시험을 잘 보면 스스로에게 좋고, 못 보면 스스로 나쁜 게 있어야 하는데 아직 그런 경험을 하지 못한 것이다. 남자애들이 흔히 보이는 반응이다. 어느 정도 클 때까지는 놀 때는 즐겁고, 못 놀 때는 지루하고 괴롭다는 것 외에 다른 생각은 거의 하지 않는다. 희준이는 남자아이니까 훨씬 더 많이 기다려주어야 할 것 같다는 판단이 들었다. 너무 오래 걸려도 가만히 기다릴 수 있을까 싶었지만 아이가 원치 않는 것을 억지로 시키는 기술이 나에게는 없었다.

뜻밖에 그런 시기가 일찍 왔다. 중학교 2학년이 되면서 희준이가 친한 친구를 따라 도서관에 다니기 시작한 것이다. 친구가 공부를 열심히 하는 아이라서 함께 놀려면 공부하는 동안 기다려야 했는데, 그 시간에 자기도 같이 책을 펴고 공부를 하게 된 것이다.

처음에 이렇게 시작된 공부가 좋은 점수로 이어지고, 부모가 놀라움과 경이로움을 담아 칭찬하자 희준이는 시험 준비에 점점 재미를 붙였다. 공부가 아닌 시험 준비라고 말한 건 평소에는 공부를 하지 않기 때문이다. 스스로 정한 시험 기간, 보통 시험 보는 날을 포함한 3주의 기간 동안 희준이는 계획을 세워 공부하기 시작했고, 스스로 문제를 내거나 전혀 하지 않던 노트 정리를 하면서 혼자 공부하는 방법을 터득해 나갔다.

시험을 친 뒤 말이 많아지는 희원이와 달리 희준이는 시험 보기 전에 공부하는 방법에 대해 말이 많았다. 그리고 한 과목을 끝낼 때마다 시험 범위에서 문제를 내달라며 나에게 임무를 부여했다. 그 결과 나는 삼각형 내각의 합이 얼마인지, 영·정조 시대의 업적이 무엇인지 다시 공부할 기쁘지 않은 기회를 갖게 되었다. 최근에는 시계에 취미를 붙여 수시로 관련 정보를 탐색하고 있는데, 원하는 시계를 살 수 있도록 두둑한 용돈을 걸었더니 더더욱 점수 올리기에 매진하고 있다.

공부나 시험은 그 결과에 대해 감정을 느끼는 사람이 주체가 된다. 시험 점수가 올라가면 엄마가 더 기쁘고 안도감이 생기고, 점수가 떨어지면 엄마 혼자 불안해한다면 그 시험의 주체는 엄마가 된다. 이런 가정에서는 엄마가 공부에 필요한 정보를 알아보고, 학원을 결정하고, 공부할 시간을 정한다. 아이는 그저 엄마가 정해준 대로 따를 뿐 학습의 주체가 되지 못한다. 이렇게 해서 점수가 올라갔을 때 엄마는 스스로의 노력과 결정에 대해 자랑스러움과 뿌듯함을 느낀다. 그렇다면 이때 아이는 어떻게 느낄까?

아이는 좋은 점수에 대해 전적으로 자신의 공이라고 생각하지 못한다. 자랑스러움도 덜하고, 자신감이 커지지도 않는다. 오히려 내 판단은 믿을 만하지 않으니 앞으로는 다른 사람의 결정을 따르는 게 낫다는 수동적이고 의존적인 태도만 커질 뿐이다. 내가 아이들 점수에 무심하기로 결정한 이유가 바로 이것이다.

이런 태도가 확대되면 결국 아이들은 자신의 삶조차도 자신의 것으로 느끼지 못한다. 내 삶에서 벌어지는 일인데 내가 주체가 아닌 것 같고, 내 결정은 미숙하게만 보이고, 중요한 순간에 우유부단해지며, 자신이 원하는 것이 무엇인지 몰라 방황하게 된다.

인생을 살아가는 데 있어 가장 중요한 것은 무슨 일을 하건 간에 자기 삶의 주체로서 의사 결정을 하는 것이다. 공부와 성적도 마찬가지이다. 잘하건 못하건 성적은 아이의 것이기에 아이가 자신의 선택과 결정에 대해 책임을 지고, 그 결과에 당면해야 한다. 그것이 아이가 스스로를 책임지는 건강한 어른으로 성장해나가는 데 있어 무엇보다 중요하다.

그러니 부모가 진정 아이를 위한다면 점수건, 무엇이건 아이의 것은 아이 것으로 돌려주어야 한다.

대한민국에서 아들 키우기

"엄마, 장혁이 절권도를 군대 선임한테 배웠대."

퇴근하고 막 옷을 갈아입으려는데 희준이가 안방으로 뛰어 들어오며 했던 말이다.

"장혁은 진짜 좋겠다. 나도 그런 선임 있으면……."

부러운 기색이 역력했다. 절권도를 배울 수만 있다면 당장 입대라도 할 기세였다.

요즘 희준이는 무술에 푹 빠져있다. 열 살 무렵부터 시작한 태권도는 지금 3품이 되었고, 무술을 골고루 잘한다는 사범님이 품새를 배우는 사이사이 다른 기술도 조금씩 가르쳐주는 모양이었다. 못하는 무술이 거의 없다는 사범님은 사춘기에 접어든 희준이에게 멋진 모델링 대상이다. 지각하면 옆구리를 향해 날아온다는 발차기조차 아프기보다는 감탄의 대상이다. 얼마 전에는 권투를 배우고 싶다고 조르기까지 했다. 학기 중에 운동을 두 개나 하는 것은 무리이니 방학 때 하자고 미뤄둔 터이지만 힘에 대한 동경은 점점 커지는 것 같다.

희준이는 초등학교 저학년 때까지만 해도 운동이나 무술에 관심이 없었다. 더군다나 군대는 큰 두려움의 대상이었다. 한동안은 군대에 꼭 가야 하냐며 불안해서 걱정이 될 정도였다. 도대체 군대가 무섭다는 건 어떻게 알게 됐을까 해서 과정을 추적해보니, 유난히 입이 짧은 아이에게 그렇게 밥을 안 먹으면 군대 가서 혼난다고 할머니가 겁을 준 모양이었다. 원래 겁이 많던 희준이는 이 말을 듣고 한동안은 텔레비전에 군인이 나오기만 해도 채널을 돌리곤 했다.

남편이 처음 태권도를 시키자고 했을 때만 해도 나는 찬성하지 않았다. 건강을 위해서라면 자전거를 타거나 뛰어놀면 될 것을, 굳이 태권도장까지 다닐 필요가 있을까 싶어서였다. 남편은 그게 아니라고 했다. 남자가 세상을 살면서 힘에 대한 자신감이 없으면 힘들다고 했다. 모르고 건드리는 사소한 부딪힘부터 피할 수 없는 다툼까지 남자끼리 몸으로 부딪치는 경우가 생기는데, 그럴 때마다 아이가 위축되면 자신감을 갖고 살기 어렵다는 것이다. 남자라면 자기를 보호할 정도는 되어야 한다고 반복해서 강조하는 걸 보니 남자들 세계에는 여자들이 모르는 무언가가 있나 싶었다.

아빠의 말에 희준이가 동조하게 되면서 희준이는 태권도장에 다니기 시작했다. 가끔씩 다니기 싫다고 말한 적도 있었다. 하지만 횟수를 조정해주면 어렵지 않게 고비를 넘겼고, 그때마다 아빠의 격려와 강요(?)가 큰 역할을 했다. 영어나 수학에는 관심도 없던 남편이 태권도에 열의를 보이는 게 신기하기도 했다.

여러 차례 고비를 넘으며 급수가 올라가더니 희준이는 점차 스스로를 '강한 아이'라고 생각하는 듯했다. 수시로 허공에 발차기를 날리고, 도장에 다녀와서도 근육을 만든다고 팔굽혀펴기를 하곤 했다. 새로운 무술이 나오면 적극적으로 관심을 보였고, 배울 수 있는 방법을 스스로 알아보기도 하였다.

그러다 보게 된 것이 절권도였다. 예능 프로그램 출연자가 절권도로 상대를 제압하는 모습에 반해 계속 검색을 하더니 군대에서 배웠다는 것을 알게 되었고, 급기야 '나도 그런 선임을 만났으면.' 하는 바람까지 갖게 된 것이다. 나에게는 그 말이 이제 군대 가는 게 무섭지 않다는 말로 들려 안도감이 들었다. 은근히 걱정이 꽤 되었던 모양이다.

최근에 입대를 피하려고 진단서를 끊어달라며 정신과에 오는 젊은이들이 부쩍 늘었다. 정신적 문제로 군 생활이 어렵다는 것을 입증해달라는 것이다. 위계가 분명한 조직 생활에서 명령에 따라 주어진 임무를 수행하려면 심신의 건강이 필수적이다. 따라서 입대를 앞두고 건강에 문제가 있으면 진단서를 제출해야 한다. 그런데 군 생활을 할 수 없는 이유라고 대는 것들이 전과는 많이 달라졌다.

"시키는 대로 해야 한다면서요? 어떻게 그렇게 하고 살아요?"

"저는 원래 답답한 거 못 참아요. 군대 밖으로 나올 수 없다고 하던데 생각만 해도 끔찍해요."

"여태 남하고 방을 같이 써본 적이 없어요. 거기서는 샤워도 같이 해야 한다면서요?"

결론은 '힘들어서 못하겠다!!'는 것이었다. 오라 가라 하는 것부터 시작해서 일일이 간섭받는 것도 못 참겠고, 무조건 명령에 따르는 건 상상조차 하기 싫다는 것이다. 그냥 싫은 정도가 아니라 싫어도 너~무 싫어서 군대를 안 갈 수만 있다면 평생 정신과 환자라는 꼬리표가 붙어도 상관없을 정도라는 것이다. 그 다음은? 직장 생활은? 가장으로서의 삶은? 그들의 답은 간단했다. 아버지가 하는 일을 물려받으면 되고, 결혼은 안 하면 그뿐이란다.

이들을 만나면서 나는 입대라는 것이 단지 20대의 청춘을 소모하는 불필요한 기간이 아니라 남자로서 삶에 입문하는 첫 시험대라는 것을 알게 되었다. 이런 일들을 지켜보면서 내 아들이 남자라는 것도 새삼 느껴졌다. 또 남자는 군대에 가서 어렵지 않게 적응하는 사람과 그렇지 않은 사람으로 나눌 수 있다는 것도 알게 됐다.

군대에 적응할 수 있는 남자로 아들을 키우자는 새로운 목표가 생겼다. 이렇게 마음먹고 나니 내 생각과 행동이 많이 달라지기 시작했다.

그러던 어느 날 태권도장에 갔던 희준이가 시무룩한 얼굴로 집에 돌아왔다. 왜 그러냐고 물었더니 사범님에게 발바닥을 맞았다고 했다.

학교에서도 체벌을 안 하는 세상인데 학원에서? 이유를 듣기도 전에 감정부터 상했다. '전화를 해볼까? 전화할 필요도 없이 그냥 그만두게 할까? 아냐, 뭔가 잘못한 게 있으니까 그랬겠지. 그래도 그렇다고 애를 때려?' 마음이 복잡했다.

이럴 때는 감정이 가라앉을 때까지 기다리는 게 답이다. 도장을 그만두는 건 언제라도 할 수 있다. 이제 막 새로운 목표를 세우지 않았는가. 군대에 잘 적응하는 남자!

일단은 훌쩍거리는 희준이를 다독거리고 밥을 먹으라고 했다. 개운하게 씻고, 든든하게 밥까지 먹고 나자 희준이는 마음이 풀린 듯했다. 상황을 알아볼 타이밍이었다.

"사범님이 왜 때렸어?"

"높이뛰기 못했다고."

지금은 태권도도 하고, 농구, 축구도 하지만 희준이는 어렸을 때 운동신경이 많이 둔했다. 길에 박혀 있는 돌부리에 걸려 넘어지는 일도 많았고, 의자에 가만히 앉아있다 떨어지기도 했다.

'당연히 높이뛰기를 못할 수도 있지 그걸로 애를 때리다니······.'

그러다 문득 의문이 생겼다. '못해서 맞은 것이라면 전에도 자주 맞았을 텐데. 그랬다면 진작 그만둔다고 했을 텐데. 내가 교사라면 어떤 상황에서 체벌이 필요하다고 생각할까?' 순간 다른 가능성이 떠올랐다.

"높이뛰기를 못했다고 사범님이 무조건 널 때린 건 아닌 것 같아. 혹시 네가 더 잘할 수 있는데 열심히 안 해서 그런 건 아닐까?"

희준이가 내 눈치를 봤다. 빙고!

"사범님은 네가 운동하는 걸 늘 보시니까 얼마큼 높이 뛸 수 있는지 아셨을 거야. 그런데 많이 못 미치니까 열심히 안 했구나 싶어서 혼낸 것 같은데?"

"사실…… 처음엔 90센티미터를 뛰었다가 두 번째에는 120센티미터를 뛰었어."

"거 봐! 사범님이 너를 잘 아시네. 그렇지! 너를 제대로 보신 거야. 그런데 너 높이뛰기 잘하는구나!"

이야기가 칭찬으로 끝나면서 희준이는 고비가 될 수도 있었던 그 사건을 잘 넘겼고, 이후 농구나 야구 같은 다른 운동에도 관심을 갖기 시작했다. 몸 쓰는 것에 대한 자신감이 늘어 어떤 운동이든 해보려는 계기가 되었던 것 같다.

발바닥 체벌 사건을 이렇게 마무리한 데는 무엇보다도 군대에 대한 생각이 영향을 미쳤다. 군대는 학교와 사회, 심지어 가정과도 닮은 점이 있다. 우선 다양한 사람들이 함께 살아가야 하기 때문에 안전을 위한 규칙이 필요하고, 원한다고 해서 모든 것을 마음대로 할 수 없다. 또 마음 맞는 사람뿐 아니라 맞지 않는 사람과도 잘 지내야 한다. 나와 맞지 않는 사람이 내 선생님이나 상사가 될 수도 있기 때문이다. 그게 우리 아이들이 집 밖에 나가서 마주칠 수 있는 세상인 것이다.

나는 내 아들이 그런 세상에서 잘 적응하기를 바란다. 마음이 맞으면 맞는 대로, 힘들면 힘든 대로 피하지 않고 어떤 일이든 견디기를 바란다. 모두가 포기할 때라도 남아있는 한 명이 되기를 바란다. 힘들다는 이유로 의무와 책임을 회피하지 않기를 바란다. 맞고 온 아이를 감싸고, 도장을 그만두게 하는 대신 이유를 생각하게 하고 계속 하도록 격려한 이유가 그것이다.

엄마로서 아들을 키우는 것은 딸을 키우는 것과 많이 다르다. 딸은 여자이기 때문에 내가 여자로서 살아온 삶을 기준으로 하면 된다. 그런데 아들을 키운다는 것은 자식을 키우는 것이면서 동시에 남자로 키운다는 의미를 갖는다.

엄마는 여자이기 때문에 남자아이가 어떻게 성장하는지, 성인 남자가 되어서는 어떻게 세상을 살아가는지 알기 어렵다. 남자와 여자는 화성인과 금성인처럼 서로 다르고 이질적인 존재이다. 그래서 아들을 키울 때 엄마는 좀 더 심사숙고해야 한다.

또 아들을 잘 키우기 위해서는 남자로서 남편을 이해하는 게 필요하다. 그가 왜 소통에 서툰지, 축구나 야구에 왜 열광하는지, 대화로 풀면 되는 걸 왜 화를 내는지를 남자와 여자의 관점에서 보아야 한다.

남자들은 세상을 힘의 대결 구도로 본다. 사냥을 하면서 살아온 선조의 경험 때문이다. 힘이 강해야 먹이를 구할 수 있고, 내 영역을 지킬 수 있으며, 존재를 인정받게 된다. 즉 남자의 존재 근거는 그가 갖고 있는 힘에 있는 것이다.

이런 습성이 남아 남자들은 본능적으로 상대와 자신을 비교하고, 서열을 만들고, 힘을 추구한다. 지금 힘이 있으면 있는 대로 지배력을 과시하려 하고, 힘이 없으면 굴복하거나 남몰래 힘을 키우며 승리를 꿈꾼다. 희준이는 그러니까, 아직 정식으로 경쟁 대열에 끼어들지 않은 어린 수컷에 해당한다. 미래의 승자를 꿈꾸며 힘을 키우고, 강해져 가는 자신의 모습에 스스로 감탄하는 과정인 것이다.

그렇지만 이들을 기다리는 현실은 냉혹한 경쟁과 패자에게 가해지는 가혹한 대우다. 이것을 아는 아빠는 아들이 걱정스럽다. 힘 대결에서 지는 것도 걱정이고, 패배에 가슴 쓰릴 것도 마음 아프다. 그래서 아빠들은 '강하게!'를 외치며 아들에게 냉정한 모습을 보인다. 세상에 나가서 어차피 겪을 일, 미리 겪으면 고통이 덜 할 것이라 기대하기 때문이다.

남편이 그토록 태권도장에 집착한 것도 그런 이유였다. 몸으로 느껴지는 한계를 미리 겪어보고, 스스로 단련의 필요성을 절감하면 실전에서 훨씬 유리한 고지를 차지할 수 있다고 생각한 것이다.

20년 결혼 생활에서도 배우지 못한 남자의 세계를 아들을 통해 배우고 있다. 냉혹한 승부의 세계에 던져질 것을 생각하면 안타깝기도 하지만 커갈수록 점점 더 힘을 동경하고, 경탄하며, 흥분하는 모습을 보면 내 안타까움도 여자로서의 감정일 뿐 남자인 희준이에게는 이것이 자연스러운 삶의 모습인 것 같다.

남자아이가 소통과 대화에 서툰 것도 같은 맥락이다. 경쟁과 대결의 대상이 되고, 상대를 이기지 못하면 내가 패자가 되는 상황에서 감정이입이나 공감은 방해가 될 뿐이다. 싸움을 하면서 '내가 때리면 아프겠지?', '속상하겠지?' 하면 제대로 싸움을 할 수 없다. 승자가 되면 모두가 내 말을 들어야 하기 때문에 굳이 소통이 필요하지 않다. 패자가 되었을 때는 무조건 요구에 따라야 하니 마찬가지이다.

그래서 힘의 원리를 알고 있는 부모는 아들을 강하게 키우려고 애쓴다. 물리적 힘이든, 지식이든, 재력이든 무엇 하나에서라도 우위를 차지할 수 있어야 패자의 고통을 느끼지 않는다고 생각하기 때문이다.

그렇지만 남자에게 힘의 원리만큼 중요한 것은 결과에 승복하는 적응력이다. 서열 안에서 내 자리를 알아차리고, 재빠르게 제 위치에 들어가는 것은 불필요한 다툼과 피해를 줄여준다. 힘센 아이의 비위를 거스르지 않으려는 아이, 개그맨 흉내를 내며 영향력을 키우려는 아이, 정보력으로 상대를 제압하려는 아이, 모두 다 나름대로 자기 위치를 확보하려는 노력이며, 여기에는 승자도 패자도 없다.

남자들은 본능적으로 위계질서를 느낀다. 여기에 순응하고, 기회가 되면 다시 도전하는 유전자를 갖고 태어났다. 엄마의 눈으로 보면 가슴 아픈 굴복이거나 비굴한 패배로 보이는 경우도 있다. 하지만 삶의 다양한 영역마다 서열은 모두 다르며, 아이는 최선을 다해 살아가고 있다.

엄마는 남자로 성장해가는 아들의 모습에 지나치게 관여하지 않고, 적당한 거리에서 지켜봐주어야 한다. 그러면 아이는 어느새 스스로를 책임지는 진정한 남자로 성장해 있을 것이다.

이제 희준이는 군대를 더 이상 두려워하지 않는 것 같다. 그래도 나는 여전히 아들을 남자로 키우기 위해 내 사전에는 없는 말들을 기억하려 애쓴다. 군대에 갈 수는 있지만 가지 않는 것과 갈 수 없어서 가지 않는 것은 하늘과 땅 차이라는 것을, 그리고 군대에 적응할 수 있는 아이가 세상살이에서도 잘 적응한다는 것을!

엄마의 품격
&
아빠의 품격

그때 남편은 하기 싫어서 도망갔던 게 아니었다.
내가 힘들었던 것처럼 남편도 힘들었고,
내가 미숙한 엄마였던 것처럼
남편 역시도 준비되지 않은 미숙한 아빠였던 것이다.
그렇지만 그런 시간이 있었기 때문에
우리가 부모로 성숙할 수 있었다고 생각한다.
다투고 피하고 쫓아가면서 했던 것이
미숙했던 우리의 의사소통이었다.

그래서 여자들이 천당 가는 거야

한참 아이들을 키울 때는 육아가 영영 끝나지 않을 것만 같았다. 애들 키울 때가 좋았다고 하는 사람들을 보면 다른 나라 사람 같았고, 그런 날이 나에게는 영영 오지 않을 것만 같았다. '오늘 저녁에는 뭘 먹여야 하나?', '내일은 춥다는데 어떤 걸 입혀서 보낼까?', '밥을 먹고 요구르트를 줄까 아니면 밥 먹기 전에 줄까?' 등 사소한 의식주부터 '어떤 유치원에 보낼까?', '초등학교는 어디가 좋을까?', '지금 사는 동네는 안전한가?', '학원은 몇 개나 보내야 하지?'와 같이 아이를 둘러싼 모든 환경을 통제하는 일까지 모두 책임져야 하는 게 지금까지의 내 삶이었다. 말할 수 없이 힘들고 피곤한 시간이었고, 과장해서 말하면 이러다 죽으면 애들이 큰일인데 싶을 정도의 절박한 마음으로 하루하루를 보냈다. 그런 마음은 짜장면 하나를 먹을 때조차도 느껴졌다.

희원이가 어렸을 때는 나 역시 젊었을 때라 지금보다 일이 많았다. 늦게까지 일을 하느라 병원에서 저녁 식사를 해결해야 하는 경우도 많았는데 그때 제일 만만한 건 중국 음식이었다. 그때는 일하다가 저녁을 시켜 먹기로 결정하면 내 머리는 나도 모르게 돌아갔다. '지금 여섯 명이니까 요리를 두 개쯤 주문하고, 각자 식사를 하나씩 시키면 되겠지?' 집에서 하던 버릇이었다. 희원이가 대여섯 살이 되면서 우리 집도 중국 음식으로 저녁을 때우는 경우가 많아졌고, 그때마다 누가 무엇을 먹을지를 결정하는 건 내 일이었던 것이다.

그렇지만 세월이 흘러 이제는 상황이 다르게 돌아간다. 내가 뭐라고 말도 꺼내기 전에 가장 연차가 높은 수련생이 메모지를 들고 다가온다.

"교수님, 식사는 뭘로 드시겠어요?"

"다른 사람들은 다들 결정했어?"

"교수님만 결정하시면 됩니다. 탕수육, 깐풍기 하나씩 시키고, 각자 식사를 시키려고요."

내가 정하지 않아도 된단다. 이미 다 결정을 했던 것이다.

'아, 편하다!'

저녁 식사가 배달되어 오면 이 역시도 예전과는 다른 순서로 일이 진행된다. 철가방에서 부려진 그릇을 식탁으로 옮기는 것도, 그릇에 씌워진 비닐 랩을 벗기는 것도 내 일이 아니다. 그저 가만히 기다리고 있으면 랩을 벗겨서 김이 모락모락 나는 짜장면 그릇이 내 앞에 배달되어 온다. 1년 차 수련생은 엽렵한 손길로 나무젓가락을 쪼개어 공손히 바친다.

'아! 정말 편하다.'

식사가 끝나면 젓가락을 놓기 무섭게 나를 제외한 전원이 일제히 일어나 그릇을 치운다. 이들의 행동은 정말 민첩해서 마치 나비들이 군무를 추는 것 같기도 하고, 그릇들이 저절로 둥둥 떠서 자기네들끼리 겹쳐지고 봉투에 담겨지는 것처럼 보이기도 한다. 그릇이 치워진 깨끗한 탁자에는 어느새 향이 그윽한 커피가 놓인다.

'아! 행복하다.'

나도 아랫사람이었을 때는 이런 일을 했는데, 지금은 기억이 잘 나지 않는 걸 보면 그 일을 특별히 싫어하거나 힘들어하지 않았던 것 같다. 그런데 이 정도 서비스에 왜 이렇게 감동이 되고, 지극한 호사를 받는다고 느껴지는 걸까?

그건 똑같은 음식을 집에서 먹을 때는 상황이 아주 달라지기 때문이다. 집에서는 이번엔 새우튀김을 먹고 싶다는 희원이와 지난번에 탕수육을 못 먹었는데 이번에도 안 시켜주느냐며 볼멘소리를 하는 희준이 사이에서 중재를 하는 것부터 상황이 시작된다. 그 끝엔 가끔 큰 소리와 울음소리가 나기도 했다. 음식이 배달되어도 바로 먹을 수 있는 게 아니었다. 아이들이 크기 전에는 그릇을 나르고, 랩을 벗기고, 젓가락을 쪼개는 게 모두 내 일이었다. 다 먹고 나면 빈 그릇들을 정리해서 비닐 봉투에 담아 내놓고, 덜어먹던 접시와 컵의 설거지까지 다하고 나서야 비로소 한 끼 식사가 끝났다.

이런 일을 반복하면서 나는, 왜 이런 상황에 남편은 자주 없는 걸까 하는 생각을 점차 많이 하게 됐다. 아이 돌보는 일의 대부분, 아니 전부를 내가 하는 것처럼 느껴졌기 때문이다. 이런 마음은 남편에 대한 원망과 비난으로 터져 나오곤 했다.

"여보, 당신은 손톱 발톱 합쳐서 모두 몇 개를 관리해?"

"무슨 말이야?"

"당신은 손발 다 합쳐서 스무 개만 관리하면 되잖아. 근데 나는 내 것 스무 개랑 애들 것 마흔 개, 전부 예순 개의 손톱 발톱을 관리해야 해. 게다가 스무 개는 내 몸에 붙어있으니 수시로 관리가 가능하지만, 애들 것은 잊어버리지 않게 신경 써서 관리해야 해. 그러니까 들이는 노력은 세 배가 아니라 다섯 배, 열 배는 된다고. 내가 얼마나 힘들겠어? 그거 알기나 해? 정말 너무한 거 아니야?"

"……."

"여보, 당신은 저녁 약속 중에 일로 만나는 사람이 더 많아? 아니면 그냥 만나고 싶어서 만나는 사람이 더 많아?"

"당연히 일로 만나는 사람이 더 많지."

"거짓말 하지 마! 반 이상은 그냥 만나는 거잖아. 나는 순수하게 만나고 싶어서 만나는 사람이 1년에 세 명도 안 된다고. 왜 나만 이렇게 살아야 하는데?"

"……."

아이가 어리면 어릴수록 아빠보다는 엄마의 손을 필요로 하는 일이 많다. 엄마는 열 달 동안 아이를 배 속에 품고 있기 때문에 아이의 일거수일투족에 민감하다. 울음소리만 들어도 배가 고파서 우는 건지, 졸려서 우는 건지를 구별할 수 있다. 손이 섬세한 엄마는 아이를 안을 때 편하게 안아주며, 너무 세거나 약하지 않은 강도로 아이를 토닥거린다.

반면 손이 투박한 아빠는 아이를 떨어뜨릴까 두려워서 안기를 힘들어한다. 가끔은 너무 세게 쥐어서 아기를 아프게 한다. 어쩌다 목욕이라도 시키려고 하면 격투기를 하는 것도 아닌데 과하게 몸에 힘을 주면서 땀을 뻘뻘 흘리기도 한다. 여자에 비하면 힘 조절이 안 되기 때문이다.

그렇지만 애 돌보기에 소진된 엄마의 눈에는 남편이 뺀질거리는 것으로 보인다. 아이를 안으라고 하면 10분 안고 도로 주고, 목욕을 시키자고 하면 아기 욕조에 물만 받아주고 사라지는 것처럼 보인다. 이런 일이 반복되면서 원망은 깊어가고, 함께 잘 살아보고자 아이까지 낳은 그 남자가 전생의 원수처럼 느껴지기도 한다.

힘들었을 때의 서러운 마음은 평생 간다. 그러다 보니 아내는 입만 열면 옛날 옛적 이야기를 반복하며 그때의 서운함을 쏟아내게 된다. 그럴수록 어린 아이를 키울 때 도망갔던 남편은 다시 아내의 잔소리를 피해 도망가려 한다. 어린 아이를 키우는 엄마 치고 '왜 나 혼자만 해야 돼?'라는 마음을 가져보지 않은 사람은 없을 것이다. 그때의 외로움과 소외감, 서러움은 부부 사이에 깊은 골로 남기도 한다. 내 남편도 크게 다르지 않았다.

희원이가 아장아장 걸을 때였다. 하루는 남편에게 아이 씻기는 것만 도와달라고 했는데 흔쾌히 하겠다고 했다. 하지만 남편은 그날 하루만 아이를 씻기고, 다음 날은 일찍 들어왔지만 피곤하다며 일찍 자버렸고, 또 그 다음 날은 술을 마시고 새벽에 들어왔다.

"진짜 너무한 거 아니야? 내가 애들 씻기는 것만 해달라고 했는데 그것도 못 해줘?"

"내가 언제 안 한다 그랬어? 언제 씻겨야 할지 말을 해. 그럼 할게."

"나흘 전에 한 번 씻겨주고 그 다음부터는 늦게 들어왔잖아. 그리고 일찍 와도 그냥 자고 그랬잖아."

"그럼 일찍 온 날 말하지 그랬어? 당신이 아무 말도 안 해서 그날은 안 씻겨도 되는 줄 알았잖아."

"어휴……."

"그래서 여자들이 천당에 가는 거야. 당신 이렇게 고생하는데 나중에 분명히 천당에 갈 거야."

"그럼 당신은 지옥에 가는 거지? 나중에 죽어서 천당 갔는데 거기 당신이 있으면 너무 화날 거 같아. 당신 보면 나 거기서 난동 부릴 거야!"

심지어 기도도 했다.

"하느님! 요즘 세상에서는 열심히 사는 사람에게 성과급을 줍니다. 한밤중에 일어나 아이 기저귀 갈고 우유 타기, 아이 목욕 시키고 머리 감겨주기, 온 가족을 위해 물건 사다 나르기……. 이거 다 남편보다 제가 더 열심히 했으니까 천국도 이 순서대로 보내주세요!"

그런데 끝나지 않을 것 같은 육아가 드디어 끝났다. 결코 오지 않을 것 같던 그날이 온 것이다. 그리고 나니 남편에 대한 마음도 달라지기 시작했다. 그때 남편은 하기 싫어서 도망갔던 게 아니었다. 내가 힘들었던 것처럼 남편도 힘들었고, 내가 미숙한 엄마였던 것처럼 남편 역시도 준비되지 않은 미숙한 아빠였다.

우리는 30대 초반에 결혼을 했다. 남편과 나 둘 다 직장에서 경력을 쌓느라 정신없을 때였다. 희원이가 생후 6개월이 되던 무렵부터 나는 풀타임으로 일하기 시작했고, 그로부터 6개월 후에는 박사과정도 함께 밟기 시작했다. 누가 시간을 돈으로 판다고 하면 사야 할 판이었다. 그래서 그때는 나 바쁜 것만 보였다.

돌이켜보면 남편도 다니던 직장을 옮겨 새로운 환경에 적응하느라 바빴다. 사회생활을 하는 남자들이 흔히 그렇듯이 잦은 회식과 음주가 있었고, 안 가겠노라고 뻗대기에는 너무 경력이 짧았다. 결국 술에 뻗어 아내는 왕왕대고, 아이는 징징거리는 집에 돌아와야 했다. 아무도 남편을 반기지 않았고, 원망의 잔소리 속에서 잠들어야 했다. 지금은 보이는 것이 그때는 왜 보이지 않았을까.

지금 생각해보면 그때 첫 아이를 낳은 초보 엄마인 나는 모든 레이더를 희원이에게 맞췄고, 아이를 돌보고 먹이는 데 온 에너지를 쏟았다. 마찬가지로 초보 아빠인 남편은 새로 늘어난 식구 몫의 생계를 고민했고, 열심히 일해야만 가장 노릇을 할 수 있다고 생각했던 것이다.

무엇보다도 가장 큰 문제는 남편과 내가 이런 생각을 서로 공유하지 않았다는 것이다. 육아에 지친 나는 그저 도와주지 않는다고 쏘아댔고, 반격할 힘도 없던 남편은 도망다니기에 급급했다.

그렇지만 그런 시간이 있었기 때문에 우리가 부모로 성숙할 수 있었다고 생각한다. 다투고, 피하고, 쫓아가면서 했던 것이 미숙했던 우리의 의사소통이었던 것이다.

요즘 퇴근해서 내가 하는 일은 씻고 침대에 들어가 휴대폰을 갖고 노는 것이다. 간단하게 저녁을 먹고 퇴근하면 여태까지는 꿈도 못 꾸던 평화로운 분위기가 나를 반겨준다. 몸무게에 비해 발소리가 커서 쿵쿵거리며 돌아다니는 희원이도 없고, 휴대폰에 스피커를 연결시켜 온 집안이 울리게 현란한 랩을 듣는 희준이도 없다. 반경 3미터를 절대 벗어나지 않으며 집적거리는 남편도 없다. 내 생애 절대 오지 않을 것 같던 날이 온 것이다.

침대에 들어가기 전 불을 끈다. 그러면 태권도 도장에서 돌아온 희준이가 바로 자기 방에 들어간다. 그때 나는 휴대폰을 들고 희준이 전화번호를 누른다.

"아들!"

"어! 엄마 어디야?"

"집이야."

"집에 없는데?"

"침대 속에 있어."

"뭐? 하하하하. 엄마 진짜 웃긴다."

"엄마가 필요해?"

"배고픈데 치킨 시켜 먹어도 돼?"

"그건 조금만 기다리면 돼."

통화가 끝나면 남편은 예전에 내가 했던 역할을 한다. 어느 치킨 집에 주문을 할지, 양념 치킨으로 할지 프라이드 치킨으로 시킬지, 콜라는 캔으로 할지 페트병으로 할지에 대해 희준이 의견을 묻고 전화를 해서 주문을 한다. 치킨이 배달되면 남편은 희준이와 함께 치킨을 먹고, 함께 마무리를 하고 잔다. 내가 하던 일에 비하면 반도 안 되지만 중요한 건 내가 아닌 남편이 한다는 것이다. 마무리를 한 남편이 들어올 때쯤이면 나는 깊은 잠에 빠져 있고, 남편은 조용히 옆자리에 누워 잠을 청한다. 잠자리에 들면서 남편은 무슨 생각을 할까?

절대 오지 않을 것 같던 날이 온 것처럼 결코 변하지 않을 것 같던 남편이 변하고, 끝나지 않을 것 같던 나의 원망과 분노도 사그라들고 있다. 돌이켜보면 남편은 나쁜 사람이라기보다 아빠가 될 준비가 채 되지 않아 육아로부터 도망가고 싶었던 보통 남자였다. 그리고 도망가고 싶어도 갈 수 없었던 나는 버거운 육아의 부담을 남편에 대한 원망으로 해소하며 살았던 것 같다.

안개 낀 경춘 국도

요즘은 어디를 가든 소통이 화두이다. 사람 관계에서의 핵심은 소통이며, 좋은 관계를 유지하고 갈등을 해결하려면 소통은 필수적이라는 것이다. 소통은 개인의 삶에 큰 영향을 미친다. 뿐만 아니라 한 문화권 안에서 이루어지는 소통의 패턴은 전체 구성원의 삶의 질과 행복의 정도를 결정하기도 한다. 따라서 사회의 기본 단위인 가족, 그 안에서도 부부 간의 소통은 핵심에 해당한다고 할 수 있다.

누구나 결혼을 할 때는 부부라면 당연히 소통이 원만할 거라고 확신한다. 나 역시 그랬다. 심지어 결혼 전에 일란성 쌍둥이가 등장하는 꿈을 꾼 후 남편과 내가 일란성 쌍둥이처럼 닮은 영혼을 가졌다는 의미로 받아들였다. 그리고 이 꿈은 결혼을 결정하는 데 큰 역할을 했다.

그렇지만 그건 착각이었다. 내가 결혼한 남자는 눈빛 하나로 모두를 알아차리는 환상 속의 배우자가 아니었다. 아무리 사소한 것도 직접 말하지 않으면 절대 몰랐고, 내 말이 조금이라도 길어지면 시선이 금방 텔레비전으로 돌아갔다. 신신당부한 일도 '깜박 잊었다.'는 말로 넘어가는 경우가 다반사였다.

이런 일이 반복되자 내 선택이 잘못되었다고 생각하기 시작했다. 그러다 희원이가 태어났고, 부부 간의 소통 문제는 절정에 달했다. 아이가 태어나면서 의논하고 결정해야 할 일이 기하급수적으로 늘어났지만 남편은 내가 '아'라고 한 말을 '어'라고 알아듣고, 'A'를 해달라고 하면 'B'를 했다. 그런 남편 때문에 사소한 말다툼이 끊이지 않았다. 남편은 도무지 말이 안 통하는 사람이었다.

산책처럼 간단한 일에서도 남편은 나와 어긋났다. 남편은 늦게 자고 늦게 일어나는 올빼미 형이고, 나는 일찍 자야 다음 날 수월하게 일어나는 타입이었다. 그걸 모르지 않으면서 남편은 항상 밤 열시가 넘은 시간에 산책을 가자고 했다. 내가 마지못해 따라 나서면 공기가 좋다느니, 커피 한 잔 마시고 싶다느니 하면서 혼자 기분을 내곤 했다.

소통이 안 된다는 가장 결정적인 증거는 나란히 손을 잡고 걸으면서도 남편이 한 번도 내 얼굴을 쳐다보지 않았다는 것이다. 밤늦게 따라 나선 아내가 피곤하지는 않은지, 집에 두고 온 아이들 걱정을 하는 건 아닌지에 관심이 없었다. 그저 남편은 자기 기분이 중요해 보였고, 아내와 산책하는 낭만적인 남편이 된 것 같은 느낌을 즐기는 것 같았다. 그러면서 한쪽의 즐거움을 위해 다른 한쪽이 희생하는 산책은 점차 횟수가 줄었다. 요즘은 나도, 남편도 산책을 즐기지 않는다. 소통이 없는 산책의 기억이 오히려 산책을 싫어하도록 만든 것이다.

젊은 부부들이 결혼의 환상에서 벗어나는 것은 일상이 시작되면서부터이다. 순백색 웨딩드레스, 꿈같기만 하던 허니문이 끝나면 밥 먹고, 청소하고, 잠자는 일상이 반복된다. 빠르면 이때부터, 대부분은 첫 아이가 태어나면서 부부의 허니문 시기가 막을 내린다. 그리고 눈빛만 봐도 통할 거라 믿었던 소통의 환상도 더불어 깨진다.

전업 맘을 택한 사람이라면 남편을 보낸 그 시간부터 남편을 기다린다. 보고 싶어서 그런 게 아니다. 아이를 돌보느라 밥 한 끼 편하게 못먹고, 화장실 볼 일을 보면서도 문도 닫지 못하는 초긴장 사태에서 남편, 아니 아이 아빠만이 유일한 구원자이기 때문이다. 이런 상황에서 남편과 소통이 안 되면 사소한 일에도 격한 분노가 일어난다. 내가 잠도 제대로 못 자고 수유를 하는데 어떻게 혼자 편히 잠을 잘 수가 있을까, 애가 아프다는데 어떻게 회식에 갈 생각을 할까 등 남편에게 분노할 일은 무수히 많다.

맞벌이 가정의 상황은 더 어렵다. 아이를 누구에게 맡길 것인가부터 시작해 아침에는 누가 아이를 데려다주고, 저녁에는 누가 아이를 데려올지, 서로 바쁠 때는 누가 양보해야 하는지, 주말에는 누가 아이를 봐야 하는지를 두고 다툼이 시작된다. 이 시기에 부부는 치열하게 다투고 격렬하게 미워하며 서서히 멀어지기 쉽다. 내 고통이 너무 큰 나머지 상대방은 나를 전혀 이해해주지도 않고, 소통도 안 되는 나쁜 사람이라고 결론 내리기 때문이다.

내 상황도 마찬가지였다. 속았다는 느낌, 세상에 나 혼자라는 외로움, 이 아이를 책임져야 한다는 부담이 매일 나를 괴롭혔다. 무엇보다 힘든 건 남편이 나와 아이, 육아에 무관심하고 심지어 알려고도 하지 않는다는 소외감이었다. 그런데 우연히 일어난 하나의 사건이 나로 하여금 남편과의 갈등 상황을 달리 보게 만드는 계기가 되어주었다.

"내일 일찍 일어나서 경춘 국도로 드라이브 갈까?"

"좋아."

"안개가 쫘-악 끼어 있어서 분위기 좋을 거야."

결혼 초, 주말 저녁이면 남편은 꼭 이런 말을 했다. 그때까지도 남편에게는 결혼 생활의 낭만이 남아 있던 것이다. 지금이라면 '주말에 못 자게 해서 나를 죽일 셈이냐.'고 화를 냈겠지만 그때만 해도 나 역시 결혼 생활을 잘하고 싶은 초보 아내였다. 착한 아내가 되고 싶던 나는 남편 말에 토요일 밤마다 알람 시계 바늘을 새벽 여섯 시에 맞추었다.

문제는 아무리 알람이 울려도 남편은 꼼짝하지 않았다는 것이다. 일어나라고 깨워도 남편은 일어나지 않았다. 다음에 가자고 하거나 심지어 아무 말도 없이 돌아눕곤 했다. 여전히 착한 아내이고 싶었던 나는 대놓고 따지지도 못한 채 속으로만 '믿을 수 없는 사람'이라며 남편을 원망했다.

당시 나는 심리학 박사과정을 밟고 있었는데, 그때 들었던 수업 중에 〈연구 방법론〉이라는 것이 있었다. 사람의 마음은 눈으로 볼 수 없기 때문에 마음의 크기를 재기 위해서는 방법이 필요한데, 그 중 하나가 개발자의 이름을 딴 '리커트 척도'라는 것이었다. 방법은 간단하다. 어떤 생각이나 감정에 대해 어느 정도나 동의하는지를 숫자로 표시하게 하는 것이다. 나는 이 방법을 써서 먼저 드라이브를 가자고 해놓고 절대 일어나지 않는 남편의 마음을 알아보기로 했다.

"토요일 밤에 드라이브 가자고 할 때 말이야. 내일 꼭 가야지 하는 마음이 100점 만점에 몇 점 정도로 들어? 100점은 무슨 일이 있어도 반드시 가겠다는 거고, 말뿐이지 갈 마음이 전혀 없을 때는 0점인 거야."

"그럼...... 50점."

그 말을 듣자 착한 아내의 가면은 단숨에 날아갔다.

"어떻게 그럴 수가 있어? 가자고 했으면 벌떡 일어나든지, 갈 마음이 없으면 말을 하지 말든지 해야지 50이 뭐야? 사람 놀리는 것도 아니고."

50퍼센트의 말에 속아 여태 알람 시계를 맞추고, 시계가 울리면 남편을 깨우고, 실망하는 일을 반복해왔다는 게 너무 분했다. 더욱 화가 나는 것은 남편이 자신의 잘못을 인정하지 않는다는 것이었다. 사과라도 받기 위해 나는 목소리를 높여 따졌다.

"자기가 한 말은 지켜야지. 사람이 어떻게 그렇게 대충 살아?"

"참 내, 사람이 어떻게 그렇게 빡빡하게 살아?"

망치로 뒷통수를 맞는 것 같다는 게 무슨 뜻인지 알 것 같았다. 자기가 한 말을 지켜야 한다는 건 항상 참일 수밖에 없는 명제라고 생각했는데, 남편이 그것을 단숨에 뒤집은 것이다. 당당하게 말하는 모습을 보니 남편 역시 자기 생각이 옳다고 굳게 믿는 것 같았다. 그러니까 새벽 드라이브를 가지 않아도 당당했던 것이다.

어이없을 만큼 확신에 찬 모습에 당황한 나머지 나는 잠시 남편의 입장이 되어 생각해보았다.

'그래. 어쩌면 이건 옳고 그름의 문제가 아닐 수 있어. 저 사람은 내가 진실이라고 믿는 게 틀렸다고 말하는 거잖아. 자기가 한 말을 꼭 지킨다는 건 믿을 만한 사람이라는 말도 되지만, 고집 세고 깐깐하다는 의미도 된다는 건데……. 말이 안 되는 건 아니네. 그럼 자기가 한 말을 꼭 지키지 않는다는 건 뒤집으면 여유 있고 융통성 있다는 말도 되는 거잖아.'

지금까지 있었던 일을 되짚어보니 남편이 왜 그런 말을 했는지 좀 더 이해할 수 있을 것 같았다. 남편은 어쩌다 내가 약속 시간을 지키지 못했을 때 항상 너그러운 모습을 보였다. '괜찮으니까 걱정하지 말고 천천히 와. 난 여기서 책 보고 있으면 돼.'라며 오히려 초조해하는 나를 안심시켰다. 거기에 비하면 나는 그리 너그럽지 못했다. 내 할 일은 미루지 않고 하는 만큼 남편의 실수는 꼭 짚었다. 약속 시간을 어기거나 계획한 일을 미뤘을 때 그냥 넘어가지 않고 한마디씩 꼭 했다. 살림을 맡은 만큼 남편의 소소한 실수에도 잔소리를 했고, 같은 실수를 반복하면 잔소리는 인신공격으로 바뀌었다.

'경춘 국도 드라이브 사건'을 겪으면서 깨달은 건 남편은 나와 많이 다르다는 것이다. 또 단점은 뒤집으면 장점이 될 수 있다는 것도 알게 되었다. 나에게는 너무 명백한 것들이 다른 사람에게는 아주 다른 의미로 받아들여질 수 있다는 것, 나와 다르다 하더라도 맞추어 살아가야 하는 사람이 있다는 것도 받아들이게 되었다.

소통의 핵심은 이것이다. 내 생각이나 감정을 간곡하게 말해서 상대를 설득하는 게 소통이 아니라 '아'에 '어'로 반응하는 사람에게 혹시 내가 전달을 잘못했나, 저 사람에게는 '아'와 '어'가 같은 의미로 느껴지는 건 아닌가 하고 다시 생각해보는 것이다.

○○우유를 사오라고 했는데 △△우유를 사왔다면 '왜 ○○우유를 안 사왔냐?'고 따지는 대신 '우유면 된다고 생각했구나.'라고 이해해보자는 것이다. 일찍 오겠다고 하면서 자정에 들어오면 '다른 사람에 비해서는 일찍 오겠다는 뜻이었구나.' 하고 알아주려고 노력하자는 것이다.

나에게는 이때의 일이 큰 전환점이 되었다. 이후에도 우리가 다투지 않는 것은 아니지만 적어도 하나의 상황을 내 입장과 남편의 입장에서 보려고 노력하는 계기가 되었다.

이런 노력은 사소한 문제를 많이 해결해주었다. 예를 들어, 남편은 과자를 먹으면 과자 봉지를 그냥 그 자리에 버린다. 남편 표현에 따르면 모았다가 한꺼번에 버린다는 것이다. 반면 나는 바로바로 치우는 걸 좋아한다. 그래서 처음에는 쓰레기를 치우지 않는다고 남편에게 화를 냈다. 배운 사람이라면 당연히 쓰레기를 바로 치워야 한다는 훈계도 했던 것 같다. 그렇지만 이것 역시 서로 생각이 다른 것일 뿐 옳고 그름의 문제는 아니었다. 내가 쓰레기를 바로 치우지 않으면 불편한 것처럼 남편은 그때그때 쓰레기를 치우는 게 힘든 것이다.

이렇게 서로의 다름을 인정하면 다툼이 줄고, 타협안을 찾을 수 있다. 과자 봉지를 거실 한켠에 둔 상자에 모았다 버리기로 약속하고, 그때까지는 내가 참는 것으로 정할 수도 있다. 중요한 건 불편함을 최소화하는 것이지 옳고 그름을 따지는 것은 아니라는 것이다.

약속 시간에 대한 것도 마찬가지 방법으로 해결했다. 남편은 좋게 말하면 여유가 있고, 나쁘게 말하면 약속 시간을 지키지 않는 경우가 많다. 오죽하면 결혼 초 맏동서가 나에게 '우리 식구 중에 막내 서방님이 오면 다 오는 것'이라고 말했을 정도이다. 그러다 보니 함께 외출할 기회가 있으면 빨리 나가자는 나와 늑장부리는 남편 사이의 말다툼은 잦아질 수밖에 없었다.

이 일은 남편과 타협하지 않고, 나 혼자 방법을 찾았다. 함께 가야 하는 약속이 나에게 중요한 것이면 혼자서라도 정해진 시간에 출발하고, 남편에게 중요한 것이면 남편이 나갈 때까지 기다렸다 함께 가는 것이다. 물론 미리 이렇게 말해둔다.

"여보, 나는 10시에 출발할 거야. 당신이 그때까지 준비가 안 되면 할 수 없이 나 먼저 갈 거야."

그 결과 큰 다툼이 정말 많이 줄었다.

그럼 경춘 국도의 드라이브는?

"여보, 내일 아침 일찍 우리 드라이브 갈까?"

"그러지 뭐. 근데 꼭 가야겠다는 마음이 0에서 100까지 얼마나 돼?"

"50."

"그럼 나 시계 안 맞추고 그냥 잔다. 아침에 드라이브 가고 싶으면 깨우세요."

남자는 저절로 아빠가 되지 않는다

남녀가 결혼을 하면 기존의 역할에 아내와 남편이라는 역할이 더해진다. 아이가 태어나면 여기에 엄마, 아빠라는 역할까지 추가된다. 삶의 장이 바뀔 때마다 역할이 바뀌거나 더해지는 것은 당연한 일이다. 하지만 이것이 그 역할까지도 잘해낸다는 것을 의미하지는 않는다. 특히 양육에 있어서는 아이를 낳아 부모가 된다는 것과 아이의 부모 역할을 잘해낸다는 것은 아주 다른 문제이다.

여자는 엄마가 되었을 경우 비교적 그 역할을 자연스럽게 수용하고, 빨리 익숙해진다. 그에 비해 남자는 아빠라는 정체성에 익숙해지거나 양육에 참여하는 데 어려움을 겪는다. 그 이유 중 하나는 가장으로서의 책임이 늘어난 것에 대한 부담을 들 수 있다. 임신 소식에 기뻐하지 않는다거나 아이가 태어난 후 귀가 시간이 늦어졌다는 남자, 집안일은 나 몰라라 무심한 남자들의 마음 이면에는 가장 노릇에 대한 압박감이 내재되어 있는 경우가 많다.

 게다가 열 달 동안 배 속 아이와 유대감을 키워간 엄마에 비하면 아빠라는 역할은 상대적으로 중요성을 인정받지도 못한다. 엄마와 비교하면 역할도 뚜렷하게 정해져 있지 않아 많은 남자들이 아내 주변을 서성이며 어정쩡한 태도를 취한다.

 이때 여자들은 흔히 남편이 가족에 대해 관심이 없고, 양육에서 물러나 있다고 느낀다. 심지어 남편이 아이의 탄생을 원하지 않았던 건 아닌가 의심하기도 한다. 그러나 남자가 아빠가 되기 위해서는 준비가 필요하고, 이때 아내의 부드러운 안내가 중요한 역할을 한다.

 부드럽고 섬세한 손을 가진 엄마에 비해 크고 투박한 손을 가진 아빠는 손 안에 들어온 아이라는 연약한 존재에 겁을 먹고, 너무 세게 잡아 아프게 할까 봐 불안해한다. 아이를 달래는 데도 아빠는 능숙하지 못하다. 안아서 치켜들면 아이가 놀랜다고 아내에게 잔소리를 듣고, 재워보려고 흔들어주면 살살 하라는 지적이 바로 날아온다. 그런가 하면 아빠는 밥을 먹이려고 하다가 뱉어내고 도망가는 아이에게 금방 욱하게 된다. 약간 눈을 부릅떴을 뿐인데 아이는 자지러지며 엄마에게 도망간다.

 이때 엄마는 아빠에게 방법을 알려주어야 한다. 아이를 돌볼 기회를 주어야 하며, 사소한 실수에 너그러워야 아빠가 자기 역할을 습득할 수 있다. 그렇지 않으면 아빠는 양육에 참여하기 어려워진다.

오죽하면 아빠의 양육에는 엄마라는 문지기가 중요하다는 '문지기 이론(gatekeeper theory)'이 있을까? 엄마라는 문지기가 문을 열어주고, 들어오도록 허락해야만 아빠가 양육이라는 세계 안으로 들어올 수 있다는 의미이다.

희원이가 어렸을 때 남편 역시 희원이를 만지거나 씻기는 걸 힘들어했다. 특히 아이 목욕 시키는 것을 어려워해서 아예 손을 대지 않으려 했는데, 여린 피부를 직접 만지는 게 꽤 부담스러웠던 것 같다. 그래서 아이를 씻기는 일은 대부분 내 차지였다. 혼자 아이를 씻기는 게 힘들 때는 세면대에 따뜻한 물을 받아 씻기기도 했는데, 지금 다 큰 아이를 보면 그게 어떻게 가능했을까 신기하기도 하다.

만지면 부서질 것 같은 시기가 지나자 남편은 점차 아이를 데리고 놀기 시작했다. 특히 새로운 운동을 가르치는 데 있어서 인내심 강한 선생님이 되어주곤 했다. 당시 남편은 한 달에 두 번 정도 당직을 하고 다음 날은 하루 종일 쉬는 방식으로 근무했는데, 쉬는 날이면 유치원에 가서 아이를 데리고 함께 공원에 놀러가곤 했다. 자전거, 롤러 블레이드를 가르치는 건 모두 아빠 차지였다. 희원이는 지금까지도 그 당시 기억을 즐겁게 돌이키곤 한다.

귀엽고, 말 잘 듣는 아동기를 지나면서 희원이는 점차 자기주장이 거세졌고, 아빠가 한 마디 하면 열 마디로 받아치는 사춘기 소녀가 되었다. 이때부터 남편에게는 다시 아빠 노릇이 힘들어졌다. 가르치면 즐겁게 배우던 어린 아이가 아빠에게 대들고 맞서는 청소년으로 자라고 나니 아이 다루기가 만만치 않았던 것이다. 문지기로서 나의 역할이 다시 필요했다.

희원이가 고등학교 1학년 때 일이다. 학기말시험 중이었는데 내가 좀 늦게 들어갔더니 희원이가 제 방에서 울고 있었다. 수학 시험을 망쳤다는 것이다. 그게 다가 아니었다. 아빠가 일찍 들어왔기에 제 딴에는 위로를 바라고 한 말에 남편이 치명적인 대답을 했다는 것이다.
"아빠 나 어떻게 해? 수학 시험 망쳤어."
"그럼 수학 점수 안 보는 대학에 가면 되잖아."
이 말이 상처가 되었는지 희원이는 한참을 울었다. 어렵게 희원이를 달래고 안방에 왔더니 남편은 태평스럽게 텔레비전을 보고 있었다.
"여보, 희원이한테 수학 점수 안 보는 대학에 가라고 했어?"
"응."
"왜 그랬어? 쟤가 30분을 울었어(사실은 10분이었다). 자기가 우리 식구들 중에서 제일 공부를 못하고, 아빠가 그런 자기를 무시해서 속상하대."
남편은 놀라는 눈치였다. 자기 딴에는 딸아이에게 솔루션을 준다고 한 말이었던 모양이다.
"당신이 나쁜 마음으로 그런 게 아니라는 건 아는데, 희원이는 사춘기 여자애야. 부탁인데 할 말이 없으면 아무 말 하지 말고 그냥 안아줘."

남편의 표정을 보니, 역시나 나의 문지기 역할과 함께 약간의 교육이 필요해 보였다.

"혹시 당신 수학 점수 안 보는 대학이 어디인 줄 알아? 모르면 그렇게 말하면 안 되지. 몇 군데 없어. 그러니까 딸을 위해서 해주는 솔루션이면 적어도 알아보고 얘길 해야 해. 희원이가 가출하고 싶었는데 당신이 때리지 않아서 못했다고 하더라고. 요즘 사춘기 애들은 귀신도 안 잡아간대. 성질이 더러워서."

아이를 위해, 또 화목한 가정 분위기를 위해 아빠가 노력해야 한다고 생각하는 엄마들이 많다. 적어도 아빠라면 아내의 도움 없이 혼자서 아이를 돌볼 수 있고, 아이의 마음을 읽을 수 있으며, 아이를 울리거나 마음 상하지 않게 하면서 잘 놀아주어야 한다고 생각한다. 그렇지만 실상은 이와 아주 다르다.

남자는 여자에 비해 마음을 읽는 데 서툴다. 누군가를 돌보는 걸 귀찮아하고, 놀이와 경쟁을 구별하지 못한다. 이렇게 태어난 남자들에게 좋은 아빠 노릇을 기대한다면 엄마가 많은 부분을 책임져야 한다. 좋은 아빠란 무엇인지 남편이 이해할 수 있도록 설명해야 하고, 아빠 자리와 역할을 만들어 양육에 쉽게 들어올 수 있도록 길을 터야 하는 것이다.

남편이 나처럼 아이를 대할 수 있을 거라는 기대를 접으면서 문지기로서 내 역할이 많이 수월해졌다. 그때부터는 남편이 잘 할 수 있는 역할을 찾아 알려주기 시작했다. 아이가 클수록 멀어져가는 부녀 사이를 좁히기 위해 아빠로서의 역할을 만들어준 적도 있었다.

중학생이 되면서 공부할 양이 늘어나자 희원이는 시험공부하는 것을 힘들어했다. 그런 아이를 도와주기 위해 나는 암기 과목에서 중요한 내용을 짚어주곤 했는데, 찍어준 문제의 적중률이 너무 높았던지 도와달라고 하는 과목이 점차 늘어났다. 그러다 보니 희원이가 시험 때가 되면 덩달아 나까지 잠을 잘 수가 없었다. 일찍 자야 다음 날 활동이 가능한 나로서는 족집게 과외 선생 노릇이 여간 괴로운 게 아니었다.

"이 정도 해줬으면 이젠 스스로 해야지. 딱 보면 요건 중요하구나 하는 감이 안 와?"

"지난번에 엄마가 문제 찍어준 거 말해줘서 내 친구들도 다 답을 맞혔어. 엄마, 정말 최고야! 애들이 진짜 부러워해용."

혹시나 안 해줄까 봐 콧소리로 애교까지 부리는 아이를 차마 뿌리치기 어려워 그날도 국사 책과 씨름을 하고 있는데 전화벨이 울렸다. 남편이었다.

"여보! 나 지금 가고 있는데 뭐 해?"

"희원이가 내일부터 시험인데, 지금 과외 선생님이 와서 같이 공부하고 있어요."

"그래? 희원이가 과외를 했어?"

"문제를 잘 짚어주는 유명한 선생님이 있다고 해서 특별히 부탁했지.

그러니까 맛있는 것 좀 사와요."

"그래? 그럼 당연히 사가야지."

집에 들어온 남편 손에는 평소에 먹던 것보다 더 비싼 고급 쿠키와 케이크가 들려 있었다.

"선생님은? 애 방에서 공부해?"

"여기 있잖아. 나!!"

무슨 말인가 싶었는지 남편은 아무 말이 없었다.

"애가 당신 딸이잖아. 근데 당신 딸 시험 준비를 내가 시켜주고 있으니까 내가 선생님이지. 당신은 희원이 아빠니까 당연히 이 훌륭한 선생님을 대접해야 하는 거고. 불만 있어?"

"뭐? 하하하. 아니, 불만 없어."

시험 범위의 내용이 너무 어려워져 짚어주기 힘들 때까지 족집게 과외 선생님은 몇 번 더 왔다. 그때마다 남편은 선생님을 대접하느라 지갑을 열어야 했다. 가끔 까다로운 과외 선생님이 오면 집에 들어왔다가도 다시 나가야 했다. 케이크를 좋아하는 선생님이 오는가 하면, 아이스크림을 좋아하는 선생님이 올 때도 있었고, 저녁을 못 먹어 치킨을 대접해야 하는 경우도 있었기 때문이다. 그때마다 나는 귀한 과외 선생님을 살뜰하게 대접하는 아이 아빠에게 깍듯하게 감사의 표현을 했다. 이후 남편은 사교육비가 많이 드는 사춘기 딸의 아빠가 되었고, 그 역할을 훌륭하게 해내면서 다시 희원이와 사이가 좋아졌다.

아이들을 키우면서 나는 엄마인 것 같은데, 남편은 아빠가 맞을까 하는 생각이 든 적이 많았다. 아이가 배고파 울면 벌떡 일어나는 것도 나였고, 자다 깨서 우는 아이를 달래는 것도 나였다. 아이가 어렸을 때는 아이를 돌보는 데 집중하느라 남편의 일거수일투족에 그렇게까지 예민하지는 않았던 것 같다. 그렇지만 즉각적으로 움직이지 않아도 될 만큼 애가 크자 남편과 나의 반응속도가 다른 게 자꾸 화가 났다.

"부모(父母)잖아! 모부(母父)가 아니고. 아빠가 더 중요해서 부모라고 하는 거 아니야? 그럼 애를 돌보는 데도 앞장서야지."

"애 이름이 신(申)희원이잖아. 조(趙)희원이 아니고. 너무 불공평한 것 아니야? 그럼 내 성을 쓰게 해주든지."

아이를 돌보는 일차적인 책임과 의무는 나에게 훨씬 많이 있는 것 같은데, 권리와 명예는 대부분 남편에게 있는 것 같아 그게 다툼의 원인이 되기도 했다. 아이들을 데리고 몰래 아빠 흉을 보는 횟수가 늘어났고, 혼잣말처럼 하는 원망을 일부러 아이가 옆에 있을 때 하기도 했다.

그러나 남편은 달라지지는 않았다. 비난하면 입을 다물었고, 뭔가 해달라고 하면 의도적으로 잊어버리는 것 같았다. 적어도 나에게는 그렇게 느껴졌다. 싸우면 싸울수록 남편은 아빠 자리에서 더 멀어지는 것처럼 보였다.

이런 일이 반복되자 나는 생각을 바꾸기로 했다. 아무리 봐도 남편에게 가족이란 뭉뚱그려진 하나의 덩어리일 뿐 아내, 딸, 아들, 이렇게 분화되어 있는 것 같지는 않았다. 나에게는 토마토를 좋아하는 딸 희원이와 치킨을 좋아하는 아들 희준이라는 두 아이가 있다면, 남편에게는 가족, 우리가 있을 뿐이었다. 내가 두 아이를 위해 각자 좋아하는 것을 해주려고 할 때 남편은 무엇이 되었든 함께 하는 것으로 충분했던 것이다. 그래서 아이들이 원하는 건 뭐든 해주고 싶어 하면서도 애써 사온 먹거리를 아이들이 맛있게 먹지 않거나, 기껏 놀러 가서 즐거워하지 않으면 기분 상해하곤 했다.

남편을 이해하자 방법이 떠올랐다. 우린 덩어리가 아니라는 것, 당신의 성을 딴 딸 하나와 아들 하나가 따로 있다는 것을 자꾸 상기시켜주는 것이었다. 예를 들면 이런 식이다.

"방금 문소리 났지? 애들이 나간 거야?"

"신희원, 당신 딸이요."

"여기 있던 손톱깎이 어디 갔어?"

"당신 아들이 썼어요. 신희준."

이상한 일은 그렇게 말할 때마다 남편은 마치 잊고 있던 일이 생각난 것 같은 표정을 짓는다는 것이다. 그러고 나면 굳어있던, 때로는 짜증났던 표정이 조금은 너그러워진다. 아마 이런 생각이 드나 보다.

'참, 내 아이들이지! 그럼 아빠인 내가 좀 참지 뭐. 난 좋은 아빠니까.'

허락받고 죽을게

부모 노릇이 힘든 이유 중 하나는 아이의 기질이나 나이에 따라 부모의 양육 기준이나 태도를 다양하게 변화시켜야 한다는 것이다. 특히 아이의 성장은 부모가 늘 바라는 것이면서도 동시에 새로운 과제를 안겨준다. 어린 아이를 다치지 않게 하려면 위험한 곳은 가지 못하게 하고, 다칠 만한 것들은 치워놓으면 된다. 하지만 언제까지나 아이를 붙들어둘 수는 없다. 그래서 부모는 한편으로는 직접 아이를 보호하면서 다른 한편으로는 어떤 게 위험한지 아이 스스로 판단할 수 있도록 가르친다. 더불어 위기에 대처하는 방법도 훈련하려고 애쓴다. 그런데 이때 부모가 갖는 어려움이 있다. 아이에게 몇 살에 무엇을 가르쳐야 하고, 어떻게 가르쳐야 하는지 잘 모른다는 점이다.

다행히 나는 항상 아이들과 만나야 하는 직업을 가졌기 때문에 이런 경험들이 아이들을 키우는 데 큰 도움이 되었다. 만일 열 살짜리 아이가 버스를 타고 병원에 혼자 왔다고 하면 집에 있는 열한 살짜리도 이젠 버스를 탈 수 있겠구나 생각한다. 그렇다고 무조건 버스에 밀어 넣는 것은 아니다. 먼저 아이를 살펴봐야 한다. 이때 가장 집중적으로 보는 것은 아이가 그 일을 할 수 있을 만큼 몸과 마음이 준비되었나 하는 점이다. 버스 타는 게 과제라면 우선은 아이에게 버스 타고 다니는 친구가 있는지를 슬쩍 물어보는 것에서 시작할 수 있다.

"네 친구들 중에 혼자 버스 타본 애들 있어?"

"그럼. 당연하지."

그 정도는 우습다는 듯한 말투로 받아치면 아이는 마음의 준비가 되어 있을 가능성이 높다.

"너도 할 수 있어?"

"그걸 왜 못해? 하려면 하지."

이번에는 지식 면에서 준비가 되어 있나 알아볼 차례이다.

"만약에 ○○○에서 영화를 본다면 어떻게 가야 하는지 알아?"

"아파트 정문 앞에서 720번 타면 될 걸."

이 정도 대답이면 혼자 시켜볼 만한 나이가 된 것이다. 그러면 다음 단계는 자연스럽게 기회를 주면 된다. 차비와 함께 약간의 간식 비를 추가하면 일은 더 쉬워진다.

한 번도 해본 적 없는 일을 해보도록 하는 것도 필요한 훈련이지만,

앞으로 겪을 좌절에 대해 미리 마음의 준비를 시켜주는 것도 부모가 할 일이다. 아빠들이 아이를 강하게 키워야 한다며 힘든 상황으로 몰아붙이는 건 이런 마음의 준비를 시키기 위해서다. 집과 달리 세상에 나가면 힘들다고 안 하고, 어렵다고 피하는 게 가능하지 않음을 알기 때문이다. 방법이 좀 거칠기는 하지만 세상에 나가 겪을 좌절을 조금이라도 일찍 경험하게 해주면 나중에 덜 고통스럽지 않을까 하는 마음은 분명 사랑이다.

아이들이 커가면서 받아들여야 하는 세상살이의 어려움은 이뿐만이 아니다. 원하는 것이 있으면 노력을 통해 얻어야 한다는 것, 간절히 원한다고 모든 것을 다 가질 수 없다는 것, 그리고 언제까지나 부모가 옆에 있어줄 수 없다는 것도 점차 받아들여야 한다. 그렇다면 이런 것들을 언제 배워야 할까? 저절로 알게 되는 걸까 아니면 아이 스스로 알 수 있는 것일까?

삶의 필연성, 인간의 유한성에 관한 개념을 배우는 과정은 아이마다 다른 것 같다. 어떤 아이는 아끼는 강아지의 죽음을 보고 느낄 수도 있고, 어떤 아이는 친숙한 사람들이 모두 검은 옷을 입고 모인 조부모의 장례식장에서 죽음을 느낄 수도 있다. 대부분은 자연스럽게 알아야 할 만한 나이에 배우지만, 시기나 방법이 좋지 않으면 문제를 겪을 수도 있다. 이를테면 부모도 죽을 수 있다는 것을 너무 빨리 알게 되면 아이는 세상에 대한 안전감이 훼손 당해 심한 불안을 느낄 수 있다. 보통 추상적 사고력이 발달하는 사춘기 이전에는 아이들이 이런 개념들을 조화롭게 받아들이기 어렵다. 희원이와 희준이가 어렸을 때 나 역시 이런 문제에 직면하면 고민이 되었다.

한번은 엄마에게서 부모도 죽을 수 있다는 말을 들은 일곱 살짜리 아이가 불안 장애를 보여 상담한 적이 있었다. 그 일 이후 나는 희원이나 희준이가 죽음에 대해 물어오면 어떻게 얘기해줘야 하나 의문이 들었다. 더불어 아이가 죽음에 대해 어떻게 알고 있는지도 궁금해졌다.

희원이가 초등학교 2학년이던 어느 날 저녁, 밥을 먹고 희원이와 함께 텔레비전을 보는데 마침 부모의 죽음을 겪은 사람의 이야기가 방송에 나오고 있었다. 좋은 기회다 싶어 아이에게 죽음에 대한 이야기를 슬쩍 꺼내보았다.

"저 사람은 아빠가 돌아가셔서 슬프겠다."

"응."

"너라면 어떨 것 같아?"

희원이는 나를 빤히 쳐다보았다. 엄마가 지금 무슨 말을 하는지 알아듣지 못한 것 같은 표정이었다.

"만일에 말이야. 혹시 저런 일이 생기면 어떨 것 같으냐고?"

"엄마 죽을 거야?"

희원이는 대답 대신 질문을 했는데 마치 따지는 것 같은 말투였다. 어린이날에 선물을 안 사준다는 거냐, 또는 동생만 맛있는 걸 사줄 거냐

같은 질문을 할 때와 똑같은 말투였다. 말투와 태도로 보았을 때 희원이에게 엄마가 죽는다는 건 마치 엄마가 자기를 버린다거나, 사랑하지 않는다는 것으로 느껴지는 것 같았다. 아직 죽음을 이해할 나이가 안 된 것이다. 이 사실을 확인한 나는 단호하게 대답했다.

"아니. 엄마는 안 죽어!"

과학적 진실과 다르지만 이렇게 대답할 수밖에 없었다.

"그런데 왜 물어봐?"

"물어볼 수는 있잖아. 그럼 엄마는 언제까지 살아야 해?"

"끝까지!"

말하는 것을 보니 엄마는 죽으면 안 되는 존재였다.

"혹시 너무 오래 살아서 지겨우면 어떡하지? 만일 죽어도 되면 언제가 괜찮아?"

"그럼…… 나 죽은 다음에. 알았어? 나 장례식 치르면 다음 날부터는 괜찮아."

그게 말이 되냐는 말은 하지 않았다. 어차피 세상 일이 마음대로 되는 게 아닌데 죽는 문제야 더 말해 무엇하랴. 공연한 말을 꺼내 괜히 아이 마음만 혼란스럽게 한 건 아닐까 싶었다.

아이들은 추상적인 개념에 대한 이해가 부족하다. 동그랗다, 빨갛다, 뜨겁다처럼 오감을 통해 확인할 수 있는 건 이해할 수 있다. 하지만 '예의 바르다.', '책임감 있다.', '이기적이다.' 같이 구체적인 행동이나 사물로 확인하기 어려운 말들은 충분히 클 때까지는 잘 이해하지 못한다.

아이는 자신의 경험과 부모의 태도를 통해 이런 추상적인 개념들을 배워나간다. 죽음도 마찬가지다. 누군가 죽었다는 말을 들었을 때 아이들은 아무것도 실감하지 못한다. 알지 못하는 어떤 존재가 어디인지 모르는 곳으로 사라져간 정도로 어렴풋이 받아들일 뿐이다.

부모의 존재란 아이에게는 절대적이고, 두 발을 딛고 있는 땅이나 머리 위를 떠받치는 하늘과 마찬가지의 존재이다. 우리가 살아가면서 하늘이 무너지거나 땅이 꺼질 것을 가정하지 않는 것처럼 아이에게 부모의 죽음이란 전혀 개연성이 없는 일이다. 그렇지만 만약에라도 그런 일이 일어난다면? 그건 너무나 무서운 일이기 때문에 아이는 세상 전반에 대한 불안이 높아지면서 불안 장애로 발전하기도 하는 것이다.

그날 이후 나는 아주 여러 번에 걸쳐 절대 죽지 않을 것을 희원이에게 다짐해야 했다.

희준이는 희원이보다 여섯 살이나 어리다 보니 추상적 개념을 이해하는 데 차이가 날 수밖에 없었다. 희준이가 초등학교 1학년이고, 희원이는 중학교 1학년 때의 일이다. 한번은 아이들을 두고 우리 부부만 외출을 하게 됐는데, 희준이가 왜 자기들만 두고 가냐며 불평을 했다. 그때 희원이가 농담을 한다고 한마디 했는데 그게 화근이 됐다.

"희준아, 엄마 아빠는 우리 말고도 애들이 있어. 그래서 가끔 가서 그 애들을 돌봐줘야 해."

희준이는 눈이 금방 커지더니 눈물을 뚝뚝 흘리기 시작했다. 실제 상황으로 알아들은 것이다. 남편과 내가 부랴부랴 달랬지만 이미 엎질러진 물이었다. 농담을 아직 이해하지 못하는 희준이가 진정되기까지는 꽤 많은 시간이 걸렸다.

돌이켜보면 희원이를 데리고 죽음에 대한 이야기를 하던 당시에는 나에게도 죽음은 추상적 개념에 불과했다. 내 존재에 다가올 필연적 귀결이 아니라 아이에게 잘 가르쳐야 할 어떤 지식이었던 것이다. 지금은 죽음이 훨씬 구체적 모습으로 다가온다. 예전에는 그냥 들어 넘겼던 말들이 다른 느낌으로 다가오는 걸 보면 그걸 알 수 있다.

남편은 아주 오래 전부터 자기가 먼저 죽을 것이라며 순서를 정해놓았다. 처음엔 '별 이상한 순서도 다 있다.'고 생각했다. 그래서 '정해놓는다고 그 순서대로 죽는 것도 아닌데 뭐.' 하면서 못 들은 척 하거나 웃어 넘겼다. 조금 더 나이가 들고는 '남편이 막내라서 혼자인 걸 나보다 더 못 견디나 보다.' 혹은 '남자가 혼자 남으면 여자보다 더 외로운가 보다.' 하고 피상적이지만 남편의 입장을 이해하려 했다.

그런데 요즘 들어서는 정말로 언젠가는 죽겠구나 하는 실감이 들 때가 있다. 양쪽 부모님이 한 분씩 돌아가시고, 가까웠던 지인이, 절대 그럴 나이가 아닌 젊은 후배가 먼저 가는 모습을 보면서 점차 가슴이 서늘해져 간다. 그러면서 우리 부부의 죽는 순서는 현실의 문제가 됐다.

그동안 별 대꾸 안 하면서 자연히 내가 순서를 양보한 셈이 되어 있었고, 당연히 남편이 먼저 죽는 것으로 되어 있던 것을 가만히 재고해보니 여러 가지 문제가 있었다. 게다가 남편은 만약의 경우를 대비해 장기 기증과 사체 기증 절차까지 마친 상태였다. 나는 생각날 때마다 하나씩 문제를 제기하기 시작했다.

"여보, 사람이 살면서 제일 큰 스트레스가 뭔지 알아? 배우자의 사망이야. 그런데 나한테 그걸 겪으라고?"

생활 사건을 스트레스 강도의 순서대로 나열한 목록의 맨 위는 '배우자의 사망'이 차지하고 있다. 그러니까 먼저 죽겠다는 건 세상에서 제일 큰 스트레스를 나한테 겪게 하겠다는 게 남편의 의도인 셈이다. 따지지 않을 수 없는 일이다.

"여자들이 남자들보다 잘 견디잖아. 당신은 애들하고도 친하고, 주변에 사람들도 많으니 잘 지낼 거야."

"그건 그렇지…만……."

그렇다고 치자. 문제는 거기서 끝나지 않는다.

"사체 기증을 한다고? 당신이 죽어서 슬퍼하고 있는데 누군지 모르는 사람들이 와서 당신을 갖고 간다는 말이잖아. 그런 일을 왜 나한테 허락도 안 받고 해?"

"원래 배우자 동의를 받게 되어 있으니까 와서 무조건 갖고 가지는 않을 거야. 그때 당신 마음대로 하면 돼."

"그럼 돈 받고 팔아도 돼?"

어이가 없는지 남편은 대답하지 않았다. 나 역시 그냥 해본 말이었다.

남편이 원한다고 하니까 순순히 들어주고 싶지 않았던 것이다. 그러다 정말 중요한 말로 그 상황을 마무리 했다.
"당신 나한테 잘 안 하면 내가 먼저 죽는다. 그러니까 알아서 잘 해!"

탱크와 청소기

가사노동과 양육에 대한 부부 간의 역할 분담이 예전과 많이 달라졌다. 과거에는 남자가 돈을 벌고 여자는 살림과 육아를 맡는 게 당연했다면 최근에는 맞벌이 부부가 늘면서 남녀의 역할 차이가 점차 줄고 있는 것이다. 심지어 아내가 돈을 벌고, 남편이 전업으로 가사를 맡는 가정도 늘고 있어 남녀의 역할 구별은 거의 없어진 것처럼 보인다.

이렇게 사회 분위기가 바뀌면서 돈만 벌어오면 육아에는 참여하지 않아도 된다고 생각하는 전통적 사고방식의 남편들이 설 자리도 줄어들고 있다. 퇴근 후 피곤한 몸을 이끌고 집에 들어오면 수고했다고 치하받기는커녕 '다른 집 남편은 일찍 와서 가족과 함께 시간을 보낸다던데, 아이도 잘 본다던데, 주말이면 항상 같이 나간다는데 당신은 뭐냐?'

고 아내로부터 지탄을 받기 일쑤이다.

아내들이 이렇게 말하는 데는 이유가 있다. 일하는 여자의 경우 사회생활을 하고 돈을 번다는 것으로 면제받는 것이 별로 없기 때문이다. 새벽부터 출근해서 고되게 일하는 것은 기본이고, 아침저녁으로 애를 데려다주고, 데려와야 한다. 집에 와도 부랴부랴 저녁 준비해서 아이를 먹이고, 씻기고, 재우는 슈퍼 울트라 초특급 능력을 발휘해야 근근이 일상이 유지된다. 그래서 남편 역시 그 정도의 역할을 분담해야 한다고 느끼는 것이다.

나 역시 아이들이 어렸을 때는 남편에게 '똑같이 하기'를 많이 요구했다. 한밤중에 아이가 울면 남편도 나와 똑같이 벌떡 일어나고, 퇴근 시간에 똑같이 일찍 들어오기를 바랐다. 내가 밥을 할 때는 남편이 아이를 돌보고, 내가 설거지를 할 때는 숙제를 봐줬으면 했다. 그렇지만 남편은 나와 똑같이 하지 않았다. 벌떡 일어나는 것도 항상 나였고, 아이에게 밥을 먹이고, 씻기고, 재우는 것도 대부분 내 몫이었다.

결혼 초반에는 아직 남편이 파악되지 않아 나처럼 하지 않으면 꾹 참고 속으로 삭이다 갑자기 분통을 터뜨리는 경우가 다반사였다. 그래도 남편은 달라지지 않았다. 심지어 내가 따지고 들면 처음에는 자기 잘못을 아는 것 같은 표정을 아주 잠깐 짓다가 곧 나와 똑같이 억울하고 화난 표정을 지었다. 나는 그런 남편을 도저히 이해할 수 없었다.

"나는 병원도 다니고 박사과정도 하고 있잖아. 그럼 적어도 내가 수업이 있는 날에는 당신이 일찍 와서 희원이를 보는 게 당연하잖아. 그런데 왜 이렇게 만날 늦는데?"

"일부러 안 들어오는 건 아니잖아. 도저히 어쩔 수 없는 상황인 걸 나보고 어떡하라고?"

"내가 얼마나 힘든 줄 모르니까 그렇지. 당신은 당신 입장만 생각하잖아."

"그럼 내가 나쁜 놈이라는 거야? 나도 힘들어!"

"뭐가? 뭐가 힘든데?"

"참, 내가 답답해서. 그만 해!(버럭)"

똑같은 다툼, 비슷한 상황이 끊임없이 반복되었다. 아무리 생각해도 남편을 이해할 수 없었던 나는 우리가 386 구세대이기 때문에 이러는 게 아닐까 생각했지만 그건 사실이 아니었다.

2006년, 첫 책을 내고 EBS〈60분 부모〉라는 방송 프로그램에 전문가로 출연하기 시작하면서 나에게는 다른 가정을 들여다볼 기회가 많아졌다. 방송국에서 신청자 가정의 문제를 분석하기 위해 일상생활을 촬영해서 그 동영상을 보내주었기 때문이다.

신청자는 대부분 30대 젊은 부부들이었고, 386세대인 우리 부부와는 성장 환경이 다른 신세대였다. 남편이 퇴근하자마자 득달같이 집으로 달려와 아내를 대신해 어린이집에 있는 아이를 데려오고, 아내가 저녁 준비를 하면 아이를 데리고 놀아주거나 집안 정리를 하는, 아니 그렇게 한다고 들었던 그런 세대였다. 그런데 놀랍게도 젊은 아빠 중에 그런 아빠는 많지 않았다.

　우선 신청자 가정의 일상생활을 촬영한 동영상에서 그 집의 가장을 볼 수 있는 시간은 아주 짧았다. 우리 세대처럼 대부분의 아빠들은 여전히 퇴근이 늦었다. 가끔 일찍 오는 날에도 아이를 돌보거나 아내와 역할을 나누는 모습은 보기 힘들었다. 퇴근하면 바로 씻고 편한 옷으로 갈아입은 채 차려진 밥상에서 식사를 했으며, 식사 중에도 시선은 텔레비전 화면에 고정되는 모습이 보통이었다. 남편들은 식사를 마치면 카메라를 피해 닫힌 공간으로 숨어 들어갔고, 이유를 물으면 하나같이 피곤하다고 대답하였다.

　그들의 모습은 자상하지도, 적극적이지도 않았다. 예전에 내가 보았던 남편의 모습과도 전혀 다르지 않았다. 심지어 아내들의 증언에 따르면 촬영 당일 남편들의 모습은 오히려 평소보다 훨씬 양호했다. 보통은 식사를 마치면 속옷 차림으로 거실 소파와 혼연일체가 되고, 몇 분 지나지 않아 눈이 감기고 코를 곤다고 했다. 그러다가도 누군가 채널을 돌리거나 텔레비전을 끄면 언제 그랬나 싶게 벌떡 일어나 짜증을 낸다고 했다. 보고 있는 텔레비전을 왜 건드리느냐는 것이다.

　놀랍게도 그들은 모두 내 남편과 쌍둥이처럼 닮아있었다. 더 놀라운 건 내 남편을 비롯한 대부분의 남편들이 이런 자신의 모습을 전혀 모른다는 것이었다.

　그러던 어느 주말, 집에서 젊은 아빠와 아이를 촬영한 동영상을 보고 있는데 남편이 옆으로 다가왔다. 마침 동영상에는 다섯 살짜리 아이가 거실을 빙빙 돌며 놀 거리를 찾고 있고, 소파에 앉아있는 아이 아빠는 텔레비전 화면에 빨려들 듯 몰입하고 있는 장면이 나오고 있었다. 아빠의 관심을 끌어보려고 아이가 텔레비전 앞에서 물구나무서기까지 했지만, 아이 아빠는 허리와 목을 틀어 시선의 각도만을 조정할 뿐 전혀 아이를 보지 않았다.

"저분 여의도 방송국에 가셨구나. 아니, 아예 조선시대에 가서 세종대왕과 함께 살고 있는데."

나도 모르게 이런 말이 흘러나왔다. 아이 아빠가 보고 있던 드라마가 〈대왕세종〉이기 때문이었다. 당시 이 드라마는 최고의 시청률을 자랑했는데, 심지어 드라마를 좋아하지 않던 남편조차도 본방사수를 위해 퇴근 시간을 지키려고 애썼다. 따라서 동영상 속 아이 아빠의 몰입은 남편에게서 자주 보던 모습이었다.

그런데 남편의 입에서 전혀 예상치 못한 말이 나왔다.

"저 아빠 너무 심한데! 난 저 정도는 아닌데."

"헉! 무슨 소리야? 나는 당신이 두 집 살림을 하는 줄 알았어. '분명 당신이 아닌데 어떻게 이렇게 똑같지?' 하고 생각 중이었어."

"에이, 왜 그래~. 내가 언제?"

그럴 리 없다는 확신감이 남편 얼굴에 넘쳐나고 있었다. 이럴 줄 알았으면 남편이 드라마 보는 모습을 몰래 찍어둘 걸 그랬나 싶었다. '몸만 여기 있지 마음은 조선시대에 가 있다.'는 말은 남편이 그 드라마를 볼 때마다 내가 여러 번 했던 말이었다. 남편은 드라마에 빠져 이런 말조차 듣지 못한 게 분명했다.

　동영상 속 아이의 아빠도 마찬가지였다. 방송국에서 만났을 때 자신은 아이를 돌보면서 잠깐씩 텔레비전을 보았을 뿐이라고 했다. 직접 동영상을 보여주니 잠깐 놀라기는 했지만 그때만 그랬고, 계속 그런 건 아니라며 인정하지 않았다. 자기 모습을 모른다는 점에서도 이들은 너무 닮아있었다.

　이 일은 나에게 사고의 전환을 가져왔다. 처음에는 아이 아빠에게 문제의 동영상을 보여주면 자신의 잘못을 깨닫고, 아이를 좀 더 세심하게 돌볼 거라 생각했다. 그렇지만 여러 번의 시행착오 끝에 깨달은 것은 남자의 유전자가 여자의 그것과는 확연하게 다르다는 것이었다.

　많은 아내가 남편의 행동 때문에 고민을 한다. 왜 나에게는 보이는 게 남편에게는 보이지 않을까? 자기 배가 고프지 않으면 아이가 배고프다는 걸 왜 모를까? 좋게 타이르면 될 텐데 왜 윽박질러서 아이를 울리는 걸까? 어린 애니까 당연히 못 하는 건데 왜 이해를 못 하고 자신감을 꺾는 말만 하는 걸까? 걸핏하면 엄마가 과잉보호해서 애를 다 망쳐놨다고 하는데 자기가 어떻게 하는지는 왜 모르는 걸까?…….

　한때는 나도 똑같은 생각을 했다. 심지어 남편이 부모 역할을 하는 데 전혀 관심이 없다고 생각했고, 억지로 시켜보면 어찌나 서툴고 어눌한지 내가 하는 게 열 배는 편했다. 그런데 20년 가까이 함께 아이를 키우며 살다 보니 그동안 몰랐던 많은 것이 보이기 시작했다.

그동안 남편이 안 하는 것처럼 보였던 것은 '못하는' 것이거나 '모르는' 것이 대부분이었고, 일부러 그러는 게 아니었다. 심지어 어이없어 보이거나 불만스러운 행동 중에 어떤 것은 부모로서의 깊은 애정에서 나온 것도 있었다. 남편이 가진 긴 안목과 넓은 시야는 내가 갖지 못한 장점인 경우도 많았다.

이런 일들을 겪으면서 내가 내린 결론은 엄마와 아빠는 성차만큼이나 분명한 역할의 차이가 있다는 것이었다. 그들이 잘하는 건 육아가 아니었다. 역사적으로 남자들은 사냥을 하고 전쟁을 했다. 근대 사회 이후 남녀 차이가 많이 없어졌다고 하지만, 그 본능조차 송두리째 바뀌고 없어진 건 아니었다.

이렇게 생각하면 훨씬 이해하기 쉽다. 기계로 치면 남자는 탱크이고, 여자는 청소기다. 만들어질 때부터 이 기계들은 서로 다른 목적을 가지고 태어났다. 그래서 기능이 아주 다르다. 탱크는 산과 들을 누비며 나와 가족을 위협하는 적들을 사정없이 물리친다. 그렇지만 전쟁이 끝나면 한낱 고철 덩어리에 불과하다. 반면 청소기는 전쟁에서 아무런 역할도 하지 못한다. 그러나 집안에서는 없어서는 안 될 소중한 도구이다.

세상이 바뀌어 이제 탱크와 청소기가 한집에 살게 되었다. 야전을 누벼야 하는 탱크가 답답한 아파트에 갇혔다. 게다가 원래 탱크로 만들어졌는데 전쟁 말고 청소, 설거지를 하라고 한다. 아무리 노력해도 투박한 포신을 내민 채 다가가면 그릇이 깨지고, 청소를 한다고 하지만 육중한 바퀴는 틈새까지 깔끔하게 훑어주지 못한다. 아이를 들어 올리면 우악스럽다고 하고, 전쟁놀이를 하면서 놀아주면 애를 잡는다고 난리다. 탱크에는 아이를 돌보는 기능이 탑재되어 있지 않다. 잘하는 건 따로 있는데 자꾸 못하는 것만 시키니 답답한 건 그들이다.

탱크와 청소기는 이제 한집에서 잘 살 수 있는 방법을 함께 찾아야 한다. 섬세한 움직임이 필요한 구석 청소는 청소기가, 식탁을 들어 올리고 의자를 옮기는 것은 탱크가, 부드러운 손길이 필요한 목욕은 청소기가, 자전거 타기를 가르치는 것은 탱크가.

서로의 다름을 인정하고, 특징을 고려한 역할 분담이 필요한 것이다.

'사랑하는 방식'에 있어서도 탱크와 청소기는 많이 다르다. 그걸 이해하지 못하면 나를 사랑하지 않는다면서 상대를 미워하게 되지만 다름을 인정하기만 하면 정말 큰 사랑임을 알 수 있다.

남편은 나에 비하면 사랑한다는 표현을 많이 하는 편이다. 한번은 함께 텔레비전을 보는데, 드라마의 주인공 남자가 여자에게 '나는 너에게 내 심장을 줄 수도 있다.'고 말하는 장면이 나왔다. 그 순간 남편이 나를 돌아보며 이런 말을 했다.

"여보, 내 마음도 똑같은 거 알지?"

"정말?"

"당신 나 못 믿는 거야?"

"좋아. 그럼 이 집을 내 명의로 해주면 안 될까?"

"그건…… 안 되지!"

"거 봐. 날 사랑하는 게 아니잖아. 심장은 줄 수 있는데 집은 못 준다는 게 말이 돼?"

눈을 끔벅끔벅하며 답답해하는 남편의 표정에서 나는 남자들의 사랑이 어떤 것인지 알아차렸다. 남자가 여자를 사랑할 때, 남편이 아내에 대해 깊은 사랑을 느낄 때 그들의 마음속에는 '사랑'이라는 제목의 그림들이 떠오른다. 침몰하는 배에서 하나 밖에 남지 않은 구명조끼를 양보하는 그림, 맹수가 달려올 때 사랑하는 사람을 대신해 그들 입에 뛰어드는 그림, 심지어 하나뿐인 심장을 양보하는 그림……. 이게 남자가 그리는 사랑의 그림인 것이다. 집 주인을 아내로 해준다거나 아내가 잠이 깰까 우는 아이를 조용히 안고 거실로 나오는 주제는 아직 사랑이라는 범주에 들어가지 못한 것이다.

변화하는 세상에 빠르게 적응하는 여자들과는 달리 남자들은 아직 사냥을 하러 들판을 달리고, 암벽을 오르는 시대의 유전자를 갖고 있다. 아마도 후세를 돌보는 것보다 내 영역 안에 들어온 가족을 지켜주는 게 생존에 더 중요하기 때문인 것 같다. 그래서 심장도 주고, 목숨도 주지만 다른 건 주기 어려운 것이다. 이렇게 정리하고 나니 나는 남편이 나와 아이들을 목숨보다 소중히 여긴다는 것을 받아들일 수 있게 되었다. 단, 남편의 심장이나 간에는 지방이 많아 받기 어려울 것 같다.

그렇지만 세상이 워낙 많이 변하다 보니 남편도 나름 노력을 하는 것 같다. 본래는 탱크였지만 다양한 기능이 탑재되기 시작한 것이다. 인터넷으로 구입한 먹거리가 신선하지 않을 때 새로운 제품으로 바꿔오는 것은 남편이 새로 맡기 시작한 역할이다. 반품이나 환불이 원활하지 않을 때, 서비스 조건이 뭔가 수상하다 싶을 때 등 일이 잘못되어간다고 판단되면 분연히 몸을 던지는 것도 새로운 기능 중 하나이다. 어떤 때 보면 오히려 이런 역할을 좋아하는 것 같기도 하다. 몸도 풀고, 칭찬도 받으니 좋은 게 당연한지도 모르겠다.

그렇지만 새로 맞은 탱크의 전성시대는 그리 길 것 같지 않다. 아들이라는 신종 전투기가 탱크 자리를 위협하기 시작했기 때문이다.

'나'이면서 '엄마'로 살아가기

"나는 누구인가? 어떤 사람인가?"

이런 질문은 보통 사춘기에 시작된다. 정체성이란 개념은 손에 잡히지도, 눈에 보이지도 않는 추상적인 것이라서 구체적인 사고 단계에 머무는 어린 아이들은 이런 생각을 할 수 없기 때문이다. 그래서 청소년기를 '정체성 혼란의 시기'라고 한다. 정확하게 말하면 그동안 갖고 있던 정체성이 혼란스러워지는 게 아니라, 내가 누구인지 생각조차 하지 못하다가 새롭게 이런 질문에 맞닥뜨리는 것이다.

유아는 부모와 내가 분리된 존재인지도 알지 못한다. 몸과 마음이 하나라고 느낀다. 부모 역시 아이에 대해서는 자아의 경계를 극도로 허물게 된다. 아이가 배고프다고 울면 내 배 고픈 것보다 더 다급해지고, 깊은 잠에 빠졌다가도 아이 울음소리에 벌떡 일어나게 되는 것은 엄마와 아이가 하나이기 때문이다.

아동기가 되면 아이는 부모와 내가 별개의 존재라는 것을 알게 된다. 그렇지만 나는 부모에게 전적으로 속해있기 때문에 우리 엄마 아빠의 아들 혹은 딸이라는 것이 아이들에게는 유일한 정체성이 된다.

아동기를 벗어나면 아이는 다른 사람들과도 관계를 맺어 나가게 된다. 무엇보다도 친구들과 나누는 우정의 세계는 지금까지 알지 못했던 놀라운 신세계이다. 친구가 부르면 '자다가도 뛰어나가는' 시기가 이때이다. 시야가 넓어지면서 나와 가족의 울타리를 벗어나 이웃을 보고, 사회와 세상으로 관심을 돌리면서 더 이상 부모의 자식에만 머물지 않는다. 또한 청소년기란 한시적으로 부모와 멀어지는 시기이기 때문에 이때 '나란 누구인가?' 하는 의문이 생기는 건 당연한 것이다.

돌이켜보면 내 사춘기는 조용히 지나갔다. 그렇지만 잔잔해 보이는 물결 이면에는 너울이 치고 있던 것 같다. 지금도 그렇지만 나는 의문이 생기면 끝까지 해결하려는 집요한 성격을 갖고 있다.

중학교 때인가? 한번은 '왜 살아야 하지?' 하는 의문이 들었다. 우연히 본 책에서 삶과 마찬가지로 죽음도 선택할 수 있다는 내용을 본 것이 나에게 충격이 되었던 것이다. 문제는 아무리 고민해도 왜 죽음이 아닌, 삶을 선택해야 하는지 알 수가 없었다는 것이다. 그래서 잠정적으로 내린 결론이 '내가 죽으면 부모님이 슬퍼하실 테니 일단 그때까지는 살자.'는 것이었다. 이때 나에게 부모는 의식주를 챙겨주는 역할이 아니라 삶을 지속해야 한다는 선택의 근거로 존재했다.

스무 살이 넘으면서 '내가 누구인가?' 하는 질문은 더 이상 하지 않았다. 한 사람의 성인으로 세상에 나와 적응하는 데에 온 에너지를 쏟았기 때문이다. 처음으로 어느 집 자식, 어느 학교 학생이 아닌, 내 이름 석 자로의 삶을 시작했다. 간혹 어느 병원의 직원, 대학원생이라는 타이틀이 붙기는 했으나 내 이름을 가릴 정도는 아니었다. 그때는 평생 '조선미'로만 살 것 같았다.

그러다 다시 정체성의 경계가 사라지는 시기가 왔다. 아이를 낳고 부모가 되었을 때이다. 아이가 배 속에 있을 때 아이와 나는 그야말로 심신일체였다. 아이가 나이고, 내가 아이인 것이다. 아이가 배 속에 있을 때 나는 조선미라기보다 임산부였고, 아이를 낳으면서 붙여진 '애 엄마'라는 이름은 '조선미'로서의 나를 압도했다.

희원이가 세 살쯤 되던 어느 날, 여성학을 전공하고 '여성의 전화'에 근무하는 손위 시누이와 통화할 일이 있어 전화를 건 적이 있었다. 마침 시누이는 회의 중이라 자리를 비운 상태였고, 전화를 받은 직원은 내가 누구인지를 물었다. 순간 뭐라고 대답을 해야 할까 망설여졌다. 가족이란 한없이 가까운 사이지만 개인 대 개인의 관계라기보다는 서로 간의 관계 망 속에서 개체가 규정된다. 내게 시누이가 '신○○'이라는 한 개인이기보다 '남편의 누나'로 존재하듯이 시누이 역시 나를 '동생의 아내'로만 생각할 것 같았다. 생각이 여기까지 이르자 내 이름을 댄다는 게 왠지 어색했다.

"희원이 엄마가 전화했다고 전해주세요."

학부모 모임 외에는 사용할 기회가 거의 없던 말이 나도 모르는 사이에 흘러나왔다. 그리고 30분쯤 지났을까. 시누이가 전화를 했다. 수화기를 들자 시누이는 다짜고짜 야단을 쳤다.

"희원이 엄마가 뭐야? 부모님이 지어주신 멀쩡한 이름을 두고."

그 말을 듣자 가슴 한편이 아련하고 짠한 느낌이 들었다. 마치 오랫동안 만나지 못했던 어린 시절 친구가 갑자기 나타난 느낌이랄까. 아이를 낳고 나서 3년 가까이 나는 나를 잊고 있었던 것이다.

시누는 여성계에서 일하는 분이다. 여성으로서의 정체성을 무엇보다도 소중히 여기고, 여자이기 때문에 당하는 부당한 일로부터 여자들을 지켜주는 데 앞장서는 일을 한다. 그분 앞에서 고유한 내 정체성을 버려두고 희원이 엄마라고 했으니 야단맞을만했다. 지적을 받았을지언정 기분은 좋았다.

아이들이 어렸을 때는 나의 흔적조차 없었던 시기로 기억된다. 아이들과 함께 있을 때는 물론 직장에 나와 있어도 구천을 떠도는 좀비처럼 내 마음은 계속 아이들 주변을 떠돌곤 했다. 점심을 먹을 때면 '아이들은 제대로 밥을 먹고 있을까?', '열이 좀 있던데 괜찮을까?' 하는 생각에 먹는 데 집중하지 못했고, 아이들 또래의 아이가 진료실에 들어오면 그 아이의 얼굴에 우리 아이들이 겹쳐 보였다.

심지어 함께 있을 때는 내 영혼이 모두 아이들의 일거수일투족으로 가득 찼다. 이를테면 밥을 먹을 때 내 머릿속에는 이런 생각이 바쁘게 오고 갔다.

'희원이는 된 밥을 좋아하는데 오늘 밥은 질척질척하네. 안 먹으면 어떡하지? 밥을 다시 해줘야 하나? 불고기는 희준이가 좋아하는데 조금밖에 없네. 저거밖에는 희준이가 먹을 반찬이 없는데 모자라면 어떡하지? 희원이는 좋아하지 않으니까 안 먹을 테지만 눈치 없는 남편이 다 먹을 것 같은데. 저거 봐, 내 그럴 줄 알았어. 남편 젓가락이 계속 불고기로 가잖아.'

"여봇~!!"

"왜?"

"불고기 그게 다야. 당신이 다 먹으면 희준이 먹을 게 없잖아. 나는 젓가락도 안 대고 있는데."

"그래? 몰랐어."

그 말을 하면서도 남편의 젓가락은 불고기 접시로 향하고 있었다.

텔레비전을 볼 때도 마찬가지였다. 내가 보고 싶은 걸 주장하는 건 진작 포기했다. 그렇지만 텔레비전을 보지 않는다고 자유로운 건 아니었다. 돌려가면서 뉴스만 보려는 남편과 〈무한도전〉, 〈1박 2일〉 같은 예능 프로그램만 골라보려는 아이들 사이에서 중재를 하는 것도 나였고, 숙제할 시간이라거나 잘 시간임을 알려주는 것도 나였다. 이렇게 집에서는 애들 엄마만 있을 뿐 '조선미'는 없었다.

　직업이 있으면 직장에서의 위치 때문에 정체성이 혼란스럽지 않다고 생각하지만 사실은 그렇지 않다. 병원에서의 나는 '선생님' 혹은 '교수님'이라고 불리는 심리학자였고, 사람들은 나를 심리학자로 대할 뿐 조선미로 대하지는 않는다. 게다가 바쁜 일과 중에도 나는 휴대전화 화면에 '딸내미', '아들내미'라는 단어가 나타나면 화들짝 엄마로 돌아가곤 했다. 어떤 때는 아이가 '엄마~!' 하고 부르는 환청을 듣기도 했다. 자아가 허약해지다 못해 와해되는 순간이었다.
　이렇게 엄마와 심리학자를 오가는 삶을 살면서 '나'와는 멀어진 삶을 20년 가까이 살았다. 둘 중 한 가지로만 살기에도 벅찬데, 두 가지를 하려니 숨 가쁜 속도의 역할 전환이 필요했다. 두 가지 다 잘하려다 모두 망치는 경우도 많았다. 게다가 나에게 붙여진 이름은 이 둘이 전부가 아니었다. 나는 아내이기도 했고, 딸이기도 하고, 며느리이기도 했다. 또 누군가의 동료이자 친구였고, 시누이자 올케이기도 했다.
　이렇게 많은 정체성 사이에서 균형을 잡는 건 쉽지 않았다. 그 모든 걸 잘하고자 하면 할수록 사는 게 힘들어졌고, 삶이 불행하다고 느꼈으며, 내가 힘들어지면 아이들도 덩달아 불안정해졌다. 그때 내가 선택한 방법은 우선순위를 정하는 것이었다.
　아이들이 어렸을 때 나의 우선순위는 무조건 아이들이었다. 육아를 우선으로 한 건 어떤 상황에서도 엄마 자리는 내놓지 않겠다는 다짐이기도 했고, 무수히 쌓여있는 일 중에서 무엇부터 해야 할지에 대한 기준이기도 했다. 두 번째는 내 직업이었다. 세 번째는 아내 노릇이었다. 미안하지만 남편에 대해서는 내가 어떤 역할을 하려기보다 육아에 도움이 되는 역할을 남편에게 주로 요구했다. 그 나머지는 '되면 하고 아니면 말지.' 하는 마음으로 살아왔다. 하고 싶지 않았던 게 아니라 할 수가 없어서 못한 것이다. 이렇게 살 수 있었던 건 딸 노릇을 못 해도 봐준 친정엄마와 있으나마나한 막내며느리를 너그럽게 품어주신 시어머니의 아량 덕분이다.

그래도 많은 고비가 있었다. 서너 살이 되면서 아침마다 내 다리에 들러붙는 희원이를 손가락 하나하나 뜯어내며 출근할 때, 일찍 문 닫는 문구점 때문에 아이의 준비물을 챙기지 못하는 일이 반복될 때, 생일 파티에 가는 희준이를 따라갈 수 없어 친구 엄마에게 부탁할 때, 엄마의 정보력이 아이의 수능 점수를 결정한다는 말을 들을 때마다 온전히 엄마 노릇만 해야 하는 게 아닐까 고민했다.

이렇게 엄마는 아이를 낳고 엄마가 되면서 자신의 경계를 무너뜨린 삶을 살게 된다. 아이와 내가 혼연일체가 되어 내 자아의 힘을 빌려주지 않으면 아이 스스로 살아갈 수 없기 때문이다. 이때 일하는 엄마라면 엄마이면서 일하는 사람이어야 한다. 온전히 일하는 사람으로만 자신을 규정지으면 아이는 엄마를 잃게 된다. 또 부모가 되었으면서도 자신에게만 몰입한다면 이때도 아이는 엄마 없이 성장하게 된다. 이처럼 부모가 된다는 것은 단단해진 자아의 경계를 다시 허물어야 하는 발달 과정을 겪는다.

 이런 흔들림 속에서 시간은 흘렀고, 아이들은 컸다. 그런데 아이를 키우면서 융합되고 희미해졌던 내 자아의 경계가 다시 모습을 드러내기 시작했다. 사춘기가 되면서 희원이는 방문을 닫고 들어가는 일이 많아졌고, 자기 방에 들어올 때는 노크를 해달라고 요구했다. 아기였을 때는 밤새 배 위에 올려놓고 재운 날도 많았는데 이제는 부모와의 사이에 벽을 두기 시작한 것이다. 희준이는 다른 방식으로 자신의 경계를 구축하기 시작했다. 과학, 시계, 주식에 관심을 가지면서 자기만의 세계에 빠져들었고, 우리가 한 마음이 되는 건 만화를 쌓아놓고 보거나 〈개그콘서트〉를 보면서 낄낄댈 때가 고작이었다.
 '아이가 정말 컸구나.' 하는 게 가장 와 닿았을 때는 희원이가 동사무소에서 주민등록증을 찾아온 날이었다. 주민등록증 속에는 내가 잘 알고 있지만 그래서 생소한 아이가 있었다. 오동통하던 볼에, 웃으면 눈꼬리가 내려가던 아이는 없고, 한껏 포토샵을 했는지 뾰족한 턱에 도도해 보이는 표정을 한 낯선 아가씨가 있었다. '주민'이라는 말도 어색했다. '우리 아기'에서부터 시작해 '아이', '딸', '학생', '야', '너'라고 불리던 아이가 이제 나라에서 어른이라고 인정해주는 위치가 된 것이다.
 만 열여덟 살의 대한민국 국민이면 누구나 갖는 주민등록증을 그렇게 세세히 뜯어본 건 처음이었다. 내 것조차 그렇게 들여다본 적이 없었고, 심지어 갖고 싶다는 욕심마저 발동했다.

"희원아, 아직 학생이니까 주민등록증 쓸 일 별로 없지?"

"학생증 쓰면 되지. 그런데 왜?"

"그럼 이거 엄마 줘. 나중에 필요하면 줄게."

"이걸로 뭐하려고?"

"네 이름으로 대출 안 받을 거니까 걱정 안 해도 돼. 이 주민등록증은 너한테는 어른이 됐다는 증명이지만, 엄마한테는 지금까지 수고했다는 감사장이잖아. 상장을 받았는데 좀 갖고 있으면 안 돼?"

"알았어. 줄게."

희원이는 흔쾌히 주민등록증을 맡겼다. 나는 로또 복권이 당첨됐는데 지난 주 당첨자가 없어 두 배의 상금을 받아든 마음이었다.

아이들의 성장은 연쇄적인 변화를 불러왔다. 남편과 함께 하는 시간과 일과가 많아졌다. 아내 노릇을 제대로 하려고 마음먹어서가 아니다. 1순위를 차지했던 아이들이 빠져나가고 나니 2순위, 3순위가 더 가까이 다가온 것이다.

여행을 갈 때도, 영화를 볼 때도 우리 둘이 가는 경우가 많아졌는데 그건 아이들이 부모와 같이 하는 걸 사양해서였다. 여행은 아이들 학교 스케줄과 맞지 않아 일정을 맞추기 어려웠고, 영화는 아이들이 저마다 취향이 뚜렷해져 부모보다는 친구와 함께 가는 경우가 많았다.

생일이나 크리스마스이브처럼 누군가와 함께 해야 한다는 공식이 붙은 날에도 아이들이 집을 비우는 날이 많아졌다. 그럴 때마다 남편과 나는 앞으로 둘만 남게 될 시간이 다가오고 있음을 실감하곤 했다.

"여보, 나중에 내 생일에도 애들이 안 오면 어떡하지?"

"나만 있으면 되지 뭐가 걱정이야?"

"나는 늙은 남자보다 젊은 남자(희준이)가 좋은데."

"사실 나도 젊은 여자(희원이)가 좋아."

"할 수 없이 지금부터는 가진 것에 만족하는 연습을 해야겠네. 근데 당신 뱃살 좀 빼면 안 돼?"

내 자아의 경계 안으로 들어왔던 아이들이 빠져나가기 시작하면서 나는 새로운 사실을 깨달았다. 그동안 나는 엄마 혹은 심리학자, 교수라는 것이 내 정체성인 줄 알았다. 그러나 아이들은 성장하면서 부모의 곁을 떠나고, 직업은 직장을 그만 두면 사라지게 된다.

정체성이라는 것은 나의 본질이기 때문에 상황이 바뀐다고 사라질 수 있는 게 아니다. 즉 내가 어떤 상황에 놓여 있고, 누구와 함께 있든지 상관없이 나라고 인식하는 '지속성과 동질성을 지닌 그 무엇'이 바로 정체성인 것이다. 따라서 아이 엄마 노릇은 하나의 역할일 뿐 정체성이 될 수 없다. 직업도 마찬가지이다. 교수라는 직업은 일정 나이가 되면 은퇴를 해야 하고, 심리학자로서 내가 하는 일은 언제든 중단할 수 있다. 따라서 이것 역시 내 정체성이 될 수는 없다.

내가 이토록 복잡하게 정체성을 규명하려고 애쓰는 것은 양육이라는 과업을 완성하기 위해서이다. 과거의 내가 양육과 일이라는 두 가지 큰 과제 사이에서 균형을 잡으려 애쓰고, 자주 나를 잃어버리는 나였다면 지금의 나는 양육이라는 무거운 짐에서 어느 정도 벗어나 나만의 미래를 생각해볼 만한 여유를 갖게 된 나이다. 따라서 나의 정체성이 계속 엄마 노릇에 머물러 있으면서 평생 아이들 엄마 노릇을 하려고 한다면 양육은 완성될 수 없고, 아이들은 독립적인 성인이 되기 어려워진다. 아이들은 성장하면 부모의 품을 떠나야 하고, 누군가의 자식이라는 위치에서 누군가의 부모라는 위치로 이행해야 한다. 그러기 위해서 나는 부모 노릇에서 한 걸음 물러날 때가 되었다.

자신의 정체성을 엄마 노릇으로 채운 사람은 아이들이 성장할수록 삶이 공허해진다. 이것을 '빈 둥지 증후군'이라고 부른다. 그러다 보니 다시 아이에게 집착하게 되고, 정체성의 와해와 혼란을 겪게 된다. 직업에 정체성을 둔 사람은 퇴직 후 우울해진다. 삶이 송두리째 빠져나간 것 같이 느껴지기 때문이다. 따라서 어떤 역할을 하든 그 가운데에 항상 삶과 경험의 주체로서 내가 있어야 한다.

정체성이란 손에 잡히지 않는 파랑새가 아니다. '지금, 여기'에 집중해 현상학적 장에서의 나를 자각하는 것이 정체성이다. 만일 엄마 노릇에 집중하는 시기라면 '지금, 여기'에서 엄마 노릇을 하느라 최선을 다하는 사람으로서의 '나'를 자각하는 순간 나는 '나'로서 존재한다.

'나'라는 정체성은 온전히 유지되면서 시기마다 내 역할이나 상황이나 경험이 바뀌고 있다는 사실에 우리는 늘 깨어있어야 한다. 아이 키우는 데 몰입하고 있으면 '몰입하는 나'를 있는 그대로 느끼고, 아이들이 곁을 떠나 허전하면 '허전한 나'를 중심에 두어야 한다. 그래야 내가 성장하고 아이들이 성장할 수 있다. 내가 엄마 노릇에 집착하면 아이들은 언제까지나 부모에게 의지하는 자식 노릇에 매달리게 된다는 것을 기억해야 한다.

  아이들을 키우느라 한참 정신이 없을 때는 그게 전부인 줄 알았던 시기가 나에게도 있었다. 육아에서 벗어날 수 없을 것처럼 느껴지기도 했다. 그렇지만 내 중심에 있는 나를 놓지 않았기에 이제 육아가 가벼워진 것도 느낄 수 있고, 아이들이 떠나가고 있지만 그럼에도 불구하고 여전히 내 곁에 머물러 있을 것임을 느낄 수 있는 것이다.

에필로그

아이와 함께 성장하는 행복한 시간

돌이켜 생각해보면 아이를 키우는 것에 관한 모든 사유는
환상이 깨진 틈새로 현실이 얼굴을 내미는 좌절의 순간에 시작되었다.
처음 아이를 낳아 키울 때만 해도 내 아이는 완벽하고,
육아는 나에게 보람을 줄 것이라고 믿었다.
지금은 완벽한 육아가 환상이라는 걸 알게 되었지만
처음에는 너무나 당연한 것인 줄 알았다.
희원이가 초등학교에 가기도 전에 안경을 쓰게 되고,
첫 성적표에서 학급을 정확하게 이등분하는 등수를 받아왔을 때,
희준이가 유치원에서 연극을 한다고 해서 가 보니
맡은 역할이 세 그루 나무 중에 하나라는 것을 알게 되었을 때
환상이 조금씩 깨져갔다.

내 아이를 완벽한 아이로 키우겠다는 삶의 보람을 포기하고 나니
방향을 잃은 배의 선장처럼 육아가 막막해졌다.
단발머리에 레이스 달린 원피스를 입은 사랑스러운 여자아이,
항상 행복한 표정으로 주변을 환하게 만드는 남자아이를 포기하면서
육아를 할 자신이 없어졌다.
그때 찾은 키워드가 '성장'이었다.
아이와 더불어 산다는 것은 아이를 성장시키며 부모도 함께 성장하는 것이며,
그 속에서 행복을 찾아야 하는 것이었다.
그제야 새로운 목표가 생겼다.
부모로서 매일 조금이라도 성장할 것, 아이들과 눈을 맞추고 많이 웃을 것.
이후 삶이 풍부해졌고, 전보다 웃는 일이 훨씬 많아졌다.

우리 가족의 이야기를 책으로 쓰다 보니 반드시 풀어야 할 문제가 또 있었다.
주인공인 아이들의 허락이 필요하다는 것이었다.
"엄마가 책을 썼는데, 애들 키우는 얘길 하다 보니
너희들 이야기를 쓰게 됐거든."
희원이 얼굴에 의구심과 경계심이 스쳐갔다.
"뭘 썼는데?"
"엄마가 너희들 키우면서 있었던 일. 왜냐면 뭐든지 예를 들어서 말해야
생생하잖아. 많지는 않지만 (사실은 아주 많다.) 너희들 의견을 들어보려고."

"무슨 의견?"

"책에 진짜 이름을 쓸까, 아니면 가명으로 할까?"

"어떻게 진짜 이름을 써? 안 되지!"

희원이는 처음에 까칠하게 반응했다.

"난 괜찮은데."

자기 이름이 나오기를 은근 기대하는지 희준이가 누나 눈치를 살피며
조심스럽게 말했다. 휴, 살았다! 책을 내지 말라고 하면 어쩌나 걱정했는데,
이름 문제를 거론하면서 두리뭉실하게 핵심 사안을 피해간 것이다.
이런 계략을 써서 억지 승낙을 받았고, 책은 당연히 나오는 것으로 결론이 났다.

아이들과 지내는 이야기를 글로 써달라는 요구는 오래 전부터 있었다.

처음엔 말도 안 되는 이야기라 생각했다.

사적인 영역이라 드러내고 싶지 않았고, 이런 이야기들이 책이 될까 싶었다.

그런데 강의를 하다 보니 아이를 키우면서 내가 직접 겪은 일을 말할 때

청중인 부모들과 공감대가 가장 잘 형성되었다.

또한, 내가 말하려는 메시지가 잘 전달된다는 것도 알게 됐다.

그러면서 우리 아이들에 대해 친근감을 느끼는 청중들도 많아졌다.

희원이의 입시, 희준이의 중학교 생활 등 아이들의 근황을 묻는 일도 늘어났다.

공허한 이론보다 현실에서의 대처 방법을 알려주는 게 더 중요하다는

사실을 확인하면서 우리 가족의 삶을 개방하자는 결심을 하게 됐다.

"이 책은 엄마가 너희들 키우면서 얻은 아이디어를 쓴 거야.
그동안 말썽도 부려주고, 엄마 속도 적당히 썩였잖아?(하하)
너희들이 기여한 것도 많으니까 책 나오면 엄마가 거하게 한 턱 쏠게.
먹고 싶은 거 미리 생각해둬. 참, 희원이는 옷이 필요하다고 했지?
책 나오면 옷도 사줄게."
아이들의 표정이 금세 환해졌다.
책 이야기는 어느새 잊어버리고 선물로 관심이 옮겨갔다.
지난 번 갔던 정육 식당의 등심이 맛있었다는 등, 출판기념회 같은 것은
우아하게 호텔 같은 데서 해야 한다는 등 의견이 분분한 가운데
희원이가 한 마디 덧붙였다.
"옷은 얼마짜리까지 되는데?"

부모 교육을 할 때 나는 다양한 학문적 이론을 바탕으로 설명을 해왔다.
할로우의 애착 실험과 볼비의 내부 작동 모델 이론으로
부모와의 애착은 아이가 평생 맺는 대인 관계의 기본 틀이 된다는 것,
가드너의 다중 지능 이론을 근거로 학교 공부를 잘하는 것이
성공의 유일한 길은 아니라는 것, 또 뇌와 관련해서 아이의 미숙한 행동을
어떻게 이해해야 하는지를 설명했다.
그렇지만 교육이 끝나고 나서 돌아오는 질문은 늘 비슷했다.
"정리 정돈을 가르치려고 그렇게 잔소리를 하는데도 아무 소용 없어요."

"학교 갔다 와서 바로 숙제하고 놀면 좋은데, 공부나 숙제는 안 하려고만 해요."
"애가 자꾸 조르는데 휴대폰은 몇 살에 사줘야 하나요?"
"초등학생은 용돈을 얼마나 줘야 하나요? 한꺼번에 다 써버리면 어떻게 하죠?"

그렇다. 아이를 키우는 일은 교과서에 실려 있는 거창한 이론이나
추상적 개념이 아니다. 아침에 눈 뜨면 잠자리에 들 때까지 끊임없이 부딪혀오는
문제를 해결해나가는 과정의 연속이다.
아이를 키우며 단 하루도 문제에 봉착하지 않는 날은 없다.
아이를 잘 키운다는 건 양육과 발달에 관한 책을 보고, 강의를 듣고,
함께 모여서 정보를 교환하고, 토론하는 그런 일이 아니다.
부모가 해야 할 일은 성장의 길을 가야 하는 아이에게 혼자가 아니라는 것,
가다 보면 힘들고 고통스러울 때도 있지만
누군가가 지켜보면서 위로해줄 것이라는 확신을 심어주는 것이다.
나 또한 두 아이를 키우면서 무수히 그런 과정을 거쳤다.
그러면서 내게 도움을 청하는 많은 부모들을 만났고,
함께 고민하면서 아이 문제를 풀어나갔다.
그리고 이런 결론을 내렸다.
아이를 키운다는 건 날마다 마주치는 문제를 직면하는 것,
그 과정에서 아이 마음 헤아리기를 잊지 않는 것,
부모로서 원칙을 세우고 그걸 지키려고 애쓰는 것,

한계를 넘어가는 분노와 불안을 참아보는 것,
그리고 지금 나의 결정이 아이의 행복과 어떻게 연관되는지
통찰의 끈을 놓지 않는 것이다. 또 이런 과정을 반복하면서
내 몸의 일부처럼 이 모든 것들이 자연스럽게 발휘되도록 하는 것이다.
그래서 나는 두 아이를 키우면서 내가 직접 겪었던 크고 작은 문제들,
그리고 해답을 찾기 위해 거쳤던 고민과 내 사유의 과정과 그 결과를
이 책에 담기로 하였다.
나의 경험은 이 세상 대부분의 엄마들이 겪었고, 지금 겪고 있는 문제일 테니까.

나는 이 책을 나중에 아이 엄마가 될 희원이에게 주고 싶다.
다정하고 귀가 얇은 희원이는 배우자를 신중하게 결정해야 한다는 나의 우려를
귓등으로 흘리고 바로 그 사람이라고 믿는 어떤 남자와 결혼을 할 것이다.
그리고 누구나 그런 것처럼 후회할 때도 있겠지.
아이는 둘 정도 낳지 않을까? 하나라도 상관은 없다.
성숙해지는 데는 아이 하나로도 충분하니까.
직장 다니는 엄마 밑에서 자라 엄마 자리에 대한 그리움이 남다를 테니
'내 아이는 내가 키우겠다.'며 사회생활을 접을지도 모르겠다.
그렇지만 두 가지 다 잘해보겠노라고 직장 맘의 길을 선택할 수도 있다.
어떤 선택을 하든 또 후회를 하겠지.
'왜 내가 애를 둘씩이나 낳았을까?', '직장을 관두고 애나 볼까?' 하고.

그렇게 삶에 지치고 아이들에게 치여 정신없는 어느 날 밤,

간신히 아이들을 재우고 침대에 누워 꺼내 드는 책이 이 책이기를 바란다.

책장을 넘기다 깔깔거리기도 하고,

남편에게 '나 옛날에 우리 엄마랑 이런 일도 있었다.'라고 이야기해주기도 하고,

때로는 시큰거리는 콧등을 눌러가며 이 책을 읽었으면 좋겠다.

지금은 아이들 엄마로 살고 있지만, 예전의 어떤 날에는

엄마에게 둘도 없이 '사랑스러운 딸'이었다는 것을 기억해냈으면 좋겠다.

삶이 주는 시련에 위로가 되고,

엄마라는 고단한 자리의 무게를 덜어주고,

그리고 정말로 사랑받는 딸이었다는 증거가 되는 책이 되기를 진심으로 바란다.

성장하는 십 대를 지혜롭게 품어주는 **엄마의 품격**
© 2015, 조선미

글 | 조선미   그림 | 김은기
펴낸이 | 곽미순   편집 | 윤도경   디자인 | 김민서

펴낸곳 | ㈜도서출판 한울림   편집 | 윤소라 이은파 박미화 윤도경
디자인 | 김민서 이순영   마케팅 | 공태훈   경영지원 | 김영석
출판등록 | 1980년 2월 14일(제2021-000318호)
주소 | 서울특별시 마포구 희우정로16길 21
대표전화 | 02-2635-1400   팩스 | 02-2635-1415
블로그 | blog.naver.com/hanulimkids   페이스북 | www.facebook.com/hanuli
인스타그램 | www.instagram.com/hanulimkids

첫판 1쇄 펴낸날 | 2015년 6월 15일
6쇄 펴낸날 | 2023년 9월 21일
ISBN 978-89-5827-072-0 13590

이 책은 저작권법에 따라 보호받는 저작물이므로, 저작자와 출판사 양측의 허락 없이는
이 책의 일부 혹은 전체를 인용하거나 옮겨 실을 수 없습니다.
* 잘못된 책은 바꾸어 드립니다.